나의 첫 재즈 수업

나의 첫 재즈 수업

한 권으로 끝내는 친절한 재즈 인문학

초 판 1쇄 2025년 03월 11일

지은이 김유경(Jackie Kim)
펴낸이 류종렬

펴낸곳 미다스북스
본부장 임종익
편집장 이다경, 김가영
디자인 윤가희, 임인영
책임진행 김요섭, 이예나, 안채원, 김은진, 장민주

등록 2001년 3월 21일 제2001-000040호
주소 서울시 마포구 양화로 133 서교타워 711호
전화 02) 322-7802~3
팩스 02) 6007-1845
블로그 http://blog.naver.com/midasbooks
전자주소 midasbooks@hanmail.net
페이스북 https://www.facebook.com/midasbooks425
인스타그램 https://www.instagram.com/midasbooks

ⓒ 김유경(Jackie Kim), 미다스북스 2025, *Printed in Korea*.

ISBN 979-11-7355-110-9 03670

값 21,500원

미다스북스는 다음세대에게 필요한 지혜와 교양을 생각합니다.

나의 첫 재즈 수업

한 권으로 끝내는
친절한 재즈 인문학

김유경(Jackie Kim) 지음

미다스북스

일러두기

1. 각 꼭지 끝 '당신은 지금 재즈가 듣고 싶습니다'는 저자가 추천하는 재즈 곡을 모아둔 부록이다. 시대별, 아티스별로 선정한 곡들이며, 책을 읽으며 함께 들으면 더욱 흥미롭게 내용을 이해할 수 있다.

2. 「」은 앨범명, 〈 〉은 앨범에 수록된 노래명을 뜻하는 기호이다.

3. 본문에서 *로 표시한 단어는 각주이며, 독자가 내용을 더 깊이 이해할 수 있도록 추가적인 설명과 맥락을 제공하기 위해 표기했다.

4. 이 책은 재즈를 인문학적 시각에서 쉽게 풀어낸 초보자용 가이드북으로, 재즈 역사를 연대별로 정리해 흐름을 따라가며 읽을 수 있도록 구성되었다.

5. 책 맨 뒤 '책 속의 CD'는 부록이자 저자의 재즈 여정을 담은 기록이다. 이는 저자의 지나온 재즈 여정을 마무리하는 동시에, 또 다른 재즈의 길로 나아가는 출발점이 될 것이다.

제가 알고 있는 재즈 아티스트 김유경은 삶의 흐름을 노래하는 붉은 시인의 풍모를 닮았습니다. 붉음은 살아 있음을 뜻하며, 흐름은 어느 하나에 정체되지 않는 청량함을 뜻한다는 나름의 정의가 유효성을 가진다면 김유경의 정체성은 단언컨대 붉은 시인이 맞습니다.

생존을 위해 숨 가쁘게 달려야 하는 척박한 경쟁 사회에서 흔히 말하는 정상의 기준, 남들과 같아야 한다는 기준을 한발 비켜서서 진정한 자신을 찾을 수 있는 영혼의 원형을 찾기 위한 불가역적이며, 황홀하기까지 한 삶의 흐름에 자신을 내던진 그 행위 자체만으로도 김유경이 걷는 예술의 길은 응원받아야 마땅하다고 생각합니다. 아울러 김유경은 사람과 사람 사이의 호흡, 연대, 재즈가 태생적으로 품고 있는 기적 같은 유연성에 예술가로서의 자신의 모든 걸 걸고 즐기는 걸 망설이지 않습니다. 그 파격이 늘 새로운 길이 아니면 가지 않았던 재즈의 본령과 맞닿아 있음을 부인하기 어려운 측면에서 김유경은 예술과 삶의 본질을 묻고 성찰하는 재즈 인문학자가 아닌가 하는 생각 또한 지울 수 없었습니다.

재즈를 통해 우리네 부박한 역사를 생각하고, 삶을 돌아보며, 인간다움의 본질 중 하나인 황홀한 예술적 감각을 통한 자기 영혼 돌봄을 인문학적으로 성찰하는 글모음인 김유경의 『나의 첫 재즈 수업』 일독을 권합니다. 피폐한 경쟁, 따뜻한 혁신이 삭제된 현대사회의 탁류가 아닌, 진정한 '나'를 돌아봄으로 참된 혁신의 길, 열린 길을 걷고자 하는 여러분 모두에게 필요하기 때문입니다.

_ **주원규** 소설가, 평론가, 드라마, 시나리오 작가

100년이 지나도 여전히 젊다.

놀랍게도, 볼 때마다 다르다.

과거, 현재, 미래를 자유롭게 넘나든다.

이 비밀을 모두 가진 재즈는 언제나 새롭고 그 자체로 모험이다.

이 책 『나의 첫 재즈 수업』은 그 비밀의 문을 여는 방법과 그 문을 통해 보이는 길을 따라가는 데 있어 훌륭한 안내서가 되어줄 것이다.

그리고 단순한 가이드가 아니라 새로운 여정을 시작하게 하는 지도가 될 것이다.

_ **나윤선** 재즈 보컬리스트

재즈는 삶과 많이 닮아 있습니다. 때로는 자유롭고, 때로는 치열하지요. 하지만 무엇보다 중요한 것은 그 안에서 자기만의 소리를 찾아가는 과정입니다. 『나의 첫 재즈 수업』은 그런 여정을 시작하는 이들에게 친절한 길잡이가 되어 줄 것입니다. Jackie Kim이 재즈를 향한 깊은 애정으로 풀어낸 이야기들은 단순한 음악적 지식을 넘어, 재즈의 자유로움과 철학적 깊이를 자연스럽게 전해줍니다. 이 책을 통해 많은 분들이 재즈의 매력을 발견하고, 나아가 자기만의 음악을 찾아가는 계기가 되길 바랍니다.

_ **신관웅** 재즈 피아니스트

두려움과 함께
다시 시작한 재즈 여정

"『나의 첫 재즈 수업』에 오신 것을 환영합니다. 이 책을 통하여 세상에 만들어진 가장 흥미진진하며 짜릿한 음악 중 하나인 재즈와 사랑을 시작하는 계기가 되기를 바랍니다."

우리는 모두 타이밍을 안고 살아간다. 큰 흐름 속에서 만나는 인연이 각자의 삶의 여정을 만들어간다. 갈망이 이끄는 대로 우리는 길을 걷는다. 나에게는 그 길의 중심에 항상 재즈가 있었다. 나의 삶은 재즈와의 만남, 그리고 재즈를 통해 공명하는 사람과의 만남으로 가득 채워져 있다. 재즈는 나의 인생을 구성하는 큰 퍼즐 조각이다. 이 책은 나의 인생을 관통한 재즈의 순간들, 그 황홀의 기록이다.

이 책에 담긴 이야기가 위대한 탐험가의 여정처럼 대단한 것은 아닐지도 모른다. 그러나 이 책을 읽는 당신이 내 이야기 속에서 무언가 공명하고, 그 속에서 작지만 확실한 떨림이 느껴지길 바란다. 나는 긴 세월을 재즈와 함께해 온 유명한 아티스트와는 길이 다르다. 그들의 발자취는 이미 깊고 넓다. 그와 비교해 내 경험이 짧고 소박하다고 할 수 있지만, 그렇다고 그 가치가 덜 소중한 것은 아니라고 믿는다. 처음 이 이야기를 적어 내려가기까지 꽤 많은 고민이 있었다. 나의 짧은 재즈 여정이 과연 이 책을 읽는 이들에게 의미가 있을지, 그 속에서 충분한 가치를 발견할 수 있을지 스스로 의문의 질문을 남기는 시간이 있었다.

하지만 결국 용기를 내기로 했다. 왜냐하면, 이 이야기는 내가 만난 수많은 사람과 함께 나눈 소중하고 찬란한 순간의 기록이기 때문이다. 지나온 시간은 나에게 재즈를 더 사랑하게 만들어 준 귀중한 보물이다. 인생의 새로운 출발을 시작할 기회가 왔다는 것은 생각보다 소중한 일이다. 나는 그 여정이 앞으로 날 어디까지 인도해줄지 기대하고 있다. 재즈는 목적지만이 아니라 그 여정에서 발견하는 작은 순간들의 집합이니까. 이 책이 그 여정을 함께하는 동반자가 될 수 있기를 바란다.

가끔 인생의 두 갈래 길에서, 얼마나 많은 선택이 전혀 다른 삶을 만들어가는지에 대해 생각해봤다. 그럴 때면 어김없이 떠오르는 장면이 하나 있다. 음악을 직업으로 삼기 전, 나는 국제대학원 스포츠 외교학과에 다니고 있었다. 더 전문적으로 공부해보고자 영국에 있는 대학원의 스포츠외교 프로그램에 지원했고, 모든 입학 준비를 마친 상태였다. 영국으로 출발하기 얼마 전, 오래 만나온 절친을 만났다. 그 친구에게 나는 이렇게 말했다.

"영국에 가면 재즈 클럽들이 있을까? 가끔 그곳에서 재즈를 즐길 수 있으면 좋을 텐데. 난 정말 노래가 하고 싶어."

교장 선생님이셨던 나의 아버지, 아버지는 내가 음악을 공부하는 걸 절대 허락하지 않으실 거로 생각했다. 그래서인지 음악을 공부하러 유학 간다는 건 애초에 상상조차 하지 못했다. 그때 내 영혼의 친구가 이렇게 말했다.

"왜 미리 결정을 내려버려? 아버지께 말씀드려봐. 유학을 다녀와서 최고의 재즈 보컬리스트가 되겠다고. 교단에도 서고, 무대에도 서겠다고. 아버지를 실망하게 하지 않겠다고 말이야."

그 말을 듣는 순간, 마치 머릿속의 번개가 친 듯한 충격을 받았다. 그렇구나. 해보지도 않고 나는 이미 내 마음에 포기선언을 하고 있었구나. 만약 그때 내가 영국에 갔더라면 어땠을까? 아마 중간에 포기하고 결국 음악을 배우러 다시 돌아왔을지도 모른다. 아니면, 영국에서 재즈 학교를 찾아 헤맸을 수도 있겠지. 결국, 그때의 선택은 내 삶의 방향을 완전히 바꿔 놓았다.

재즈 뮤지션이 되겠다고 결심한 건 2006년이었다. 그해 버클리 오디션에 참가했다. 2007년 12월 19일. 나는 보스턴으로 가는 비행기에 몸을 실었다. 그 비행기는 나에게 단순한 이동 수단이 아니었다. 보스턴행 비행기는 내 인생의 최대 모험으로 향하는 첫 관문이었다.

보스턴행 비행기를 타고 떠나면서 나의 재즈 여정이 시작된 것처럼, 영화 〈터미널〉에서 주인공 나보스키의 여정도 아버지를 위해 뉴욕행 비행기에 오르며 시작된다. 극 중 아버지가 재즈를 사랑했던 사람이라는 사실이 흥미롭다. 하지만 나보스키는 공항에 갇혀버리고, 그의 삶은 마치 예측할 수 없는 재즈의 즉흥 연주처럼 흘러간다. 그는 공항이라는 제한된 공간 안에서 뜻밖의 사람들을 만나고, 그들과 관계를 맺으며 살아간다.

그 과정이 마치 재즈 뮤지션이 무대 위에서 서로 교감하고 협업하는 것과 닮았다는 느낌을 받았다. 영화를 보며 문득 깨달았다. 우리의 인생도 그렇지 않을까? 계획한 대로만 흘러가는 것이 아니라, 예측할 수 없는 순간들의 연속으로 이루어진다는 것. 재즈의 즉흥 연주처럼 말이다. 이후, 펼쳐진 나의 재즈 여정 또한 그랬다. 모든 순간이 *재징Jazzing의 시간이었다.

> * 재징(Jazzing): 영어에서 'Jazzing'은 Jazz하고는 큰 관련이 없는 뜻의 속어로 쓰일 때가 많지만, 나는 이 단어를 재즈와 관련되어 쓰기를 즐긴다. 하루에 계획하지 않은 일들이 예상치 않게 흘러가는 순간들을 행복하고 감사하게 즐기는 의미로 쓴다.

2010년 10월, 미국 베벌리 힐스에서의 마지막 연주 후, 무대에서 내려온 지 어느덧 13년이 흘렀다. 그리고 2023년 3월, 다시 무대에 올랐다. 처음 재즈를 시작할 때 그 서툴고 설렜던 마음으로, 강남의 한 재즈 클럽, 그 중심에 섰다. 그 순간부터 지금까지, 더 깊어진 내적 떨림, 그 황홀한 자유로움을 품고, 많은 뮤지션과 청중을 만나고픈 열망이 내 안에서 지속하고 있다.

문득, 처음 재즈를 들었던 순간이 떠올랐다. 그때의 기억은 아직도 생생하다. 들려오는 멜로디는 너무 매력적이고, 내 마음속 깊이 파고들었다. 하지만 10분이 넘게 이어지는 재즈곡에서 처음과 마지막 멜로디를 연주하는 부분을 제외하고는, 내 귀를 어디에 두어야 할지 알 수 없었다. 난 그 광활한 음악적 풍경, 그 어딘가에 서서 어디서 시작해야 할지 몰라 두리번거렸다. 그때의 답답함이 다시금 떠오른다. 하지만 지금은 그 답답함조차 재즈의 일부인 것을, 극단의 불확실성으로부터 자유로움이 탄생한다는 그 역설을 알게 되었다.

재즈의 역사는 단순히 음악의 흐름을 기록한 이야기가 아니다. 그것은 시간과 공간을 초월하며 수많은 사람의 삶을 관통한 문화적 여정이다. 이 책, 『나의 첫 재즈 수업』은 그 여정 속에서 나 자신을 발견한 이야기이자, 재즈를 처음 접하거나 좋아하지만 어떻게 즐겨야 할지 막막해하는 사람들과 나누고 싶은 대화다.

재즈는 처음에는 낯설고 복잡하게 느껴질 수 있다. 음악의 세계로 한 발을 내디뎌보고 싶지만, 어디서부터 시작해야 할지 알기 어려운 이들을 위해, 나는 이 책을 통해 그 복잡함을 조금 더 쉽게 풀어내 보고자 했다. 나 역시 처음엔 그런 막연한 두려움을 느꼈다. 그러나 시간이 지나며 그 두려움은 형언할 수 없는 매력으로 바뀌었고, 끝내 나를 재즈라는 음악의 세계로 이끌었다.

이 책은 재즈의 탄생부터 현대적 표현까지, 재즈가 가진 모든 면모를 따라가는 여정이다. 각 장의 끝에 담긴 나의 재즈 스토리 〈재즈 속 나를 만나다〉는, 재즈의 이야기가 내 삶과 어떻게 교차했는지를 보여준다. 재즈의 역사를 따라가다 보면, 어느새 '나'라는 한 개인의 삶 또한 이 음악처럼 흐르고 있음을 발견하게 된다. 이 책이 재즈라는 거대한 강물 속에 발을 담글 용기를 주고, 새로운 세상을 향한 나침반이 되어줄 수 있기를 바란다.

재즈를 통해 당신도 거울 속의 자신을 만나게 되길.

지금, 이 순간, 잠시 눈을 감아보자. 그리고 상상해보라. 한적한 오후, 작은 카페의 구석에 앉아 이미 식어버린 진한 에스프레소를 홀짝인다. 주변엔 다른 손님들의 잔잔한 잡담이 배경처럼 흘러나오고 있다. 그때, 문득 어느 밴드의 연주가 시작된다. 계획된 공연이 아니다. 그들은 그저 당신과 그 순간을 음악으로 나누고 싶은 것이다.

첫 음은 오랜만에 만난 친구들 간의 대화처럼 서툴고 조심스럽다. 하지만 곧 망설임은 사라지고, 공간은 점점 아늑한 울림으로 채워진다. 아티스트들끼리, 그리고 아티스트와 청중 사이에, 리듬과 침묵 사이에 보이지 않는 연결이 피어오른다. 재즈는 그렇게 소음 속에서 울려 퍼지는 의미 있는 대화처럼 다가온다. 생명의 고동, 영혼 깊은 곳에서 나오는 미세한 떨림으로, 재즈가 당신을 찾아올 것이다. 어느 순간 불현듯, 혹은 미친 듯이.

Contents

part 1

재즈,
뿌리를 내리다

자유와 융합의 선율

자연의 이치가 항상 그러하듯 모든 것은 태어나고, 성장하며, 결국 죽음을 맞이한다. 하지만 문학, 미술, 음악 같은 예술은 다른 물질세계의 것들과는 조금 다른 길을 걷는다. 그것들은 태어나 끊임없이 변화하지만, 죽음이라는 종말은 없다. 예술은 시간 속에서 계속 새로운 모습으로 다시 태어나며, 본질에서는 영원히 살아 있는 것이다. 마치 진시황이 갈망했던 불로 영생의 비밀이 예술 속에 담겨 있는 것처럼 말이다. 재즈도 그러하다. 재즈는 어떤 시기와 장소에서 시작되었지만, 그 음악적 유산은 오늘날까지 끊임없이 변주되고, 확장되며 살아 숨 쉬고 있다.

재즈라는 음악은 참으로 묘하다. 단순히 노래 한 곡, 연주 한 번으로 끝나는 것이 아니라 그 안에 시대와 인간, 그리고 역사의 이야기가 고스란히 담겨 있다. 한 음, 한 리듬, 한 소절에 자유와 억압, 기쁨과 슬픔, 희망과 좌절 같은 감정이 응축되어 있다. 그래서 재즈를 이해하려면 단순히 음악만 들어서는 부족하다. 재즈는 미국의 역사와 떼려야 뗄 수 없는 관계를 맺고 있는 음악이기 때문이다.

미국은 다양한 문화가 섞여서 만들어진 나라다. 사람들은 흔히 '용광로 melting pot'라고 부르곤 한다. 그러나 이 용광로 같은 곳은 자유와 평등이라는 이상을 꿈꾸는 동시에, 차별과 억압이라는 모순도 함께 품었다. 재즈는 바로 이 복잡한 역사의 한가운데에서 태어났다.

재즈의 뿌리를 이야기하려면 우선 아프리카를 떠올려야 한다. 1619년, 아프리카 노예들이 처음 북미 대륙으로 끌려온 이후, 약 200년 동안 많은 아프리카인이 강제로 이주하였다. 19세기 초반부터 미국 남부의 농장에서 이들은 고단한 삶 속에서도 노동요나 영가 같은 형태로 노래를 불렀다. 이러한 노래는 슬픔을 표현하며 서로를 위로하고 희망을 다지는 데 중요한 역할을 했다. 특히 1800년대 중반, 이들의 음악은 아프리카 특유의 리듬과 선율을 간직한 채 계속 발전했다.

1865년 남북전쟁의 종전과 노예제 폐지 이후, 이 음악적 전통은 새로운 자유를 기반으로 점점 더 풍부해졌다. 블루스와 래그타임이 태어나며 재즈로 이어질 음악적 토대가 마련되었고, 1900년대 초반 뉴올리언스를 중심으로 이 전통이 결합하면서 본격적인 재즈가 탄생하였다. 이들의 음악은 유럽 이민자들이 가져온 하모니와 클래식 음악의 구조를 만나 새로운 형태로 변화했다. 여기에 라틴 아메리카의 다채로운 리듬이 더해지며 재즈의 기본 틀이 만들어졌다. 서로 다른 문화가 만나 부딪히고, 융합하면서 재즈라는 특별한 음악이 탄생한 것이다. 뉴올리언스는 이러한 만남의 중심지였다. 미국 남부의 항구 도시 뉴올리언스는 재즈의 요람으로 불린다. 이곳은 흑인, 백인, 크레올, 라틴 아메리카 이민자들이 한데 모여 독특한 문화를 형성한 공간이었다.

재즈는 단순한 음악을 넘어, 미국이라는 나라의 정신을 담아낸다. 즉흥 연주는 재즈의 가장 큰 특징 중 하나다. 연주자들은 악보에 얽매이지 않고, 자신의 느낌대로 연주하면서도 서로의 소리를 듣고 조화를 이룬다. 이 모습은 마치 민주주의를 닮았다. 모두가 자유롭게 자신의 목소리를 내지만, 동시에 서로를 존중하며 함께 만들어가는 음악. 그래서 재즈는 미국 정신의 한 단면을 상징한다고 할 수 있다.

20세기 초, 재즈는 뉴올리언스를 넘어 시카고와 뉴욕으로 퍼져나갔다. 제1차 세계대전 이후에는 유럽으로도 전해졌다. 미군 병사들과 함께 건너간 재즈는 낯선 땅에서도 큰 인기를 얻으며 국제적인 음악으로 자리 잡았다. 오늘날 재즈는 단순히 미국만의 것이 아니라, 전 세계적으로 사랑받는 음악이다. 각 나라의 고유한 색채를 입으며 끊임없이 변화하고 있다.

결국, 재즈를 이야기하는 것은 미국의 역사를 이야기하는 것과 같다. 자유와 억압, 이상과 현실이 얽히고설킨 이 나라의 역사 속에서 재즈는 피어났다. 그리고 여전히 많은 사람에게 자유와 창의성, 그리고 인간적인 따스함을 노래한다. 재즈는 예술이 가진 불멸의 생명력을 증명한다. 그것은 변하지만 사라지지 않는, 늘 새롭게 태어나는 음악이다. 그리고 지금, 이 순간에도 재즈는 새로운 이야기를 만들고 있다.

자유와 억압이 교차하는 역사 속에서, 재즈는 1920년대 미국 전역으로 퍼지며 '재즈 시대'의 문을 열었고, 사람들의 감정을 대변하며 새로운 시대의 목소리가 되었다. 이번 Part I에서는 재즈의 태동과 발전을 따라가 본다. 아프리카와 유럽의 음악적 뿌리에서 시작해 19세기 말과 20세기 초 뉴올리언스의 융합적인 환경, 래그타임과 브라스 밴드의 영향을 살펴보며, 재즈가 어떤 여정을 거쳐 지금의 모습에 이르게 되었는지 이야기할 것이다. 재즈라는 음악이 본래 가진 매력과 탄생의 비밀이 펼쳐질 것이다.

Song 1

재즈의 탄생

문화의 용광로에서 태어난 음악

"Jazz is not just music, it's a way of life, it's a way of being, a way of thinking."

"재즈는 단순히 음악이 아니라 삶의 방식이며, 존재하는 방식이며, 사고의 방식이다."

Nina Simone

니나 시몬

"Jazz speaks for life. The Blues tell the story of life's difficulties,
and if you think for a moment, you will realize that they take the hardest realities of life
and put them into music, only to come out with some new hope or sense of triumph.
This is triumphant music."

"재즈는 삶을 대변합니다. 블루스는 삶의 어려움을 이야기하며,
잠시만 생각해 보면 그것이 삶에서 가장 힘든 현실을 음악으로 담아내고,
결국 새로운 희망이나 승리의 감각을 만들어낸다는 것을 깨닫게 될 것입니다.
이것은 바로 승리의 음악입니다."

Dr. Martin Luther King, Jr.

마틴 루터 킹 주니어

♩

두 대륙의 뿌리가 빚어낸 하모니
아프리카와 유럽

　재즈라고 하면 흔히들 흑인 음악이라고 단순하게 생각할 수 있다. 100% 흑인에 의해 탄생한 음악이라고 말이다. 그러나 재즈의 기원은 그렇게 간단하지 않다. 그 탄생 배경에는 아프리카 음악의 복잡한 리듬과 유럽 음악, 특히 클래식에서 발달한 화성의 전통이 얽힌 문화 융합의 이야기다. 말하자면, 재즈는 어느 한 민족의 음악이 아니라, 서로 다른 문화가 만나고 섞인 결과물이다.

　19세기 말에서 20세기 초1890~1910년대, 미국 루이지애나주에서 재즈는 주로 아프리카계 미국인들에 의해 발전했다. 그들의 공동체 안에서 새로운 소리가 자라났고, 마침내 1917년 최초의 재즈 녹음이 등장하면서 재즈로 불리게 되었다. 하지만 그 뿌리를 더 깊이 들여다보면, 그 안에는 아프리카와 유럽이 오랜 시간 교류하며 만들어낸 복잡한 음악적 전통이 자리하고 있다. 이 두 세계의 음악적 상호작용이, 그리고 그들이 만난 사회적, 역사적 맥락이 재즈 장르를 탄생시킨 것이다.

어쩌면 재즈의 탄생 과정은 우리가 살아가는 삶의 모습과 닮았는지도 모르겠다. 서로 다른 문화가 부딪히고, 때론 갈등하고, 결국엔 그 갈등 속에서 새로운 무언가가 탄생한다. 재즈는 그 복잡하고 다층적인 이야기를 고스란히 담아내고 있다.

아프리카 음악, 재즈 탄생의 근간

아프리카 음악은 재즈의 탄생에 깊은 뿌리를 내리고 있다. 독특한 리듬, 단선적 멜로디, 그리고 무엇보다 중요한 *부르고 응답하기 방식call-and-response은 재즈의 발전에 없어서는 안 될 요소다. 노예로 끌려온 아프리카인들은 자신들의 음악적 유산을 가져왔고, 그 속에는 대륙 각지의 다양한 음악적 관습이 담겨 있었다. 이는 나중에 재즈의 핵심이 되는 리듬 패턴과 *폴리리듬Polyrhythm, 즉흥 연주의 기술로 이어진다.

* 부르고 응답하기 방식(call-and-response): 노동요에서 기원이 된 방식으로 한 사람이 선창하면 다른 사람들이 뒤를 이어 합창하는 방식이다. 우리나라의 민요 〈쾌지나칭칭나네〉에서도 발견되며, 재즈 스탠다드곡 〈Moanin'〉에서 피아노가 멜로디 한 소절을 연주하면 트럼펫과 색소폰이 '빠밤' 하며 멜로디에 화답하는 형식이다.

* 폴리 리듬(Polyrhythm): 서로 다른 리듬 패턴이 동시에 연주되는 음악적 기술을 의미한다. 예를 들어 3박자의 리듬을 연주하는 동안 다른 악기가 4박자의 리듬을 연주하는 경우가 있다. 이러한 방식으로 복잡한 리듬 구조가 만들어지며, 주로 아프리카 전통음악이나 재즈에서 많이 사용된다.

아프리카 음악 전통의 중심에는 드럼과 엠비라Mbiras, 그리고 다양한 타악기가 있었다. 이 악기들은 커뮤니케이션의 도구였고, 공동체를 하나로 묶는 매개체였다. 재즈가 점차 발전하면서, 이 아프리카의 타악기들은 재즈 연주자들에게 협업과 소통의 방식을 가르쳤다. 악보 없이 즉흥적으로 만든 연주는 결국, 재즈의 본질이 되었고, 그 뿌리는 아프리카의 음악적 전통에 있었다.

아프리카 타악기　　　　　엠비라(Mbiras)

　생각해 보면, 음악이란 것은 늘 그렇다. 멈추지 않고 흐르며, 서로 다른 리듬과 소리가 만나 새로운 소리를 만들어낸다. 재즈도 그런 흐름 속에서 탄생한 음악이다. 이 아프리카의 유산이 없었다면, 재즈는 그 특유의 즉흥성과 자유로운 리듬을 가질 수 없었을 것이다.

재즈에 스며 있는 유럽 음악 전통

　한편, 유럽 음악은 그 나름의 궤적을 따라 진화했다. 클래식과 민속음악의 틀 안에서 형식적인 작곡법, 화성적 진행, 그리고 금관악기나 목관악기와 같은 악기 편성을 강조하며 발전해 나갔다. 이러한 유럽 음악의 전통은 재즈가 화성이나 조성, 그리고 곡의 형식을 갖추는 데 중요한 역할을 했다. 재즈는 이 요소들을 받아들여 점점 더 복잡하고 깊은 음악으로 성장해 갔다.

　유럽의 식민지화와 대서양을 건넌 노예무역은 아프리카와 유럽 음악 사이에 문화적 교류를 촉진했다. 노예로 끌려온 아프리카인들은 식민지 열강, 그리고 아메리카 대륙에 정착한 유럽인들과 교류하면서 유럽의 음악적 관습에도 자연스럽게 노출되었다. 그 결과, 아프리카와 유럽의 음악적 요소들이 서서히 섞였고, 그 만남은 재즈가 새로운 장르로 탄생하는 토대가 되었다.

서로 다른 문화와 전통이 만나 새로운 무언가를 만들어내는 과정은 음악에서도, 인생에서도 비슷한 것 같다. 마치 다른 배경을 가진 사람들이 같은 공간에서 만나 새로운 관계를 형성하는 것처럼, 아프리카와 유럽의 음악도 그렇게 서로에게 스며들었다. 그리고 그 만남의 결과물이 바로 재즈였다. 재즈는 이 두 세계의 충돌과 융합 속에서 탄생했고, 그래서 더 풍부하고 자유로운 소리를 낼 수 있었다.

신세계에서의 문화적 충돌과 융합

신대륙이라는 거대한 문화적 용광로 속에서 아프리카와 유럽의 음악 전통은 마치 끊임없이 변화하는 파도처럼 역동적으로 상호작용했다. 그 중심에는 뉴올리언스New Orleans가 있었다. 프랑스, 스페인, 아프리카, 그리고 크레올 문화가 독특하게 혼합된 이 도시는 재즈가 탄생하고 발전하는 데 중요한 발판이 되었다. 항구의 분주한 움직임과 다양한 인구는 자연스럽게 음악적 혁신을 위한 이상적인 환경을 만들었다.

뉴올리언스에는 노예로 끌려온 아프리카인들, 자유를 찾은 유색인들, 그리고 프랑스, 스페인, 이탈리아에서 온 유럽 이민자들이 자신들의 음악적 전통을 함께 가져왔다. 이들이 한데 모인 도시에서는 각기 다른 음악들이 서로 영향을 주고받으며 새로운 형태로 변해갔다. 그 과정에서 *래그타임Ragtime, 블루스, 그리고 궁극적으로 재즈가 태어났다.

* 래그타임(Ragtime): 래그타임은 1880년대부터 미국에서 유래한 재즈의 전신으로 보며, 피아노 연주 중심의 당김음 리듬이 특징인 음악 장르이다.

어쩌면 이 모든 문화적 충돌과 융합은 필연적이었는지도 모른다. 각기 다른 배경을 지닌 사람들이 한곳에 모여 살아가면서 그들만의 방식으로 소통하고 교류하며 새로운 것을 만들어내는, 뉴올리언스는 바로 그런 만남의 장이었다. 그리고 그 속에서 재즈는 그 자체로 하나의 새로운 세계를 열어 탄생했다.

문화적 교류가 가져온 재즈의 출현

재즈는 뉴올리언스의 거리, 댄스홀, 그리고 사창가에서 자연스럽게 태어났다. 이 음악의 핵심에는 *즉흥 연주improvisation라는 독특한 방식이 있었다. *당김음syncopation이라는 기법도 중요한 역할을 했다. 이렇게 재즈는 창의적인 협업과 즉흥성을 바탕으로 태어난 음악이었다.

* 즉흥 연주(Improvisation): 임프로비제이션이라고 불리며 솔로(Solo)라고도 불린다. 즉흥 연주는 곡의 구조나 화음 진행에 따라 음악적 아이디어, 멜로디, 리듬, 하모니를 순간적으로 만들어내는 것을 말한다. 연주자의 창의성과 개성, 음악성을 실시간으로 표현할 수 있게 해주는 재즈 음악의 기본 요소이다.

* 당김음(Syncopation): 재즈의 당김음은 재즈 리듬의 특징으로 강박과 같은 소절의 일반적인 강한 박자에서 약한 박자 또는 색다른 박자로 리듬 강조를 의도적으로 이동하여 강 박과 여린 박의 위치를 변화하는 것이다.

초기의 재즈 선구자들은 버디 볼든Buddy Bolden, 젤리 롤 모튼Jelly Roll Morton, 그리고 루이 암스트롱Louis Armstrong과 같은 이름들로 대표된다. 이들은 아프리카의 리듬과 유럽의 화성법을 혼합해 독특한 미국식 예술 형식을 만들어냈다. 그들은 블루스, 래그타임, 브라스 밴드 음악의 요소를 결합해 새로운 소리를 탄생시켰다. 이 소리는 단순히 그들의 기술을 보여주는 것만이 아니라,

그 시대의 정신을 반영한, 신선하고 짜릿한 음악이었다.

버디 볼든과 그의 밴드, 1905년경

재즈의 탄생은 문화적 교류와 창의적 협업의 산물이었으며, 아프리카와 유럽의 풍부한 음악적 전통을 바탕으로 생동감 넘치는 이야기를 엮었다. 뉴올리언스의 거리에서 작고 초라하게 시작된 이 음악은 곧 전 세계로 퍼져나갔고, 수많은 뮤지션에게 영감을 주었다. 재즈는 대중음악에도 커다란 변화를 불러일으키며, 세계적인 현상으로 자리 잡았다.

젤리 롤 모튼(1890~1941년)

재즈의 탄생 과정을 이해한다는 것은, 곧 미국에서 가장 오래된 음악적 유산인 재즈를 형성한 복잡하고 역동적인 힘에 대해 깊이 있는 통찰을 얻게 된다는 의미일 것이다. 그 힘은 바로 문화적 교류와 그 속에서 이루어진 끊임없는 창조적 노력에서 나왔다. 재즈는 그렇게 태어났고, 지금도 여전히 그 힘을 발휘하고 있다.

┃ 아프리카 영향: 〈West End Blues〉 by Louis Armstrong, Okeh Records, 1928

1928년 녹음된 곡으로 루이 암스트롱의 스승 킹 올리버의 곡이다. 비평가들은 이 곡을 본격적인 재즈 역사가 시작된 지점이라고 평가한다. 〈West End Blues〉는 블루스 형식, 스윙 리듬, 콜 앤드 리스폰스 구조, 그리고 즉흥 연주를 통해 아프리카 음악의 영향을 보여준다.

┃ 유럽의 영향: 〈Maple Leaf Rag〉 by Scott Joplin 「Scott Joplin: Piano Rags」 Nonesuch Records, 1970

스콧 조플린이 1899년에 작곡한 대표적인 래그타임 곡으로, 클래식 음악의 구조적 엄격함과 유럽식 화성에 래그타임 특유의 당김음을 결합한 작품이다. 이 곡은 래그타임의 대중화를 이끌었으며, 미국 초기 대중음악의 중요한 이정표로 평가받는다.

♪

문화와 삶이 만나 선율로 피어난 도시

뉴올리언스

미국 남동부에 자리한 루이지애나주의 뉴올리언스. 이 도시는 미국 제2의 항구 도시이자 루이지애나주 최대의 도시로 손꼽힌다. 원래 프랑스의 식민지였던 이 도시는 그 이름도 프랑스의 오를레앙에서 따왔다. 영어식 발음인 '뉴올리언스'보다는 오히려 '뉴 오를레앙'이라는 프랑스어식 발음이 더 어울릴지도 모른다. 그러나 무엇보다도 뉴올리언스를 특별하게 만드는 것은, 이 도시가 재즈의 고향으로 불릴 만큼 그 음악사에서 차지하는 독보적인 위치다. 이곳은 아프리카, 유럽, 카리브해의 전통이 어우러져 새로운 음악 장르를 탄생시킨, 문화적 용광로였다. 그리고 뉴올리언스 한가운데엔 그 찬란한 역사를 품고 있는 재즈 박물관이 있다. 이 박물관은 재즈의 유산을 보존하며, 그것을 미래 세대에 전해주는 다리 역할을 한다.

뉴올리언스, 그 다양성 속의 혼합

뉴올리언스는 그저 항구 도시로 머물지 않았다. 전 세계에서 모여든 사람들로 인해 이곳은 여러 문화가 뒤섞이고 서로 스며들었다. 아프리카에서 온

035

노예들, 프랑스와 스페인 정착민들, 카리브해 이민자들. 이들은 서로 다른 배경을 지닌 사람들이었지만 뉴올리언스라는 같은 공간에 뿌리내렸다. 이렇게 서로 다른 문화들이 뒤엉키며, 뉴올리언스는 그 어디에서도 찾아볼 수 없는 독특한 음악적 토양이 되었다.

아프리카의 리듬이 뿌리내린 도시

아프리카에서 끌려온 노예들이 이 도시에 심어놓은 음악적 유산은 상상 이상으로 깊다. 리듬, 성가, 부르고 응답하기 방식은 그들이 이곳에 가져온 생명 같은 것이었다. 그들의 노래는 삶 그 자체였고, 그들의 비통함과 기쁨, 희망과 슬픔을 담아냈다. 뉴올리언스는 이 아프리카의 음악적 영혼을 받아들여 도시의 심장 속에 새겨 넣었다. 그들의 리듬은 춤과 종교, 그리고 도시의 사회적 관습에까지 깊이 스며들었다.

유럽의 선율이 더해지다

그러나 뉴올리언스의 음악적 배경을 완성한 것은 아프리카의 리듬만이 아니었다. 프랑스와 스페인에서 온 정착민들은 이 도시에 또 다른 음악적 자양분을 제공했다. 그들은 금관악기와 목관악기 같은 악기를 가져왔고, 유럽의 행진곡과 왈츠를 전파했다. 이 유럽의 형식적 구조와 아프리카의 자유로운 리듬이 만나자 새로운 소리가 태어났다. 그 소리는 재즈의 탄생을 예고하는 서곡이었다.

크레올, 혼혈의 울림

뉴올리언스에서 빼놓을 수 없는 존재는 크레올Creole이다. 프랑스, 스페인, 아프리카, 카리브해의 다양한 유산을 지닌 이들은 혼혈 문화를 대표했다. 프랑스인들이 흑인 노예들과 결혼하며 태어난 이들이 바로 크레올이었고, 그들은 독특한 문화적 정체성을 지닌 집단으로 자리 잡았다. 그들은 아프리카 리듬, 유럽 하모니, 카리브해 멜로디를 한데 모아 독특한 음악적 스타일을 만들어냈다. 그들의 독특한 존재감은 뉴올리언스의 재즈 형성에 중요한 영향을 미쳤다.

콩고 광장, 자유의 노래

현재 루이 암스트롱 공원으로 알려진 곳에 위치한 콩고 광장은 재즈의 탄생을 위한 무대와도 같았다. 아프리카 출신의 노예들과 자유를 얻은 흑인들은 매주 일요일 이곳에 모여 노래하고 춤추며 자신들의 문화를 나누었다. 그들은 이곳에서 서로의 고통을 위로하며 자유를 갈망하는 노래를 불렀고, 그 소리가 점차 도시를 감싸기 시작했다. 콩고 광장은 재즈의 뿌리가 자라나는 곳이었다.

스토리빌, 어둠 속의 불꽃

뉴올리언스의 한구석에 자리한 스토리빌Storyville은 재즈의 또 다른 중심지였다. 비록 그곳은 윤락가와 퇴폐적인 클럽들이 모여 있던 홍등가였지만, 아이러니하게도 그 속에서 재즈는 더욱 자유롭고 실험적인 방향으로 발전할 수 있었다. 젊은 음악가들은 이곳에서 새로운 사운드를 시도했고, 재즈는 점차 그 정체성을 찾아갔다. 1971년, 미국 정부에 의해 스토리빌은 강제로 폐쇄되었지만, 그곳에서 자라난 음악은 이미 도시를 넘어서 세계로 퍼져나갔다.

킹 올리버 크레올 재즈 밴드, 1922년경

┃ 〈Basin Street Blues〉 by Louis Armstrong, Okeh Records, 1929

딕시랜드Dixieland재즈 밴드에 의해 연주되었으며, 1928년 스펜서 윌리엄스Spencer Williams가 작곡하고 같은 해 루이 암스트롱이 녹음하였다. 곡 제목의 베이즌 스트리트는 20세기 초 뉴올리언스의 프렌치 쿼터 북쪽 홍등가였던 스토리빌의 메인 스트리트를 가리킨다.

┃ 〈When the Saints Go Marching In〉 by Preservation Hall Jazz Band
┃ 「When the Saints Go Marchin' In: New Orleans, Vol. III」 CBS, 1983

세계에서 가장 많이 불리는 흑인 영가이다. 1900년대 초 흑인 교회에서 연주되고 불리던 영가였다. 루이 암스트롱, 마할리아 잭슨Mahalia Jackson, 벙크 존슨Bunk Johnson, 패츠 도미노Fats Domino 등이 이 노래를 녹음했다.

♪

싱코페이션으로 태어난 새로운 리듬

래그타임

음악이 새로운 형태로 탈바꿈하는 순간은 종종 아주 천천히, 그러나 확실하게 다가온다. 19세기 후반, 미국 남부의 도시들, 특히 세인트루이스와 뉴올리언스에서 그런 변화의 조짐이 감지되기 시작했다. 그곳에서 아프리카계 미국인들이 만들어낸 새로운 음악, 래그타임이 그 서막을 올렸다. 이는 재즈의 기틀을 닦은 중요한 장르 중 하나로, 우리가 알고 있는 재즈라는 거대한 흐름의 전조였다.

새로운 리듬의 시작, 래그타임의 탄생

래그타임은 미국 남부에서 태어났다. 아프리카 리듬, 유럽의 행진곡, 카리브해의 멜로디가 뒤섞여 새로운 형태의 음악을 낳았다. 미국 남부의 흑인 커뮤니티가 그 중심에 있었다. 이 음악은 그들의 정체성을 담고 있었다. 래그타임이라는 이름은 그들의 삶처럼 어딘가 불규칙적이고, 그러나 동시에 생동감 넘치는 리듬에서 비롯되었다. 래그Rag는 불규칙하다는 영어 단어이다. 피아노를 중심으로 한 이 음악은 무엇보다 당김음이라는 특징적인 리듬 패턴으로 청중의 마음을 사로잡았다. 아프리카 음악의 폴리리듬, 여기에 유럽의 행진곡 스타일이 결합되며, 래그타임은 그 자체로 하나의 작은 혁명 같은 존재가 되었다.

스콧 조플린, 시대를 흔든 멜로디의 주인

래그타임을 이야기할 때, 스콧 조플린Scott Joplin을 빼놓을 수 없다. 그가 없었다면 래그타임은 지금만큼 기억되지 않았을지도 모른다. 사람들은 그를 '래그타임의 왕'이라 불렀다. 1899년, 그가 작곡한 〈메이플 리프 래그Maple Leaf Rag〉는 전미에 래그타임 열풍을 불러일으켰다. 그의 또 다른 대표작 〈엔터테이너The Entertainer〉는 이후 수십 년이 지나서도 여전히 대중의 사랑을 받았다. 특히 1970

스콧 조플린(1868~1917년), 1912년

년대 영화 〈스팅The Sting〉의 주제곡으로 사용되면서, 한때 잊혔던 래그타임이 다시 대중 속으로 돌아왔다.

재즈를 향한 첫걸음, 래그타임이 남긴 흔적

래그타임은 단순한 유행 음악으로 그치지 않았다. 그것은 재즈라는 거대한 장르의 발판이 되었다. 특히 래그타임의 리듬적 요소들, 부르고 응답하기 방식, 그리고 즉흥성이 재즈의 뿌리를 내리는 데 중요한 역할을 했다. 젤리 롤 모튼 같은 뮤지션은 래그타임과 재즈의 경계를 자유롭게 넘나들며, 두 장르를 혼합했다. 래그타임이 없었다면 재즈는 지금과는 다른 형태로 발전했을지도 모른다.

잊혀진 멜로디, 그러나 끝나지 않은 이야기

재즈가 등장하면서, 래그타임은 서서히 대중의 관심에서 멀어졌지만, 그음악적 유산은 사라지지 않았다. 래그타임은 흑인 음악가들이 자신들의 재능과 창의력을 보여줄 수 있는 무대가 되었으며, 흑인과 백인 사회 간의 문화적 교류를 이루는 다리 역할을 했다. 래그타임은 술집, 댄스홀, 그리고 사창가 같은 곳에서 연주되며, 다양한 계층의 사람들이 모여 음악을 통해 서로의 삶을 나누는 장을 마련했다. 그 안에서 사람들은 서로의 차이를 이해하고, 조금씩 가까워졌다.

래그타임은 특히 *스트라이드 피아노Stride Piano, 블루스, 초기 재즈와 같은 대중음악 형태로 계속해서 이어졌다. 당김음과 같은 리듬적 혁신은 재즈뿐만 아니라 그 이후의 음악 장르에도 지대한 영향을 미쳤다. 래그타임은 비록 재즈의 그늘에 가려져 대중의 기억에서 희미해졌지만, 그 멜로디는 여전히 우리 곁에서 울려 퍼지고 있다.

* 스트라이드 피아노(Stride Piano): 래그타임에서 발전한 스타일로, 왼손의 베이스 노트와 코드의 도약과 오른손의 멜로디 연주가 특징인 재즈 피아노 연주 기법이다.

당신은 지금 재즈가 듣고 싶습니다

〈The Entertainer〉 by Scott Joplin 「Scott Joplin: Piano Rags」
Nonesuch Records, 1970

스콧 조플린이 1902년에 작곡한 래그타임 대표곡으로, 경쾌한 멜로디와 정교한 리듬
이 특징이다. 1970년대 영화 〈스팅〉에 삽입되며 다시 주목받아 래그타임을 대표하는
곡으로 자리 잡았다.

The Entertainer 악보

♪

심장을 두드린 불멸의 사운드

브라스 밴드

재즈가 처음 탄생하는 순간, 그 심장 깊은 곳엔 언제나 브라스 밴드Brass Band가 있었다. 브라스란 영어로 금관악기를 뜻한다. 트럼펫, 트롬본, 호른, 튜바 같은 금관악기는 맑고 강렬한 소리로 잘 알려져 있다. 금관악기가 주를 이루는 관악 연주와 관악단은 그 이름처럼 금빛 선율을 뿜어내며 사람들의 마음 깊은 곳까지 파고든다. 아프리카의 리듬과 유럽 악기의 울림이 어우러진 그들의 연주는 마치 숨 막히는 여름밤을 적시는 한 줄기 바람처럼, 새로운 음악의 탄생을 예고했다. 재즈는 그렇게 시작되었고, 브라스 밴드는 언제나 그 흐름의 핵심이었다.

브라스 밴드, 미국을 물들이다

브라스 밴드의 이야기는 19세기 미국에서 시작된다. 그들의 첫 등장에는 군사 및 의식적인 행사가 깊숙이 자리 잡고 있었지만, 시간이 흐르며 그들은 미국 전역에서 퍼레이드와 축제, 사교 모임을 위한 음악의 중심에 섰다. 코넷과 트럼펫, 트롬본과 클라리넷, 그리고 색소폰이 멜로디를 이루고, 튜바가 그

밑에서 묵직한 베이스를 울렸다. 스네어 드럼과 베이스 드럼이 그들을 추동했다. 그들은 군악대에서 벗어나 대중의 삶 속에 스며들기 시작했다. 그들의 음악은 미국 사회에 새로운 파동을 일으키며, 사람들 사이에 생동감을 불어넣었다.

초기 뉴올리언스 브라스 밴드

아프리카의 리듬이 스며들다

브라스 밴드의 연주를 듣고 있으면, 어디선가 먼 아프리카의 흙냄새가 풍겨온다. 그 뿌리는 아프리카의 리듬에 깊이 박혀 있기 때문이다. 아프리카에서 건너온 사람들은 그들의 음악적 유산을 함께 가져왔고, 그 속에는 싱코페이션과 폴리리듬, 즉흥 연주가 자리 잡았다. 이런 요소들은 브라스 밴드의 음악 속에서 살아 움직였다. 아프리카 특유의 리듬이 만들어내는 기묘한 긴장감과 해방감은 브라스 밴드의 연주에 스며들어, 그 음악을 더욱더 매력적이고 신비롭게 만들었다.

유럽의 전통과 만나다

하지만 브라스 밴드는 아프리카의 리듬만으로 완성된 것이 아니다. 유럽의 악기와 형식적 구조가 그 안에 자리 잡고 있다. 트럼펫과 트롬본, 튜바 같은 악기들은 유럽에서 건너왔고, 그 강렬한 음향은 브라스 밴드의 연주를 한층 더 풍부하게 만들었다. 유럽의 행진곡과 댄스 음악 역시 브라스 밴드의 레퍼토리에 영향을 미쳤다. 그래서 브라스 밴드의 연주는 아프리카와 유럽, 그 두 대륙의 음악이 서로 얽히고설키며 하나의 새로운 소리를 만들었다.

흑인 사회의 숨결이 되어

브라스 밴드는 음악을 넘어 사회적 의미를 담았다. 특히 뉴올리언스와 같은 도시에서 흑인 지역사회의 중심에는 언제나 브라스 밴드가 있었다. 그들은 음악을 통해 자신의 목소리를 냈고, 음악을 통해 생계를 이어갔으며, 음악을 통해 사람들과 소통했다. 브라스 밴드의 연주는 춤과 노래가 어우러진 하나의 축제였고, 그 축제는 사람들에게 공동체의 결속감을 심어주었다. 브라스 밴드는 흑인 사회의 숨결이었다.

재즈의 첫걸음을 내딛다

브라스 밴드는 재즈의 탄생을 이끈 진정한 선구자였다. 루이 암스트롱과 젤리 롤 모튼 같은 재즈의 거장들은 모두 브라스 밴드에서 그들의 첫발을 내디뎠다. 그들은 브라스 밴드의 자유롭고 생동감 넘치는 연주에서 영감을 받아, 그것을 자신만의 스타일로 녹여냈다. 그들의 손끝에서 태어난 새로운 리듬과 선율은 재즈라는 독창적인 장르를 탄생시켰다. 브라스 밴드는 현재에도 우리의 가슴을 두드리는 살아 있는 리듬이며, 재즈의 심장을 울리는 불멸의 사운드다.

〈Tiger Rag〉 by Original Dixieland Jazz Band 「Tiger Rag-One Step」
Aeolian-Vocalion, 1917

오리지널 딕시랜드 재즈 밴드는 ODJB라고도 불린다. 이들이 1917년 작곡한 오리지
널 곡 〈타이거 랙〉은 가장 유명한 대표곡이다. 이후 수많은 아티스트에 의해 재해석
되었으며, 재즈 역사상 가장 많이 녹음된 곡 중 하나로 남아 있다.

〈Just a Closer Walk with Thee〉 by Preservation Hall Jazz Band
「St. Peter and 57th St.」 Sony Music Entertainment, 2012

많은 아티스트가 연주하고 녹음한 전통적인 복음성가이자 재즈 스탠다드이다. 전통
뉴올리언스 장례식에서 가장 많이 연주되는 장송곡일 것이다. 노래의 제목과 가사는
고린도후서 5장 7절의 "우리가 믿음으로 행하고 보는 것으로 행하지 아니하노라."라
는 성경 구절과 야고보서 4장 8절 "하나님께로 가까이 나아오라 그리하면 그가 너에
게 가까이 오시리라."를 암시한다.

재즈의 시작, 존재의 시작

〈Song 1 재즈의 탄생〉을 통해 아프리카와 유럽의 뿌리를 시작으로 한 재즈의 탄생부터 뉴올리언스에서의 음악적 만남, 래그타임의 새로운 리듬, 브라스 밴드를 중심으로 재즈가 확장되는 과정을 알아보았다. 그렇게 서로 다른 문화가 만나고 섞여 재즈 음악이 탄생했듯 재즈는 불현듯 내 마음으로 들어왔다. 재즈가 나름의 궤적을 따라 진화한 것처럼 나의 재즈 스토리 〈재즈 속 나를 만나다〉도 나만의 궤적을 따라 자연스럽게 흘러갔다. 〈재즈 속 나를 만나다〉는 마치 운명처럼 찾아와 내 삶의 일부가 된, 나와 재즈의 이야기이다.

연기가 자욱한 클럽에 있지도 않았고, 낡은 LP판 바이닐 레코드를 듣고 있지도 않았다. 그저 일상적인, 더없이 건조한 하루를 보내던 중이었다. 회사 사무실에 앉아 있던 나는 매일의 야근으로 지쳐 있었다. 그때, 낡은 컴퓨터의 스피커에서 재즈의 선율이 들려왔다. 매일 듣던 그저 그런 음표들이 아니라, 아무도 없는 공간, 그 침묵 속으로 재즈의 음표들이 나에게 말을 걸어온 듯한 신비한 느낌을 받았다. 주의를 끌었던 건 단지 음표들이 아니라 그 느낌이었다. 자유를 갈구하는 그 느낌, 이를테면 필연적인 이끌림이었다.

그랬어.
나에게 재즈는 자유였어.

요란한 반항의 자유가 아니라, 더 친밀하고 개인적인 자유 말이다. 대본 없이 표현할 수 있는 자유, 틀에 얽매이지 않고 언제든 즉흥적으로 연주할 수 있는 자유, 필터 없이 감정을 느낄 수 있는 자유. 아마 그래서 재즈가 인생의 복잡함, 예상치 못한 삶의 변화를 경험한 사람들에게 깊이 공명하는 것이 아닐까 생각해 본다. 그렇게 재즈는 나에게 운명처럼 다가왔다.

가장 순수한 형태의 재즈는 삶 자체를 반영한다. 예측 불가능하고, 때로는 혼란스럽지만, 그 불완전함 속에서 재즈는 아름답게 빛난다. 일상 속 분주함에 휩싸여 있던 나는 내 자리가 아닌 것 같은 사무실 책상에서 벗어나 그 어딘가에 있을 내가 있어야 할 자리를 찾고 있었다. 재즈를 통해 자유를 실감하고 싶었다. 그런 나의 마음은 어느새 '나도 재즈를 노래하고 싶다'는 소망의 소리에 귀를 기울였다.

모든 일에 우연은 없어. 언제나 시작했으면, 그 결과가 기다리는 거야.

재즈에 발을 들여놓은 일은 어느 날 갑자기 이루어진 우연은 아니었다. 2004년, 우연을 가장한 필연적인 일이 일어났다. 당시 난 외국계 화장품 회사 마케팅 부서에 근무 중이었다. 노래를 부르고 흥얼거리기 좋아한 나는 연말 파티에서 피아노를 치며 소프트한 팝송 노래를 부르곤 했다. 그러던 중,

어느 날 홍보 담당 친구의 소개로 작곡가 친구를 만나게 되었다. 영화 OST 에 삽입할 곡의 보컬을 찾고 있다는 것이었다. 그 영화는 2004년 개봉된 배우 공유, 김정화 주연의 〈그녀를 모르면 간첩〉이라는 영화였다. OST 삽입곡 중 두 곡의 가사와 보컬을 맡아서 참여했는데, 그때, 나의 내면은 음악을 향한 열망으로 더 들끓고 있는 자신을 발견했다.

이후 전문적으로 음악 공부를 해 봐야겠다는 결심을 하고 회사를 그만두기로 했다. 몇몇을 제외한 대부분 지인이 음악이라는 미지의 세계를 탐험하려는 나의 결심에 우려의 목소리를 냈다. 나를 걱정하시는 선배님들, 동료들의 마음은 이해가 갔지만 고심 끝에 나는 나의 진정한 목소리를 찾기로 한 여정을 출발하기로 결단을 내렸다. 나만의 내면의 소리에 귀를 기울이기로 한 것이다.

2023년 10월 어느 날, 회사를 그만둔 지 20여 년 만에 그 당시 회사의 대표님, 부장님이 한남동 클럽에서 공연하던 날 찾아오셨을 때가 기억난다. "유경씨, 그때, 회사 그만두고 유학 가기를 잘했네." 재즈 보컬이 된 나의 모습을 진심으로 기뻐하는 그 말이 지금도 내 귓가에 달콤한 속삭임처럼 남아 있다.

내 마음 깊은 곳, 재즈를 들었다고 말할 때, 그것은 단순한 음악적 경험을 말하는 것이 아니다. 그것은 명확한 순간을 말하는 것이다. 당신의 마음으로 재즈가 스며들 때, 재즈는 심지어 당신조차도 몰랐던 그 무언가를 말해주고 있다. 나의 잠재의식 속, 마음 깊이 내재되어 있던 재즈에 대한 열정, 재즈의 열망을 알아차린 것이다. 아마 이것이 재즈가 열린 마음을 가진 사람들에게 깊은 영향을 미치는 이유일 것이다. 재즈는 삶이 항상 규칙을 따르거나 계획에 붙들려 충실해야 하는 것이 아니라는 것을 깨닫게 해 준다. Flexible mind열린 마음! 나는 늘 열린 마음, 마음껏 숨 쉴 수 있는 공간과 여유를 사랑하게 되었다. 이것이 내가 재즈를 사랑하는 또 하나의 이유다.

가장 아름다운 순간은 극적으로 찾아온다. 우리가 즉흥적으로 행동할 때, 위험을 감수할 때, 악보에 없는 음을 연주할 때 찾아온다. 재즈는 실수해도 괜찮다는 관용의 메시지를 남긴다. 우리는 실수에 연연하지 않고 계속 연주하고, 내 앞에 펼쳐진 황홀한 재즈의 세계로 나아가기만 하면 그만이다. 그 움직임 속에서, 미지의 것을 탐험하려는 그 의지 속에서 우리는 진정한 목소리를 찾게 된다.

재즈를 마음에 듣기 시작한 이후 인생도 재즈처럼 열린 마음과 열린 정신으로 살아야 한다는 것을 깨달았던 순간이 있었다. 그것은 예기치 않은 것들을 받아들이고, 혼돈을 통해 아름다움을 찾고, 언젠가는 모든 것이 하나로 맞춰질 것이라는 믿음을 갖는 순간이었다.

재즈는 단순히 듣는 음악이 아니라, 느끼는 음악이다. 재즈를 듣고 있으면 낚싯바늘에 물고기의 입이 물리듯, 재즈의 떠도는 수많은 선율이 나의 내면의 깊은 감정의 심연을 길어 올리는 것을 느끼게 된다. 이렇게 수면으로 올라온 감정들은 기쁨이든 고통이든, 확신이든 의문이 든, 우리가 가지고 있는 감정을 타인에게 전할 수 있는 무엇인가로 전환한다. 이런 방식으로, 재즈는 단순히 뮤지션의 기술을 반영하는 것이 아니라, 음악을 듣는 청중의 영혼도 함께 조망한다. 이것이 바로 재즈의 마법이다.

연주와 기술적 완벽함이 아니라 표현의 태도가 재즈의 매력이다. 이런 표현에 있어 나는 처음 나의 감정을 대면하기에 어려움을 겪었던 적이 있었다. 결국, 어렵게 시작한 재즈도 잠시 접어두는 고난도 경험하고 말았다. 정답이나 오답이 없는 재즈의 아름다움을 보지 못하고 기술적 발전과 테크닉의 강화를 통해 완벽을 추구하던 나는 결국, 그 프레임에 갇혀 회피를 선택하게 된다. 나의 인생도 재즈와 함께 같은 스토리를 펼쳐나갔다.

Song 2

재즈의 선구자들

새로운 길을 개척한 전설적인 음악가들

"You can tell the history of jazz in four words: Louis Armstrong. Charlie Parker."

"당신은 재즈의 역사를 네 단어로 말할 수 있다: 루이 암스트롱. 찰리 파커."

Miles Davis

마일스 데이비스

"Jazz stands for freedom. It's supposed to be the voice of freedom:
Get out there and improvise, and take chances, and don't be a perfectionist
- leave that to the classical musicians."

"재즈는 자유를 상징한다. 그것은 자유의 목소리여야 한다:
무대로 나가 창의력을 발휘하고, 기회를 잡아라. 그리고 완벽주의자가 되지 말아야 한다.
– 그것은 클래식 음악가들에게 맡겨두어라."

Dave Brubeck

데이브 브루벡

♩

트럼펫으로 그린 즉흥의 궤적

루이 암스트롱

루이 암스트롱의 트럼펫 소리는 재즈 그 자체의 목소리처럼 들린다. 거친 듯 부드럽고, 때로는 무모하게 질주하는 듯하면서도 그 속에는 뭔가 따뜻하고 친숙한 것이 있다. 그의 음악은 사람들의 마음속 깊이 파고들어, 그곳에서 잊히지 않는 멜로디로 남는다. 루이 암스트롱은 재즈에 깊은 흔적을 남겼다. 이제, 그의 삶을 돌아보며 그가 어떻게 재즈의 역사를 새롭게 써 내려갔는지 살펴보려 한다.

뉴올리언스에서 들려온 첫소리

1901년, 루이지애나의 뉴올리언스에서 태어난 소년 루이는 태어날 때부터 음악의 바닷속에 있었다. 그곳은 재즈가 숨을 쉬고, 사람들의 삶과 얽히며 자라나는 도시였다. 암스트롱은 가난한 가정에서 자랐지만, 거리에서는 늘 생동감 넘치는 소리가 흘렀다. 그에게 음악은 피할 수 없는 운명이었다. 뉴올리언스의 소리가 그의 영혼에 침투했기 때문이다.

하지만 그가 본격적으로 음악의 길을 걷게 된 건 뜻밖의 계기였다. 법적 문제로 흑인 소년보호소에 보내졌던 암스트롱은 그곳에서 *코넷Cornet을 처음 손에 쥐게 된다. 악기를 다루는 그의 손끝에서 음악은 마법처럼 흘러나왔고, 암스트롱은 곧 자신이 이 길로 가야 한다는 것을 깨달았다. 그 순간부터, 그의 음악 인생이 시작되었다.

* 코넷(Cornet): 트럼펫과 비슷하게 생긴 금관악기이다.

뉴올리언스의 밤을 넘어

암스트롱은 뉴올리언스의 작은 무대의 클럽에 서기 시작했다. 그의 연주는 사람들의 시선을 끌었고, 그의 이름은 점점 더 알려졌다. 그러다 1922년, 그는 시카고로 떠났다. 그곳에서 그는 '킹 올리버 크레올 재즈 밴드'에 합류하며 자신만의 스타일을 완성했다. 대담하고 강렬한 트럼펫 솔로는 사람들의 마음을 흔들었다. 그가 트럼펫을 불 때마다, 그 소리는 시카고의 밤하늘을 가로지르는 별들의 노래처럼 들렸다.

1925년, 암스트롱은 드디어 자신의 음악적 비전을 펼칠 기회를 얻었다. 시카고에서 그는 소규모 밴드 '핫 파이브와 핫 세븐Hot Five and Hot Seven'을 결성했고, 그들은 이제 전설로 남을 음반들을 만들었다. 그중에서도 〈웨스트 엔드 블루스〉는 마치 하늘을 날아오르는 새처럼 자유롭고, 또 동시에 깊이 있는 고독을 느끼게 했다. 그의 트럼펫 소리는 재즈의 혼을 상징했다.

세계를 울리다

1930년대가 되자, 암스트롱은 단지 미국의 스타가 아닌, 전 세계적인 아이콘이 되었다. 그는 유럽으로 떠나 세계 각국을 돌며 공연을 펼쳤고, 어디를 가든 그의 음악은 사람들을 감동시켰다. 트럼펫을 부는 그의 모습은 마치 음악을 만들어내는 연금술사 같았다. 그의 연주 속에는 깊은 감정과 인간적인 따스함이 녹아 있었고, 그가 무대에 설 때마다 관중은 그에게 매료되었다.

그의 음악은 감동을 넘어 변화를 불러일으켰다. 그는 인종 차별이 만연했던 시대에, 음악을 통해 그 장벽을 허물었다. 그의 명성은 음악의 경계를 넘어 인권 운동의 상징으로도 자리 잡았다. 암스트롱은 트럼펫을 통해 사람들에게 자유를 속삭였고, 그 속삭임은 음악과 함께 퍼져나갔다.

남겨진 소리, 그리고 영원한 울림

루이 암스트롱은 재즈 그 자체였고, 그의 음악은 지금도 우리의 마음속에서 울려 퍼진다. 그의 대표곡 〈왓 어 원더풀 월드What a Wonderful World〉는 오늘날에도 사람들의 삶 속에서 울리고 있다. 그가 남긴 수많은 녹음은 시대를 넘어 사랑받고 있으며, 그는 스캣Scat이라 불리는 독특한 보컬 기법을 대중화하며 보컬리스트들에게 새로운 길을 열어주었다.

What a Wonderful World의 가사

스캣은 가사 대신 의미 없는 '슈비두와' 같은 음절을 사용하여 즉흥적으로 노래하는 재즈 보컬 기법으로, 루이 암스트롱이 이를 대중화하는 데 큰 역할을 한 것으로 알려져 있다. 특히, 암스트롱이 스캣을 처음 사용한 것으로 알려진 유명한 일화가 있다.

1926년, 루이 암스트롱은 〈히비 지비스Heebie Jeebies〉를 녹음하던 중 가사가 적힌 악보를 실수로 바닥에 떨어뜨렸다고 한다. 가사가 없는 상황에서 암스트롱은 즉흥적으로 '두비두바' 같은 의미 없는 소리를 내며 노래를 이어갔고, 이것이 녹음에 그대로 남았다. 예상치 못한 이 즉흥적인 창작이 오히려 신선하고 독창적으로 들렸고, 이 녹음이 대중에게 크게 인기를 끌면서 스캣이 재즈 보컬의 중요한 요소로 자리 잡게 되었다.

물론, 스캣 창법 자체는 루이 암스트롱 이전에도 존재했을 가능성이 있지만, 그의 독창적인 스타일과 압도적인 영향력 덕분에 스캣이 본격적으로 재즈 음악에서 중요한 기법으로 자리 잡았다. 이후 엘라 피츠제럴드, 사라 본, 디지 길레스피 같은 재즈 거장들도 스캣을 자유자재로 활용하며, 마치 트럼펫이나 색소폰처럼 목소리로 연주했다. 하지만 그 모든 시작은 바로 그날, 암스트롱이 바닥에 떨어진 악보를 내려다보며 만들어낸 즉흥적인 순간에서 비롯되었다.

어쩌면, 재즈라는 음악 자체가 그런 것이 아닐까. 정해진 길을 따라가는 게 아니라, 예상치 못한 실수조차도 음악으로 만들어버리는 것. 루이 암스트롱이 남긴 이 우연한 사건은 결국 재즈가 가진 자유로운 정신을 가장 잘 보여주는 일화로 남았다. 루이 암스트롱은 우리에게 재즈가 무엇인지, 그리고 그 속에 담긴 자유와 감정을 알려주었다.

뉴올리언스에는 그의 이름을 딴 공원과 공항이 세워졌고, 그의 음악적 유산은 여전히 계속되고 있다. 그는 음악의 경계를 넘어선 문화의 대사로, 인간의 영혼을 울리는 트럼펫 소리로 남아 있다. 루이 암스트롱. 그 이름을 부를 때마다, 그의 트럼펫 소리가 다시금 우리의 마음을 가로지른다. 그 소리는 별들 사이로 길을 내며, 우리의 영혼을 자유롭게 만든다.

루이암스트롱 묘지, 퀸즈

루이 암스트롱 하우스&아카이브

루이 암스트롱 생가, 퀸즈

루이 암스트롱(1901~1971년)

〈Stardust〉by Louis Armstrong 「Stardust」Okeh Records, 1931

호기 카마이클Hoagy Carmichael 작곡, 미첼 패리시Mitchell Parish 작사의 곡이다. 1927년 호기 카마이클과 친구들Hoagy Carmichael and His Pals이 첫 녹음을 하였다. 루이암 스트롱은 1931년 이 곡을 타이틀로 한 앨범을 녹음하였으며 우디 앨런Woody Allen 감독의 1980년 개봉작 〈스타더스트 메모리즈Stardust Memories〉에 삽입되었다.

♪

스윙의 리듬을 지휘한 남자

듀크 엘링턴

재즈 역사의 거대한 캔버스 위에서, 듀크 엘링턴Duke Ellington만큼 빛나는 존재는 흔치 않다. 그는 혁신적인 작곡자이자, 뛰어난 편곡가, 그리고 카리스마 넘치는 오케스트라 지휘자로서 스윙 시대의 중심에 서 있었다. 그의 음악은 마치 시간을 초월한 선율처럼, 지금도 여전히 우리를 그 시대의 리듬 속으로 데려간다. 2,000여 곡을 작곡하며 스윙 대가로 불리게 된 엘링턴의 생애와 그의 유산을 따라가 보자.

공작새의 옷을 입은 소년, 듀크

1899년 4월 29일, 워싱턴 D.C.에서 태어난 소년 에드워드 케네디 엘링턴 Edward Kennedy Ellington은 어린 시절부터 남다른 감각을 지니고 있었다. 친구들은 그를 '듀크'라 불렀다. 그가 마치 공작새처럼 멋진 옷을 입고 다녔기 때문이었다. 그의 아버지는 백악관에서 일했으며, 덕분에 듀크는 안정적인 중산층 가정에서 자랄 수 있었다. 그는 7세 때 처음으로 피아노 앞에 앉았다. 그때부터 듀크는 음악이라는 세계에 빠져들었다.

듀크는 한때 미술에도 재능을 보였지만, 그의 마음을 완전히 사로잡은 것은 음악이었다. 그는 독학으로 음악을 배웠고, 래그타임, 블루스, 클래식 등 다양한 장르에서 영감을 받았다. 그는 배운 것에 머무르지 않고 다양한 요소를 결합해 자신만의 독창적인 스타일을 만들었다. 10대가 되었을 때, 듀크는 지역 클럽과 사교 모임에서 피아니스트로 연주하며 자신만의 길을 걷기 시작했다.

할렘의 밤을 물들이는 소리

1920년대에 접어들면서 듀크 엘링턴은 점점 더 많은 사람의 관심을 받기 시작했다. 그의 밴드 '워싱토니언스Washingtonians'는 할렘의 활기 넘치는 재즈 현장에서 주목받는 존재가 되었고, 그가 작곡한, 〈East St. Louis Toodle-Oo〉 및 〈Black and Tan Fantasy〉는 비평가들 사이에서 높은 평가를 받았다. 1927년, 듀크 엘링턴과 그의 밴드는 뉴욕의 '코튼 클럽'에서 정규 공연을 시작했다. 이곳에서 그는 재즈 음악의 경계를 넓혀갔다. 〈Creole Love Call〉과 〈Black and Tan Fantasy〉와 같은 곡들이 대중에게 인기를 끌었고, 그의 오케스트라는 할렘의 밤을 물들이는 가장 독특한 소리로 자리를 잡았다.

스윙, 그리고 자유로운 리듬의 탐험

듀크 엘링턴의 음악이 진정으로 빛난 순간은 그가 스윙의 리듬을 자신의 것으로 만들었을 때였다. 〈It Don't Mean a ThingIf It Ain't Got That Swing〉에서 듀크는 스윙이란 단순한 리듬을 넘어선 음악을 살아 숨 쉬게 만드는 감정의 흐름이라는 것을 보여주었다. 〈Take the 'A' Train〉 역시 스윙 시대의 아이콘으로 자리를 잡았다. 그의 음악은 복잡하면서도 매혹적이었고, 그가 이끄는 오케스트라는 각 단원의 개성과 장점을 최대한 끌어내는 완벽한 협연을 만들어냈다.

듀크 엘링턴의 오케스트라는 음악적 실험을 두려워하지 않았고, 새로운 리듬과 음색을 탐구하며 끊임없이 발전해 나갔다. 그가 이끄는 밴드는 결성된 이후 50년 동안 해산되지 않고 유지되었는데, 이는 듀크의 리더십과 그가 만들어낸 음악적 공동체의 결속력을 보여준다.

끝없는 창작의 여정

듀크 엘링턴의 창작욕은 끝이 없었다. 그의 대표작인 〈Mood Indigo 1930〉, 〈Sophisticated Lady 1933〉, 〈Solitude 1934〉, 〈In a Sentimental Mood 1935〉 등은 재즈 역사에서 빛나는 보석 같은 곡들이다. 특히, 1933년, 그는 작곡자이자 편곡자인 빌리 스트레이혼 Billy Strayhorn을 만나면서 새로운 도약을 맞이했다. 그와 함께 듀크는 수많은 명곡을 탄생시켰다. 〈Prelude To a Kiss〉, 〈Don't Get Around Much Anymore〉, 〈Do Nothin' Till You Hear From Me〉, 〈I'm Beginning To See The Light〉, 〈Satin Doll〉 등은 지금까지도 인기 있는 재즈 스탠다드로 남아 있다.

재즈의 별이 된 듀크

1974년, 듀크 엘링턴은 세상을 떠났지만, 그의 음악은 결코 사라지지 않았다. 그는 리처드 닉슨 Richard Nickson 대통령으로부터 미국 민간인에게 수여되는 최고 훈장인 자유 메달을 받으며 그가 이룬 업적을 인정받았다. 그의 혁신적인 작곡과 오케스트라의 역동적인 연주는 여전히 재즈 세계에서 독보적인 위치를 차지하고 있다.

듀크 엘링턴(1899~1974년)

> ⟨Take the 'A' Train⟩ by Duke Ellington 「Ellington Uptown」 Columbia, 1952

빌리 스트레이혼이 작곡하고 듀크 엘링턴과 그의 오케스트라가 연주하였다. 1941년에 발매되었으며 스윙 시대를 상징하는 엘링턴의 시그니처 작품 중 하나가 되었다. 이 곡의 제목은 1930년대와 1940년대 아프리카계 미국인 문화와 창의성의 중심지였던 할렘으로 가는 가장 빠른 노선이었던 뉴욕시의 지하철 노선인 A 열차에서 따온 것이다.

> ⟨It Don't Mean a Thing(If It Ain't Got That Swing)⟩ by Duke Ellington, Brunswick Records, 1932

전설적인 듀크 엘링턴이 작곡한 전형적인 재즈 스탠다드로, 어빙 밀스Irving Mills가 가사를 썼다. 1932년에 발매되었으며 노래 제목에는 음악의 본질은 스윙, 그루브, 감동을 주는 능력에 있다는 핵심 메시지가 담겨 있다. 귀에 쏙 들어오는 후렴구와 활기찬 템포로 이 곡은 스윙 재즈 음악의 상징이 되었다. 여러 앨범과 레이블을 통해 다양한 버전으로 발매되어, 재즈 역사에서 중요한 위치를 차지하고 있다.

♪

블루스의 영혼을 노래한 여왕

베시 스미스

재즈의 거대한 퍼즐 속에서, 블루스는 그 뼈대를 이루는 감정의 심장과도 같다. 그 안에서 베시 스미스Bessie Smith는 블루스의 영혼을 가장 깊고 진하게 노래한 인물로 남았다. 강렬한 목소리와 가슴을 찌르는 듯한 스토리 텔링, 그녀의 음악은 노래를 넘어 하나의 이야기가 되었다. '블루스의 여왕'이라 불린 그녀. 그녀의 삶과 음악이 남긴 흔적은 재즈의 탄생에도 깊은 울림을 더했다. 이제, 그녀가 어떻게 한 시대를 관통하며 블루스의 영혼을 새겼는지 따라가 보자.

공허 속에서 울려 퍼진 목소리

1894년 테네시주 채터누가에서 태어난 베시 스미스는 가난과 싸우며 자랐다. 남부의 거리, 그리고 흥겨운 쥬크 조인트에서 울려 퍼지는 블루스의 선율 속에서 그녀는 성장했다. 음악은 그녀에게 유일한 피난처이자 표현의 수단이었다. 그녀는 블루스 속에서 자신의 영혼을 발견했고, 그 영혼은 곧 강렬하고 진실된 목소리로 나타났다. 그 목소리는 울림이 있고, 삶의 고난을 그대로 반영하는 듯했다.

베시 스미스는 그 누구도 흉내 낼 수 없는 독특한 목소리를 가졌다. 그 목소리는 청중을 사로잡았고, 그녀는 곧 무대 위에서 주목받는 가수가 되었다. 블루스는 그녀를 통해 그 진정한 감정을 드러냈다.

하늘을 가로지른 별, 블루스의 여왕이 되다

1920년대, 베시 스미스의 목소리는 단순한 소리를 넘어 시대를 울렸다. 그녀의 곡 〈다운하티드 블루스Downhearted Blues〉 및 〈세인트루이스 블루스St. Louis Blues〉는 수백만 장의 판매고를 올리며 그녀를 스타로 만들었다. 그녀의 공연은 감정의 소용돌이 같았다. 풍부한 성량과 세밀한 표현력으로 청중의 마음을 흔들었고, 그녀는 곧 '블루스의 여왕'이라는 찬사를 받았다.

베시 스미스는 음악을 통해 자신과 청중의 고통과 기쁨을 노래했다. 빌리 홀리데이, 마할리아 잭슨, 아레사 프랭크린, 제니스 조플린 같은 후대의 전설적인 보컬리스트들도 모두 그녀의 영향을 받았다. 그녀의 목소리는 마치 별처럼, 세대를 넘어 이어졌다.

블루스, 재즈의 숨결이 되다

블루스는 아프리카계 미국인들의 고통과 회복의 역사를 담은 삶의 어두운 골목에서 태어난 음악이다. 그 속에는 삶의 모든 감정이 농축되었다. 베시 스미스는 이 블루스를 통해 재즈의 탄생에 큰 영향을 미쳤다. 그녀의 음악은 루이 암스트롱과 듀크 엘링턴 같은 재즈 거장들에게 깊은 영감을 주었다. 블루스의 리듬과 우울한 멜로디는 재즈의 새로운 길을 열었고, 그들 역시 베시 스미스의 노래 속에서 그들의 음악적 방향을 찾았다. 블루스는 재즈의 뿌리였고, 베시 스미스는 그 뿌리를 깊게 박아주는 역할을 했다.

선구자로서의 베시 스미스

베시 스미스는 음악적인 영향력뿐만 아니라, 여성 뮤지션으로서, 그리고 흑인 여성으로서 음악계에서 중요한 길을 열어주었다. 그녀의 삶은 전혀 순탄치 않았지만, 그녀는 그 어려움 속에서도 목소리를 내는 법을 배웠다. 그녀의 레코딩은 생생한 감정으로 가득 차 있었으며, 그 감정은 오늘날까지도 우리에게 전달된다.

베시 스미스(1894~1937년)

베시 스미스, 그녀는 블루스를 불렀고, 블루스는 재즈가 되었다. 그녀의 노래는 흐르고 흘러 재즈의 미래를 향해 갔다. 그녀는 블루스의 영혼을 담은 스토리텔러였다.

▌〈Downhearted Blues〉 by Bessie Smith, Columbia, 1923

〈다운하티드 블루스〉는 우울, 상심과 슬픔을 표현한 곡이다. 1923년에 발매된 이 작품은 즉시 히트를 쳤고 이 곡으로 베시 스미스는 유명해졌다. 소울풀한 목소리와 감동적인 전달력으로 베시 스미스는 블루스의 본질을 포착하여 잃어버린 사랑과 그리움의 고통을 전달한다.

▌〈St. Louis Blues〉 by Bessie Smith, Columbia, 1925

〈세인트루이스 블루스〉는 블루스 음악의 레전드인 W.C. Handy가 1914년에 쓴 곡으로, 역대 가장 많이 녹음된 블루스곡 중 하나가 되었다. 삶과 사랑의 고난과 씨름하는 한 여성의 이야기를 들려주면서 순수한 감정과 진심 어린 전달이 특징이다. 감동적인 가사와 감미로운 멜로디는 블루스의 본질을 잘 담아냈다.

♪

작곡의 첫 페이지를 넘긴 전설
젤리 롤 모튼

재즈의 화려한 역사 속에서 젤리 롤 모튼이라는 이름은 특별한 울림을 남긴다. 그는 음악의 미래를 내다본 작곡가였고, 재즈라는 장르를 하나의 예술로 이끈 선구자, 연주자였다. 이탈리아 영화감독인 주세페 토르나토레Giuseppe Tornatore의 영화 〈피아니스트의 전설The Legend of 1900〉에서 모튼은 '재즈의 창시자'로 묘사되었다. 그가 만들어낸 음악은 시대의 경계를 넘어 지금도 여전히 우리를 사로잡는다.

다문화 속에서 자라난 음악적 유산

젤리 롤 모튼의 본명은 페르디난드 조셉 라모스Ferdinand Joseph LaMothe이며 1890년 뉴올리언스에서 태어난 그는 4세대로 이어진 크레올 집안 혈통인 크레올로서 프랑스계 이민자와 흑인의 피를 물려받았다. 블루스, 래그타임, 캐리비안 리듬이 뒤섞인 도시, 뉴올리언스에서 그는 어린 시절을 보냈으며 그는 자연스럽게 다양한 음악을 받아들였다. 그런 환경에서 그는 자신의 스타일을 만들어가며, 음악을 소리를 나열하는 것 이상의 삶을 표현하는 수단으로 변형시켰다.

1900년대 초, 그는 뉴올리언스의 밤 문화 중심지인 스토리빌에서 피아니스트로서 이름을 알리기 시작했다. 이 시기에 작곡한 〈더 크레이브The Crave〉는 그가 가진 멜로디 감각과 탱고 리듬의 융합을 보여준다. 영화 〈피아니스트의 전설〉에서 주인공과 대결을 벌이는 바로 그 장면 속 음악이다. 젤리 롤 모튼의 이름은 그곳에서 시작해, 세상으로 퍼져나가기 시작했다.

영화 〈피아니스트의 전설〉, 1998

젤리 롤 모튼 역의 Clarence Williams III, 영화 〈피아니스트의 전설〉의 한 장면

재즈 작곡의 지평을 열다

모튼의 가장 큰 공헌 중 하나는 그가 재즈를 단순한 즉흥 연주의 장르로 남겨두지 않고, 작곡을 통해 그 구조와 형식을 세련되게 다듬었다는 점이었다. 그에게 있어 재즈는 여러 장르의 경계를 넘나드는 실험의 장이었고, 블루스와 래그타임, 그리고 유럽 클래식의 요소를 재즈의 틀 안에 녹여냈다. 그의 대표작인 〈킹 포터 스톰프King Porter Stomp〉 및 〈블랙 보텀 스톰프Black Bottom Stomp〉는 초기 재즈의 모습을 완벽하게 구현하면서도, 그 속에 담긴 음악적 복잡성과 화려함을 보여주었다.

젤리 롤 모튼은 재즈의 형식을 만들었을 뿐만 아니라, 그 형식을 해체하고 다시 쌓는 능력을 갖췄다. 그의 작곡에는 재즈 특유의 즉흥성과 동시에 정교하게 계산된 화성과 리듬이 공존했다. 그는 재즈라는 장르가 단순한 거리의 음악에서 벗어나, 하나의 예술적 형태로 자리 잡을 수 있는 길을 열었다.

레드 핫 페퍼스와의 여정

모튼은 혼자서만 빛나는 사람이 아니었다. 그의 밴드, '레드 핫 페퍼스Red Hot Peppers'는 당시 최고의 연주자들을 모아 만들어졌다. 클라리넷 연주자 오머 시메온Omer Simeon, 트럼펫 연주자 조지 미첼George Mitchell, 그리고 트롬본 연주자 키드 오리Kid Ory 등과 함께 그는 그들만의 독특한 앙상블을 만들어냈다. 그들의 연주는 모튼의 정교한 편곡 속에서 서로의 소리를 조화롭게 엮어냈다. 레드 핫 페퍼스는 그 시절 재즈의 혁신을 이끌었다. 모튼은 밴드의 리더로서 각 연주자의 특성을 완벽하게 이해하고, 그들의 개성을 끌어내며 하나의 화음을 만들었다.

그는 블루스와 클래식, 래그타임을 넘나들며 재즈를 하나의 세련된 예술로 발전시켰다. 모튼의 업적은 그가 '재즈의 창시자'라는 논란을 넘어선다.

젤리 롤 모튼. 그 이름은 재즈의 첫 페이지를 넘긴 사람으로, 언제나 그곳에 머물러 있다.

젤리 롤 모튼(1890~1941년)과 Red Hot Peppers 밴드

〈Black Bottom Stomp〉 by Jelly Roll Morton and His Red Hot Peppers
「Black Bottom Stomp / The Chant」 Victor, 1926

초기 재즈 음악 발전에 있어서 중요한 역할을 한 젤리 롤 모튼의 상징적인 재즈 작품
이다. 1926년에 작곡된 〈블랙 보텀 스톰프〉는 활기찬 리듬과 열정적인 연주로 특징지
어진 화제의 곡이다. 이 작품은 래그타임과 블루스의 요소를 적절히 결합하여 당시
의 재즈 스타일과 어우러진 모튼의 음악적 능력을 잘 보여주는 작품이다.

〈King Porter Stomp〉 by Jelly Roll Morton 「The Pearls / King Porter
Stomp」 Vocalion, 1926

〈킹 포터 스톰프〉는 1905년에 작곡되었지만 1920년대에 모튼에 의해 대중화된 곡이
다. 이 곡은 귀에 쏙 들어오는 멜로디와 당김음이 있는 리듬으로 초기 뉴올리언스 재
즈의 정수를 보여준다.

황홀경으로 이끈 빛나는 영혼들

〈Song 2 재즈의 선구자들〉에서는 재즈라는 새로운 길을 개척한 전설적인 선구자들을 만났다. 그들의 삶을 따라가다 보니, 그들 역시 운명처럼 찾아온 어떤 만남이 재즈로 이끄는 길잡이가 되었음을 알 수 있었다. 돌아보면, 나의 삶 속에서도 그런 순간들이 있었다. 나를 재즈로 인도한 아티스트들과의 만남, 그리고 그 만남이 내 인생에 남긴 흔적들을 나의 스토리를 통해 나눠 보고자 한다.

삶은 만남이다. 우리는 흔히 이런 말을 한다. 미국에 이민 갔을 때 어떤 직업을 가진 사람이 공항에 마중을 나오느냐에 따라 우리의 인생이 달라진다는 말들. 이렇듯 만남은 삶의 방향을 정하는 나침반과 같다. 만남의 영역에는 사람만 있는 게 아니다. 책, 음악, 영화, 장소 등 물질계 안에 존재하는 모든 것과의 만남이 포함된다.

재즈 여정을 시작하며 참으로 많은 만남의 사건이 있었다. 모든 만남이 내가 평생 재즈를 사랑하고 추구할 수 있는 원동력이 된 소중한 만남이라는 건 감사한 일이다. 나의 재즈 뮤지션 여정에 만나진 재즈 아티스트들, 곧 소울 파트너들의 이야기를 소개해보고자 한다. 나의 인생에서 만남을 타고 온 재즈의 에너지가 여러분에게도 공명하기를 바라며….

인생은 만남의 교향곡이다. 보기에는 무작위로 연주되는 음들처럼 보이지만, 그렇지 않다. 음 하나하나가 소중하게 어우러져 우리를 영원의 시간으로 인도하는 멜로디를 형성한다. 내가 재즈의 세계로 들어선 여정을 되돌아보면 재즈 아티스트들과의 만남 하나하나가 단순한 우연이 아니었다는 것을 깨닫게 되면서 새삼 놀라게 된다. 나를 재즈 음악의 풍부하고 즉흥적인 세계로 깊이 이끌어주는 서곡이었다. 내가 만난 아티스트들 각자는 내 인생이라는 곡에 완벽하게 그려진 생명의 음표였고, 그들은 지금의 재즈 보컬이 되는 길로 나를 인도해주었다. 재즈, 그리고 인생에서 모든 음표, 모든 만남은 그 나름의 찬란한 이유를 품었다.

내 재즈 여정의 첫 음표는 엘라 피츠제럴드Ella Fitzgerald에 의해 울려 퍼졌다. 그날은 여느 때처럼 사무실에서 야근을 하며 피곤함에 지쳐 있던 상태였다. 스피커에서 'Every time we say goodbye' 하며 가사가 흘러나오는데 그녀의 목소리는 부드러우면서도 강렬한 그야말로 독보적인 매력을 지니고 있었다. 그전에도 분명히 그 노래를 들었을 것이다. 카페의 음악, 영화 속 한 장면 등, 일상에서 들었을 테지만 아마도 그날 난, 재즈를 내 온몸으로 흡수할 준비가 되어 있었는지도 모른다. 그렇게 엘라의 목소리가 내 마음으로 찾아왔다. 그녀의 목소리는 깊은 울림을 주었고, 나도 재즈를 노래하고 싶다는 마음이 열리게 하였다.

그다음, 아티스트의 음표는 델로니어스 몽크Thelonius Monk의 '라운드 미드 나이트Round Midnight'이다. 이 곡을 들었을 당시 나는 영혼의 어두운 터널을 걷고 있었다. '나'의 존재, 그 참된 가치와 인생의 의미를 어떻게 찾아야 할지 몰라 방황하는 내면의 혼란, 그 깊은 터널을 걷는 기분이었다. 이 곡을 들었을 때 시간의 흐름을 표현하듯 어두운 밤이 점차 깊어지는 느낌이 들었다. 음악적인 지식이 하나도 없을 당시라 멜로디와 화성의 변화가 그러한 느낌을 자아낸다는 것은 전혀 몰랐다.

몽크의 피아노곡도 좋았지만, 가사가 있는 사라 본Sarah Vaughan과 카르멘 맥레이Carmen McRae 버전을 퍽 좋아했던 기억도 새롭다. 가사와 멜로디가 어우러진 그 이면에 숨겨진 복잡한 감정과 내면의 고독이 오롯이 내 영혼에 전달되었다. 그것은 마치 밤의 고요함 속에 깊이 잠긴 마음의 소리를 듣는 듯한 느낌이었다. 아마도 내 내면의 고독이 오롯이 투영된 반응이 아니었나 싶다. 그래서인지 이 곡을 버클리 음대 입학 오디션 곡으로 선택했었는데 음악 초보자였던 내게 입학과 장학금을 열어 준 내 인생의 전환점을 만들어 준 곡이 되었다.

2006년, 유학을 결정하고 학교 정보를 찾을 때였다. 한국에서 '버클리 입학 월드 투어 오디션'이 있다는 것을 알게 되었다. 한 달이란 짧은 기간, 급하게 준비해 오디션을 보았는데 운 좋게도 좋은 결과를 얻게 되었다. 입학 전까지 시간이 좀 있었는데 유학 전 무대 경험도 필요하고 이론적 지식이 필요하다는 생각이 들었다. 서울 재즈 아카데미현 SJA 실용전문학교에서 공부를 하며 연주 경험을 쌓으면 되겠다는 생각이 들었다. 버클리에서 서울 재즈 아카데미에서 받은 수업도 일부 인정해준다고 하니 금상첨화였다. 학교가 대학로에 자리하고 있어 그 당시 대학로에 있었던 재즈 클럽 '천년동안도'에 자주 가서 공연을 관람했다. 재즈 뮤지션과 인연을 맺고, 교류하고 시작한 게 바로 이 무렵이었다.

2007년 봄, 첫 잼세션Jam Session에 참여했다. 잼Jam이란 연주자들이 미리 연습 없이 그 자리에 즉흥적으로 모여 함께 연주하는 비공식적 연주를 말한다. 그 당시 홍대에 있는 클럽 에반스에서 매주 월요일마다 잼세션이 있었고, 첫 곡으로 〈Angel Eyes〉를 불렀다. 이날은 부끄러운 기억이다. 정말 엄청나게 큰 실수를 했다. 피아노 솔로가 끝나고 다시 노래로 들어가야 하는데, 첫 무대라 긴장도 많이 하고 곡이 익숙하지 않은 탓에 어디서 피아노 솔로가 끝나고 보컬이 들어가야 하는지 몰라 혼란스러웠다. 하지만, '에라 모르겠다.' 하는 모험심을 발휘하여 눈을 질끈 감고 스캣을 시작해버렸는데, 그땐 피아니스트가 솔로 부분을 진행하던 때였다. 피아니스트는 기가 막히고 황당했는지, 잠깐 나를 쳐다보고는 내가 부르고 있는 코드 부분을 찾아 호흡을 맞춰줬다.

그날의 에피소드를 떠올리기만 해도 수줍은 웃음도 나고 피아니스트의 얼굴이 기억나진 않지만, 그 피아니스트에게 미안한 마음이 들었다. 재즈에서는 이런 일이 다반사로 일어나기는 하지만, 자신의 솔로 중간에 갑자기 들어온 침입자를 반기지는 않지 않겠는가. 잼이 끝나고 민망해하는 나를 에반스의 대표님께서 격려해주셨던 말이 기억에 남는다.

"발라드도 스캣을 하니 좋네."

그 이후, 잼세션에 참가하기 시작했는데, 늘 초보자의 배우는 자세로 임했지만, 어디에 가든 초보자가 되어 사람들의 눈치를 보며 무대에 서야 하는 것이 무척 힘들었다.

'다른 사람들이 나를 어떻게 생각할까?',
'나는 잘 모르니까'

그런 내면의 말들이 오히려 자신을 작게 만들었다. 뮤지션과 청중 앞에서 내 존재가 insecure, 불안하게만 느껴졌다. 음악적 지식이 더 많으면 이러한 나의 모습이 자신 있는 모습으로 변화될까 하는 마음에 더욱 유학을 계획했던 것 같다. 나의 내면적인 연약함을 외적인 조건으로 채우려고 하니, 이런 모습은 학교에서 공부하는 내내, 졸업 후 연주하는 동안에도 늘 나의 마음을 괴롭게 했다.

그때의 나는 그냥 초보였다. 인정하면 됐을 텐데. 그 순간에 최선을 다하고, 내가 원했던 노래를 할 수 있다는 사실만으로도 감사하면서, 있는 그대로의 나를 받아들일 수 있었다면 얼마나 좋았을까? 그러면 조금씩 나아지는 내 모습을 보며 기뻐할 수도 있었을 텐데. 하지만 그때의 나는 자꾸만 부족한 점에만 집착했다. 그래서 지금 돌아보면 짙은 아쉬움이 남는다. 그러나, 이 또한, 감사하다. 과거의 경험들로 지금의 나의 모습이 존재할 수 있기에 감사하다.

그렇지만, 운이 따랐다. 함께 잼을 연주했던 뮤지션들, 그들이 하나둘씩 다시 나를 잊지 않고 찾아 주었다. 그들은 나를 다른 뮤지션에게 소개해주기도 했다. 그렇게 자연스럽게 새로운 만남이 꼬리에 꼬리를 물고 이어졌다.

만남에 결코 우연인 것은 없다. 그것은 나를 재즈의 세계로 초대하는 문이 되었고, 내 재즈 여정의 기초적인 음표, 하나하나가 되어주었다. 그 소중한 인연들이 나의 길을 열어주었고, 덕분에 나는 유학 전부터 클럽에서 연주 경험을 쌓을 수 있었다. 그것이 얼마나 소중한 실전 연습이었는지는 말할 필요도 없다.

만남이란 인위적으로 의도해 만들어낼 수 있는 게 아니다. 그저 시작과 끝이 있을 뿐이다. 어떤 만남은 이미 마침표가 찍혀 있고, 어떤 만남은 아직도 진행 중이다. 통제할 수 없는 흐름 속에서 이루어지는 자연스러운 만남의 원리, 나는 그 불확실함이 싫지 않다. 어디에서 시작되어 어디로 흘러갈지 모르는 그 불확실함 속에 오히려 새로운 길이 열리기 때문이다. 그것은 분명 재즈와 닮아 있었다.

Song 3

재즈 스타일과
하위 장르

다양한 매력을 담은 살아 숨 쉬는 연주

*"Jazz is a living music.
It's a music that since its beginning has expressed the feelings,
the dreams, hopes, of the people."*

**"재즈는 살아 숨 쉬는 음악이다.
그것은 그 시작부터 사람들의 감정, 꿈, 희망을 표현해 왔다."**

Dexter Gordon

덱스터 고든

♩

스윙 마술사, 세계를 춤추게 하다
베니 굿맨과 카운트 베이시

1930년대 후반부터 1940년대 초반까지 세상은 새로운 리듬에 맞춰 춤을 추기 시작했다. 이 시기는 재즈의 황금기, 바로 '스윙의 시대'였다. 혹은 '빅 밴드 시대'라 불리기도 했다. 수많은 뮤지션이 열 명, 혹은 그 이상의 밴드로 무대에 올랐다. 대공황을 견뎌낸 미국이 조금씩 회복하며 밝아진 사회 분위 기와 함께 스윙 재즈가 그 거대한 물결을 타고 일어났다. 스윙은 그 이름만큼 이나 경쾌하고, 사람들의 마음을 두드리며 발을 움직이게 했다. 생동감 넘치 는 리듬, 즉흥적인 연주, 그리고 에너지가 넘치는 멜로디. 그 중심에 있던 두 사람이 있었다. 바로 베니 굿맨Benny Goodman과 카운트 베이시Count Basie였다. 이들은 자신만의 방식으로 재즈의 세계를 확장하고, 그들만의 색채로 스윙의 역사를 써 내려갔다.

스윙 시대 빅 밴드의 무대 모습. 스윙 재즈에 맞춰 춤을 추는 커플들

스윙의 왕, 베니 굿맨의 이야기

베니 굿맨은 '스윙의 왕'이라고 불렸다. 클라리넷을 손에 쥐고, 그의 손끝에서 울리는 음색은 당시 재즈가 흑인들의 전유물이라는 인식을 깨트렸다. 그는 재즈를 백인들, 더 나아가 대중들에게 소개했고, 재즈는 그로 인해 하나의 문화로 자리 잡았다. 그가 이끌었던 오케스트라는 전설적인 연주자들로 가득했다. 비브라폰을 연주하는 라이오넬 햄프턴Lionel Hampton, 드럼의 천재 진 크루파Gene Krupa, 트럼펫 연주자 해리 제임스Harry James와 쿠티 윌리엄스Cootie Williams, 기타리스트 찰리 크리스찬Charlie Christian. 이들의 협연은 스윙 자체가 무엇인지를 체감하게 했다.

베니 굿맨의 오케스트라는 타이트한 편곡과 짜릿한 리듬으로 사람들을 매료시켰다. 그리고 그들의 음악은 영원히 기억될 곡들을 남겼다. 〈Sing, Sing, Sing〉이 울려 퍼지면 모든 이가 그 리듬에 맞춰 몸을 흔들었고, 〈Stompin' at the Savoy〉는 그 시절의 활기와 에너지를 그대로 담고 있었다.

베니 굿맨 (1909~1986년)

스윙의 거장, 카운트 베이시의 리듬

카운트 베이시는 그 자체로 스윙의 또 다른 얼굴이었다. 본명은 윌리엄 베이시William Basie였지만, 그가 연주하는 피아노의 경쾌한 음색 때문에 모두가 그를 '카운트'라 불렀다. 피아니스트이자 오르간 연주자, 밴드 리더였던 카운트 베이시는 스윙 시대를 이끌었던 또 한 명의 거장이었다. 그의 음악은 느긋하면서도 완벽한 스윙감을 자랑했다. 베이시가 이끄는 오케스트라는 독특한 캔자스 시티 스타일로 재즈의 흐름을 재정립했다. 베이시의 음악은 '절제된 강렬함'이라는 역설을 그대로 보여주었다. 그의 대표곡인 〈One O'Clock Jump〉 및 〈Jumpin' at the Woodside〉는 사람들이 그 리듬 속에서 춤추게 했다.

카운트 베이시(1904~1984년)

스윙, 그 다양한 색채와 멜로디

스윙의 시대에는 단순한 리듬 이상의, 다양한 스타일이 존재했다. 부드러운 우아함을 가진 '스위트' 밴드에서부터 강렬하고 추진력 있는 '핫' 밴드에 이르기까지, 스윙 음악은 다채로웠다. 베니 굿맨과 카운트 베이시의 밴드는 그 전형적인 스윙 스타일을 보여주었다. 그러나 듀크 엘링턴과 아티 쇼Artie Shaw 는 또 다른 방식으로 스윙의 경계를 넓혔다.

그리고 이 시대에는 재즈 보컬리스트들의 목소리도 빛을 발했다. 빌리 홀리데이Billie Holiday와 엘라 피츠제럴드는 그들의 독보적인 보컬로 스윙 재즈에 감동을 더했다.

스윙 재즈는 그저 과거의 음악이 아니다. 오늘날에도 여전히 사람들의 마음을 울리며, 리듬에 맞춰 춤추게 만든다. 그것은 시대를 넘어 전염되는 리듬, 그리고 언제나 다시 듣고 싶게 만드는 멜로디를 품고 있다. 스윙의 리듬은 그 어떤 시대에도 변하지 않는 매력을 지닌 채, 우리 곁에 남아 있다.

당신은 지금 째즈가 듣고 싶습니다

〈Sing, Sing, Sing〉 by Benny Goodman 「The Famous 1938 Carnegie Hall Jazz Concert」 Columbia, 1938

에너제틱한 브라스 사운드와 베니 굿맨의 리드미컬하고 역동적인 클라리넷 솔로를 들을 수 있다. 이 곡은 스윙 음악을 대표하는 빅 밴드 사운드를 선보이는 대표적인 곡이다. 베니 굿맨 오케스트라의 대표곡으로 자리매김하며 스윙 재즈의 상징적인 곡으로 널리 알려져 있다.

〈One O'Clock Jump〉 by Count Basie, Decca Records, 1937

1937년 카운트 베이시가 작곡한 12마디 블루스곡이다. 이 곡은 베이시의 초기 *리프 Riff스타일을 대표한다. 악기 구성은 각 섹션이 다른 섹션의 연주를 바탕으로 자신들의 파트를 만드는 *헤드 어레인지먼트head arrangements를 기반으로 한다. 각 연주자는 전체 사운드 위에 번갈아 가며 즉흥 연주를 한다.

* 리프(Riff): 반복되는 짧은 멜로디나 리듬 패턴을 말한다.

* 헤드 어레인지먼트(head arrangements): 악보 없이 연주자들이 머릿속으로 부분을 기억하며 즉흥적으로 곡을 구성하는 방식이다. 주로 반복되는 멜로디를 기반으로 섹션 간의 상호작용과 협업을 통해 완성된다.

♪

비밥의 혁명, 새로운 길을 그리다
찰리 파커와 디지 길레스피

비밥의 혁명, 새로운 재즈의 흐름을 만들다

1940년대, 재즈는 다시 한번 변화의 바람을 맞았다. 스윙의 시대가 끝나고, 빅 밴드의 큰 무대는 이제 점점 소규모의 편성으로 대체되었다. 제2차 세계대전이 끝나고, 사람들이 전쟁의 상처에서 회복하던 그때, 새로운 리듬이 뉴욕의 거리에서 울려 퍼지기 시작했다. 그 중심에는 '비밥Bebop'이라는 혁신적인 음악이 있었다. 스윙 음악이 대중적인 춤을 위한 배경 음악으로 자리를 잡아가던 시점에서, 새로운 세대의 재즈 뮤지션들은 예술적 자아를 더 자유롭게 표현하고자 했다. 그들은 뉴욕 브로드웨이 52번가 할렘의 민튼즈 플레이 하우스Minton's Play House에 모여 밤마다 *잼세션Jam session을 통해 자신들의 음악을 마음껏 즉흥적인 연주를 펼쳤다. 댄스 음악이 예술의 한 형태로 진화하는 과정에서, 찰리 파커Charlie Parker와 디지 길레스피Dizzy Gillespie 같은 뮤지션들은 이 흐름을 주도하며 재즈의 새로운 길을 열었다.

델로니어스 몽크, 하워드 맥기, 로이 엘드리지, 테디 힐, 뉴욕 52번가 민튼즈 플레이하우스

비밥, 자유를 노래하다

   비밥은 그 자체로 음악적 혁명이었다. 상업화된 스윙 재즈의 틀에서 벗어
나고자 했던 이들은 더 복잡하고 빠른 리듬을 탐구했다. 비밥의 세계에서는
즉흥 연주와 창의적인 표현이 자유롭게 펼쳐졌다. 빠른 템포, 복잡한 코드 진
행, 그리고 기술적으로 도전적인 솔로가 특징인 비밥은 기존의 스윙과는 완
전히 다른 음악이었다. 댄스 음악의 단순한 구조를 탈피한 비밥은 음악의 경
계를 넓히며 연주자들에게 새로운 도전을 던졌다. 비밥은 자유로운 즉흥 연
주의 개념을 만들어냈고, 오늘날까지 재즈뿐만 아니라 다양한 장르의 음악에
영향을 미치고 있다.

찰리 파커, 하늘을 나는 새의 연주

비밥을 논할 때, 찰리 파커를 빼놓을 수 없다. '버드Bird'라는 애칭으로 불리던 그는 색소폰을 손에 들고, 그 어떤 연주자도 따라올 수 없는 속도로 연주를 펼쳤다. 그의 음악은 마치 하늘을 나는 새처럼 자유롭고 경쾌했다. 찰리 파커는 재즈 연주에서 새로운 차원의 가능성을 보여주었다. 그의 곡 〈Ko-Ko〉, 〈Now's the Time〉, 〈Donna Lee〉 그리고 〈Confirmation〉은 그의 놀라운 기술과 창의적 리듬의 복잡성을 드러냈다. 특히 그의 곡 제목들, 〈Yardbird Suite〉, 〈Ornithology〉, 〈Bird of Paradise〉는 그의 별명인 '버드'에서 영감을 받았다.

그는 재즈의 경계를 넓혔지만, 그만큼 그의 삶도 고통으로 가득했다. 마약과 음주에 의한 중독은 그를 35세라는 젊은 나이에 세상과 이별하게 했다. 그러나 그의 짧은 생애에도 불구하고, 찰리 파커는 재즈 역사에서 가장 영향력 있는 인물 중 한 명으로 기억된다. 그는 현대 재즈 색소폰 연주의 토대를 세웠고, 수많은 연주자에게 끊임없는 영감을 주었다.

찰리 파커(1920~1955년), 1947

디지 길레스피, 트럼펫으로 그린 혁명

찰리 파커와 함께 비밥의 혁명에 동참한 또 다른 인물이 있다. 바로 트럼펫의 거장, 디지 길레스피다. 밝고 활기찬 그의 연주는 청중들의 마음을 단번에 사로잡았다. '디지Dizzy:어지러운'라는 별명은 그의 트럼펫 연주에서 비롯되었는데, 그의 현기증 나는 빠른 연주 스타일 때문이었다. 길레스피는 트럼펫 연주자였을 뿐 아니라, 작곡가, 보컬, 피아노 연주자이기도 했다.

그의 음악은 비밥의 흐름 속에서 새로운 화음과 리듬을 창조하며, 재즈의 경계를 또 한 번 확장했다. 〈Salt Peanuts〉 및 〈A Night in Tunisia〉 같은 트랙은 디지 길레스피의 독특한 비밥 스타일을 잘 보여준다. 그의 즉흥 연주와 대담한 멜로디는 전 세계의 청중을 매료시켰다. 또한, 길레스피는 아프리카, 쿠바, 브라질의 전통음악을 재즈와 결합하여 '아프로―쿠반 재즈Afro-Cuban Jazz'라는 새로운 장르를 탄생시켰다.

디지 길레스피(1917~1993년)와 그의 휘어진 트럼펫

비밥이 남긴 흔적, 그 이후의 이야기

비밥의 혁명은 단지 그 시대의 음악에만 영향을 미친 것이 아니다. 찰리 파커와 디지 길레스피, 그리고 그들의 동료들이 창조해낸 비밥의 유산은 오늘날까지도 재즈를 정의하는 중요한 요소로 남아 있다. 그들은 재즈를 단순한 대중적인 댄스 음악에서 예술의 경지로 끌어올렸다. 비밥은 이후 등장한 하드밥hard bop, 쿨 재즈cool jazz, 모달 재즈modal jazz 같은 현대 재즈 스타일의 기초를 마련했다.

비밥이 남긴 가장 중요한 유산 중 하나는 자유로운 즉흥 연주의 가능성이다. 연주자들은 비밥을 통해 창의적인 표현을 더욱 확장할 수 있었고, 화성과 리듬의 복잡성을 탐구하는 여정을 시작했다. 비밥은 재즈뿐만 아니라, 음악 전반에 걸쳐 창의성과 혁신을 바탕으로 한 지속적인 발전의 문을 열어주었다.

비밥, 그 멜로디와 리듬은 여전히 우리의 귀에 맴돌고 있다.

▌〈Ko-Ko〉 by Charlie Parker 「The Charlie Parker Story」Savoy, 1956

비밥의 랜드마크로 꼽히는 이 곡은 복잡한 코드 변경과 빠른 템포를 특징으로 한다. 파커의 기교 넘치는 색소폰 연주와 그가 멜로디와 곡의 폼form을 혁신적으로 접근하였음을 들을 수 있다.

▌〈A Night in Tunisia〉 – by Dizzy Gillespie 「On Tour With Dizzy Gillespie
▌And His Big Band 1956」Artistry Records, 1989

이 곡은 디지 길레스피가 1941년에서 1942년 사이에 만든 곡으로 길레스피의 비밥 빅밴드의 대표곡 중 하나로 꼽힌다. 길레스피는 이 곡에서 아프로-쿠반 리듬과 비밥 특유의 복잡한 선율을 멋지게 섞어내며, 기존 비밥의 틀을 뛰어넘는 새로운 시도를 보여줬다. 그의 음악은 늘 재즈의 가능성을 넓히는 혁신의 상징이었다.

♪

쿨의 미학, 차가운 열기를 만들다

마일스 데이비스

쿨 재즈, 그 차분한 혁명의 시작

재즈의 긴 역사 속에서 쿨 재즈 만큼 충격적이면서도 유려하게 흐른 음악적 혁명은 드물다. 1940년대 후반, 세상은 다시 한번 변화를 맞이했고, 1950년대에 이르러 쿨 재즈는 그 절정에 도달했다. 비밥의 불타오르는 에너지에서 벗어나, 쿨 재즈는 보다 차분하고, 여유로우며, 내면으로 향하는 듯한 음악을 선택했다. 비밥은 대중에게 재즈가 너무 복잡하고 어려운 장르라는 인식을 심어주었고, 그 결과 재즈는 점차 대중의 관심에서 멀어졌다. 하지만 그때, '쿨'이라는 단어가 주는 것처럼 절제된 리듬과 편안한 멜로디를 지닌 쿨 재즈가 등장하면서 새로운 길이 열렸다. 주로 백인 뮤지션들에 의해 미국 서부 해안에서 유행한 이 장르는 '웨스트 코스트 재즈West Coast Jazz'로 불리기도 했다. 그 과정에서 재즈는 흑인 음악이라는 틀을 벗어나 대중적이고 더 폭넓은 음악으로 자리 잡았다. 이 변화의 선두에는 누구보다 혁신적이고 창의적이었던 마일스 데이비스Miles Davis가 있었다.

쿨 재즈의 탄생, 음악이 내면을 말하다

쿨 재즈의 탄생은 재즈가 단순히 춤을 위한 음악이 아니라, 듣고 느끼는 음악으로 진화한 순간이었다. 비밥이 빠르고 복잡한 화음, 즉흥 연주, 그리고 높은 템포로 이루어졌다면, 쿨 재즈는 그와는 정반대의 길을 걸었다. 마일스 데이비스의 〈Boplicity〉 및 게리 멀리건Gerry Mulligan의 〈Jeru〉 같은 곡에서는 느린 템포와 부드러운 멜로디가 두드러졌다. 비밥의 혼란스러움 대신, 쿨 재즈는 고요한 잔물결처럼 잔잔하게 흐르며 청중의 마음속 깊은 곳을 두드렸다.

쿨 재즈의 또 다른 매력은 소규모 앙상블을 통한 가벼운 편곡에 있었다. 스윙과 비밥이 커다란 빅 밴드를 통해 연주되었다면, 쿨 재즈는 그보다 작고 더 친밀한 쿼텟Quartet:4중주이나 퀸텟Quintet:5중주을 선호했다. 데이브 브루벡Dave Brubeck의 〈Take Five〉 및 쳇 베이커Chet Baker의 〈My Funny Valentine〉 같은 곡들은 그 특유의 서정적인 멜로디와 부드러운 감성으로 청중과 더 가까워지기를 원했다. 쿨 재즈는 재즈에 클래식 음악의 풍부한 하모니와 미묘한 역동성을 더했고, 인상주의적인 색채가 짙게 배어 있었다. 모달 하모니를 사용하는 마일스 데이비스의 〈So What〉이나 클래식 형식을 통합한 모던 재즈 쿼텟Modern Jazz Quartet의 〈Django〉 같은 곡에서는 이런 다양한 음악적 요소가 섬세하게 녹아들어 새로운 재즈의 세계를 만들어냈다.

마일스 데이비스, 쿨의 상징

마일스 데이비스는 쿨 재즈의 얼굴이었다. 트럼펫을 들고, 그는 절제된 연주 속에서 놀라운 감정을 표현했다. 그의 연주는 과장된 감정이 아닌, 잔잔한 물결처럼 차분하고 세련된 멜로디로 사람들의 마음을 감싸 안았다. 1940년대 후반과 1950년대 초반, 그의 랜드마크 앨범이 된 「Birth of the Cool」은 혁신적이었다. 그 앨범에서 그는 한 가지 철학을 강조했다. "조금 덜 연주하자. 그래야 더 많은 표현이 가능하다." 그의 말은 음악의 본질을 꿰뚫는 통찰이었다.

「Birth of the Cool」의 대표곡 〈Boplicity〉, 〈Move〉 같은 곡에서는 부드럽고 서정적인 멜로디와 여유로운 리듬이 어우러져, 쿨 재즈의 전형을 보여주었다. 그 속에는 마일스 데이비스의 철학이 담겨 있었다. 그는 거대한 소리와 빠른 연주가 아닌, 절제된 음 속에서 더 많은 이야기를 들려주었다.

(좌부터) 찰리 파커, 토미 포터, 마일스 데이비스, 듀크 조던, 막스 로치, 1947

쿨 노넷의 탄생, 혁신의 순간

쿨 재즈의 역사에서 가장 중요한 순간 중 하나는 마일스 데이비스가 이끈 노넷Nonet: 9인조 밴드의 탄생이었다. 게리 멀리건, 리 코니츠Lee Konitz, 길 에번스Gil Evans 같은 재능 있는 뮤지션들이 모여 만든 이 9인조 밴드는 쿨 재즈의 미학을 완전히 새로운 수준으로 끌어올렸다. 〈Jeru〉 및 〈Moon Dreams〉 같은 곡은 길 에번스의 혁신적인 편곡과 마일스 데이비스의 서정적인 연주가 어우러져, 재즈가 보여줄 수 있는 아름다움을 새롭게 정의했다.

이 노넷의 라인업은 그야말로 전설적이었다. 트럼펫-마일스 데이비스, 트롬본-J.J.존슨Johnson, 바리톤 색소폰-게리 멀리건, 프렌치 호른-건서 슐러Gunther Schuller, 튜바-빌 바버Bill Barber, 피아노-존 루이스John Lewis, 베이스-앨 매키본Al Mckibbon, 드럼-맥스 로치Max Roach로 구성되었다. 이들은 각기 다른 악기와 소리를 한데 모아, 쿨 재즈라는 하나의 예술을 만들어냈다.

쿨 재즈의 유산, 그 너머로 이어지다

마일스 데이비스와 그의 동료들이 정의한 쿨 재즈의 유산은 오늘날까지도 재즈와 음악 전반에 걸쳐 영향을 미치고 있다. 그들이 추구한 절제, 섬세함, 그리고 감정적인 깊이는 현대 재즈뿐 아니라 *모달 재즈Modal Jazz, 보사노바, 힙합 같은 장르에도 깊이 스며들었다. 마일스 데이비스의 끊임없는 혁신에 대한 열정은 그가 속한 재즈 장르를 넘어, 모든 음악가에게 창의적인 영감을 제공했다. 쿨 재즈는 시대의 흐름이 잘 반영된 내면의 소리, 감정을 절제하는 가운데 더욱 깊은 것을 표현하려는 음악이었다.

* 모달 재즈(Modal Jazz): 모달 재즈는 1950년대 후반부터 1960년대 초반에 걸쳐 발전한 재즈 스타일로, 기존의 코드 진행 중심의 작곡 방식에서 벗어나 모드(선법)를 바탕으로 하는 즉흥 연주를 특징으로 한다.

▌〈Freddie Freeloader〉by Miles Davis 「Kind of Blue」Columbia, 1959

: 이 곡은 1959년 발매된 「Kind of Blue」라는 기념비적인 앨범에 수록되어 있다. 12마디의 블루스 형식을 취하고 있다. 마일스는 이 곡에서 피아니스트로 빌 에반스Bill Evans 대신 블루스 전문가인 윈튼 켈리Wynton Kelly를 선택했다. 윈튼 켈리, 마일스 데이비스, 존 콜트레인, 캐논볼 애덜리, 폴 체임버스 등의 솔로 연주를 들을 수 있다. 쿨 재즈를 처음 접하는 이들에게 쿨 재즈를 맛볼 수 있는 완벽한

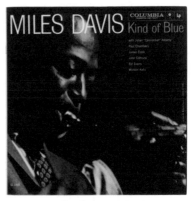

Kind of Blue(1959), 마일스 데이비스

소개곡이다. 여유로운 템포와 절제된 즉흥 연주를 특징으로 하며 마일스 데이비스의 부드럽고 멜로디컬한 트럼펫 연주가 돋보인다.

♪

라틴의 열정, 멜로디와 조화를 이루다

티토 푸엔테

라틴 재즈, 그 매혹적인 리듬의 여정

1940년대, 재즈는 다시 한번 새로운 길을 찾아 떠났다. 이번에는 라틴 아메리카의 전통적인 리듬과 멜로디가 그 동반자가 되었다. 라틴 재즈Latin Jazz의 시작은 아프리카와 아프로−카리브해 지역의 리드미컬한 전통음악이 재즈의 즉흥적인 연주와 융합되면서 이루어졌다. 그 사운드는 강렬하고 생동감 넘쳤다. 그 역동적인 리듬 속에서 청중들은 새로운 음악의 가능성을 발견했다. 라틴 재즈의 기원은 20세기 초반으로 거슬러 올라가지만, 이런 융합의 핵심에는 라틴 재즈의 선두자 '티토 푸엔테Tito Puente'라는 전설적인 인물이 있다. 라틴 재즈의 매혹적인 세계를 탐험하며, 티토 푸엔테가 남긴 발자취를 따라가보려 한다.

라틴 재즈의 뿌리, 그 시작은 어디에서

라틴 재즈는 미국과 라틴 아메리카 사이에서 이루어진 문화적 교류의 산물이었다. 그 뿌리는 뉴올리언스와 뉴욕시의 클럽과 댄스홀에서 시작되었다.

20세기 초, 아프리카-쿠바 리듬이 재즈와 만나 새로운 소리를 만들어냈다. 쿠바의 음악과 재즈의 융합은 '아프로-쿠반 재즈'라는 이름으로 불렸다. 특히, 쿠바와 뉴올리언스 사이의 빈번한 왕래는 두 도시의 음악적 교류를 촉진했다. 쿠바의 연주자들은 재즈와 상호작용하며 새로운 음악적 경계를 탐험했다.

젤리 롤 모튼과 마치토Machito 같은 뮤지션들은 재즈의 즉흥 연주와 쿠바 리듬을 혼합한 선구자들이었다. 젤리 롤 모튼은 라틴 리듬을 기반으로 〈젤리 롤 블루스〉, 〈뉴올리언스 블루스〉, 〈마마 니타Mama Nita〉, 〈티아 유아나Tia Juana〉, 〈뉴올리언스 조이〉 같은 곡을 작곡하며 라틴 재즈의 가능성을 보여주었다. 그렇게 라틴 재즈는 새로운 흐름으로 자리 잡기 시작했다.

티토 푸엔테, 맘보의 왕이 되다

'맘보의 왕', '라틴 음악의 왕'으로 불리는 티토 푸엔테는 라틴 재즈의 중심에 서 있던 인물이었다. 1923년 뉴욕에서 푸에르토리코인 부모 사이에서 태어난 그는 팀발레스Timbales와 비브라폰Vibraphone을 자유자재로 연주하며 라틴 재즈의 거대한 흐름을 이끌었다. 에르네스토 안토니오 푸엔테 주니어Ernesto Antonio Puente Jr.라는 본명을 가진 그는 라틴 음악 역사에서 가장 영향력 있는 음악가 중 하나로 자리 잡았다. 그의 타악기 연주는 빠르고 복잡한 리듬으로 청중을 매료시켰고, 이로 인해 그는 '팀발레스의 왕El Rey del Timbal'이라는 명칭을 얻었다.

티토 푸엔테의 음악적 공헌은 혁신적인 작곡과 편곡으로 이어졌다. 맘보, 차차차, 룸바와 같은 아프로-쿠바 리듬을 재즈의 즉흥성과 결합하여 전 세계 청중을 사로잡았다. 그의 대표곡 중 하나인 〈오예 코모 바Oye Como Va〉는

1970년 산타나가 커버하면서 더 많은 청중에게 다가갔고, 그를 라틴 재즈의 선구자로 자리매김하게 했다. 푸엔테의 다른 작품들, 예를 들어 〈맘보 넘버 5 Mambo No.5〉, 〈란칸칸Ran Kan Kan〉은 그의 뛰어난 리듬 감각과 멜로디적 탁월함을 보여주는 곡들로, 라틴 재즈의 전형을 만들어냈다.

리듬의 혁명, 푸엔테의 영향

티토 푸엔테는 라틴 재즈 앙상블에서 팀발레스를 중심 악기로 올리며 타악기의 역할을 확대했다. 그의 연주는 빠르고 강렬했으며, 수많은 뮤지션에게 새로운 가능성을 열어주었다. 그가 이끈 티토 푸엔테 오케스트라는 타이트한 편곡과 열정적인 즉흥 연주로 유명했다. 그는 정확함과 혁신을 중요시하면서도 뮤지션들에게 창의적인 자유를 부여하는 리더였다.

티토 푸엔테 오케스트라, 1977

또한, 푸엔테는 디지 길레스피, 마치토 및 칼 제이더 Cal Tjader 같은 재즈 거장들과 협력하며 라틴 재즈를 대중화하는 데 크게 기여했다. 그의 영향력은 폰초 산체스 Poncho Sanchez, 지오바니 이달고 Giovanni Hidalgo 같은 타악기 연주자들뿐만 아니라, 에디 팔미에리, 아르투로 오파릴 Arturo O'Farrill, 추초 발데스 Chucho Valdés 같은 피아니스트들까지 이어졌다. 이들은 모두 푸엔테의 유산을 이어받아 라틴 재즈의 발전을 이끌었다.

▌ 〈Oye Como Va〉 by Tito Puente 「El Rey Bravo」 Tico Records, 1962

이 곡은 1970년 미국 록 그룹 산타나에 의해 유명해진 곡으로 알려져 있으나 오리지 널 곡은 1962년 티토 푸엔테와 그의 오케스트라에 의해 레코딩되었다. 복잡한 리듬 과 매력적인 멜로디가 조화를 이룬 전형적인 라틴 재즈곡이다. 곡의 제목은 후렴구 에서 따왔다. '오예 코모 바, 미 리트모… 들어봐, 내 리듬이 어떤지.' 이 노래는 반복되는 피아노 툼바오가 있는 차차차로 편곡된 전형적인 차차차 스타일의 곡이다. 푸엔테의 생동감 넘치고 춤추게 만드는 리듬은 전 세계적으로 라틴 재즈를 대중화하는 데 기 여했다.

끝없는 자유, 그 무한의 날갯짓

〈Song 3 재즈 스타일과 하위 장르〉를 통해 재즈가 미국 전역과 전 세계로 퍼지면서 다양한 하위 장르로 발전해 나가는 과정을 살펴보았다. 재즈는 스윙, 비밥, 쿨 재즈, 라틴 재즈 등 시대와 지역, 문화에 따라 다양한 스타일로 분화되며 독특한 매력을 꽃피웠다. 각각의 하위 장르는 저마다의 리듬과 감성을 통해 재즈라는 음악의 무한한 가능성을 증명해냈다.

재즈는 이제 문화적, 지리적, 그리고 스타일의 경계를 넘어 전 세계인이 즐기는 글로벌 음악 장르로 자리 잡았다. 재즈의 기원은 그 장르 자체만큼이나 다양하다. 아프리카의 리듬, 블루스, 래그타임, 유럽의 화성 구조가 혼합되어 만들어졌다. 이러한 다양한 영향이 결합해 그 본질이 다재다능하고 적응력이 뛰어난 음악 형식으로 탄생했다. 이렇듯 다양성을 담은 재즈는 인간 본성을 반영하는 음악이다. 인간이 각기 다른 개성, 선호, 감정을 지니고 있듯, 재즈 역시 다양한 개성을 존중하며, 어떤 감성이든 품을 수 있는 음악 스타일로 발전해왔다. 재즈는 그것을 창조하고 감상하는 모든 사람처럼, 세계의 다양성을 포용한다.

아마도 그런 이유였을 것이다. 나도 모르게 자력에 이끌리듯 재즈에 빠져들었다. 재즈는 연주자와 청중의 다양한 취향과 개성을 존중하고 공감하는 음악이다. 그리고 그 열린 태도가 내가 추구하는 삶의 방식과 맞닿아 있다. 그래서 감히 이렇게 말해보고 싶다. "나, 김유경은 재즈다."

나는 다양한 사람들과 소통하기를 즐긴다. 재즈가 사람들과 소통하는 방식은 내가 사람들과 소통하고 싶은 방식과 너무나 흡사하다. 성향이나 생각, 가치관이 다른 이들과 마음을 열고 소통을 하다 보면 '나'라는 편협한 프레임에서 훌쩍 벗어날 수 있다. 그들의 생각과 마음에 공명할 수 있기 때문이다. 마치 두 사람이 서로 같지 않은 것처럼, 재즈는 어느 하나 서로 결코, 같은 법이 없다. 같은 곡으로 전혀 다른 바이브를 만들어내는 재즈는 마술과도 같다. 재즈는 끊임없이 재창조할 수 있는 능력이 숨겨져 있다.

재즈는 음악사에서 가장 혁신적이고 다채로운 장르 중 하나로 손꼽힌다. 20세기 초 미국에서 탄생한 이후 수많은 변화를 겪으며 다양한 하위 장르로 분화되었지만, 여전히 그 뿌리인 전통적인 '재즈 스탠다드'가 가진 매력은 특별하다. 재즈 스탠다드 Standards라고 하면 대개 뮤지컬, 영화, 혹은 팝송에서 유래하여 시간이 지나면서 재즈 음악가들 사이에서 자주 연주되고, 다양한 편곡과 즉흥 연주의 토대가 되는 곡을 의미한다.

나 역시 처음 재즈를 시작했을 때 재즈 스탠다드 외 다른 하위 장르는 재즈라 생각하지 못했다. 퓨전, 프리 재즈, 재즈 펑크, 재즈 록, 재즈 팝 등 컨템포러리 재즈 Contemporary Jazz로 명명되는 장르는 접할 기회가 적었기 때문이다. 나는 지금도 발라드, 스윙, 보사노바 등의 스탠다드 곡들을 노래하고 듣는 것을 즐긴다. 재즈가 가진 특유의 깊고 중후하며 무게감 있는 풍부한 감정을 좋아한다. 음악의 구조가 지나치게 혁신적이거나 복잡하면 재즈 특유의 감정을 충분히 즐기기 어렵다. 재즈 스탠다드의 멜로디, 하모니, 리듬 등이 수십 년 동안 다듬어지고 편곡이 되어 연주되고 있을지라도, 재즈 스탠다드는 대개 간결하면서도 풍부한 감정을 전달할 수 있는 구조를 지니고 있다. 나는 구조에서 우러나오는 더 깊은 감정의 공감이 가능한 재즈 스탠다드 곡들을 좋아한다.

재즈의 꽃이라고 불리는 '스윙 재즈를 처음 접했을 때 나는 스윙의 리듬 그루브를 갖고 싶어 무던히도 애썼던 경험이 있다. 스윙의 왕이라고 불리는 베니 굿맨부터 듀크 엘링턴, 카운트 베이시의 빅 밴드 음악들을 셀 수 없이 들었다. 한국에서 처음으로 스윙 음악을 가르쳐 주신 분이 기억난다. 최세진 아티스트, 나는 그분을 할아버지라 친근하게 부르길 주저하지 않는다. 서울 재즈 아카데미에서 최세진 할아버지의 합주 시간을 통해 스윙을 정식으로 접한 바 있다. 선생님이라고 부르지 말고 그냥 할아버지라고 부르라셔서 우리 모두 할아버지라고 불렀던 친근한 분이셨다.

합주 수업 때 〈Take the 'A' Train〉과 〈It Don't Mean a Thing If It Ain't Got That Swing〉이 과제였는데, 스윙 재즈에 대해 전혀 문외한이었던 나는 노래 형식과 리듬을 익히느라 정신이 없었다. 할아버지는 내가 유학을 떠난 바로 다음 해인 2008년에 돌아가셨는데, 한국 1세대 재즈 드럼연주자로서, 한국 재즈 드럼의 산 역사로 생을 마감하셨다. 그런, 할아버지의 수업을 듣고 재즈와 함께했던 시간이 잠깐이나마 허락되어서 감사하다.

미국으로 유학을 떠났던 2007년, 그때 나의 나이는 이미 서른 살이 넘었다. 뭐든 새로운 것을 시작하기에는 늦지 않을까 하는 고민이 생기는 그러한 나이었다. 그래서였는지 유학을 떠나기 전 두 가지 선택의 갈림길에서 잠깐 고민을 했었다. 유학 비용을 모아 한국에서 앨범을 발매하고 활동을 하는 게 더 나을 것 같다며, 유학보다 국내 활동을 먼저 할 것을 조언하는 이들이 많았다. 유학의 한계성을 느끼고 중간에 돌아오신 선배들도 있었고, 유학을 다녀오고 나면 활동해야 하는 시기를 놓칠 수 있는 위험성도 많았기에 이들의 조언 모두 일리 있었다.

하지만, 난 유학을 포기하지 않았다. 내가 유학을 결심한 결정적인 이유는 재즈 학습에 관한 갈망뿐만이 아니었다. 난 무엇보다 '나'라는 존재의 발견에 대한 목마름이 컸다. 이 목마름을 한국에선 채울 수 없다는 결론이 있었기에 나는 과감히 유학길에 오를 수 있었다. 미국에 도착했을 때, 난 내 결정이 옳았음을 알아차렸다. 미국 자체가 재즈이며 움직이는 모든 것이 스윙하는 느낌이었다. 자유의 상징인 미국 특유의 스윙 그루브에 몸을 맡기고 미국, 그리고 재즈의 세계로 빠져들고 싶었다.

재즈 여정의 시간을 돌아보면서 분명한 것은 재즈는 삶이고 만남이란 사실이다. 보스턴에 도착해서 새로운 재즈 뮤지션 친구들과의 만남으로 보스턴 생활의 문을 열었다. 흑인 재즈 보컬 지미 스미스Jimmy Smith를 만나게 되었는데, Jimmy는 새로운 유학 생활로 지쳐있는 내게 늘 용기와 도전을 주는 아티스트였다. 또한, 보스턴의 많은 클럽의 잼 세션에서 노래할 기회를 제공해 주었다.

다양한 뮤지션을 만나게 되는 과정은 즐거웠지만, 재즈의 즉흥 연주처럼 흘러가는 유학 생활은 그리고 녹록지 않았다. 버클리에서 수업을 들으며 가장 좋았던 것은 유명한 재즈 뮤지션들을 클럽이나 학교에서 마음껏 만날 수 있다는 것이었다. 하지만 음악적 경험이 거의 없던 나는 학교에서 주는 과제로 며칠 밤을 새우기가 다반사였고, 수업을 따라가기에도 정신이 없는 터라 스트레스로 며칠을 앓는 일도 많았다.

음악의 찬란한 아름다움 뒤에는 오랜 연습과 끈기가 숨어 있는 법이다. 악기를 배워본 사람이라면 악보를 처음 접하고 악기를 다루기 시작하던 초기의 어색함과 불편함을 잊지 못할 것이다. 손가락이 원하는 대로 움직이지 않고, 원하는 소리가 나지 않을 때의 좌절감도 실감했을 것이다. 초기의 고난, 그 터널을 지나 반복적인 연습을 통하면 작은 진전이 이루어지는 것을 맛보게 된다. 내게는 이 과정을 거치는 것이 참으로 어려웠다. 음악이란 오늘 한순간의 연습이 켜켜이 쌓여 만들어지는 것인데, 나는 아마도 사무적인 업무를 일하듯 며칠 밤을 새워 작품을 만들어 내려 했던 조급함이 앞섰다. 잘한다는 칭찬과 평가를 받아야 마음이 놓이는 성격인 나는 음악을 시작한 이후, 예술이란 거대한 세계 앞에서 한없이 작아지는 내 모습을 인정하기 퍽 어려웠다.

애벌레가 나비가 되려면 애벌레, 번데기 등을 거치는 완전변태 과정인 Metamorphosis 과정을 거쳐야 하는데, 이것을 참고 견디는 것은 참으로 어려운 일이었다. 자신의 정체성을 음악을 얼마나 잘하냐 못하냐에 두었으니 인내심을 가지기가 어려웠던 것은 당연했다. 연습을 통해 실패를 극복하고, 다시 도전하는 과정, 포기하지 않고, 끈기 있게 앞으로 나아갈 수 있는 자신감을 얻는 과정을 뮤지션이라면 당연히 겪어야 했을 텐데, 유학까지 온 나는 실수가 두려워, 실패가 두려워 참된 자유를 실감하지 못했다.

완벽주의 성향의 사람이라면 이러한 부분에 공감할 거라 믿는다. 오히려 완벽에 가까워지기 위해서 작은 부분에 집중하며 그 과정 자체를 즐겨야 한다는 법을 깨닫게 되기까지 너무도 오랜 기간을 지나야 했다. 지금이라도 깨닫게 된 것을 신의 축복이라 생각하며 말이다.

···ↂↂ

Part I을 마치며

재즈의 뿌리 그리고
삶의 즉흥 연주

'나는 왜 재즈에 끌릴까?' 최근 들어 자주 이 질문을 스스로에게 던져 보았다. 사람들은 자신과 닮은 것에 자연스럽게 이끌리는 성향이 있다. 재즈를 깊이 탐구하면서, 나는 재즈와 내 성향이 공명한다는 사실을 깨닫게 되었다. 재즈는 음악을 넘어 나의 삶, 나의 철학, 그리고 나의 정체성과 맞닿아 있다.

Part I 재즈의 뿌리를 통해 재즈의 탄생과 선구자들, 하위 장르를 살펴보며, 나는 재즈를 통해 삶의 지혜와 성찰을 발견할 수 있었다. 재즈의 탄생은 다양한 문화와 역사가 융합된 결과물이다. 그리고 그 융합의 과정에서 끊임없는 변화와 혁신이 이루어졌다. 재즈는 본질적으로 다양성을 추구하고, 동시에 변화 속에서도 조화를 찾는다. 이것은 마치 우리의 삶과 닮았다. 다양한 환경과 상황 속에서 우리는 성장하고, 변화를 통해 자신의 이야기를 만든다.

재즈 연주가 하나님을 믿는 것과 비슷하다는 생각을 많이 해본다. 재즈는 자유로운 음악이지만 그 자유는 일정한 규칙 안에서 빛을 발한다. 마치 하나님이 인간에게 자유를 주셨지만, 그 자유가 방향을 잃으면 혼란과 타락이 따르는 것처럼, 재즈 역시 형식과 규칙 안에서 연주될 때 비로소 아름다운 조화가 만들어진다. 연주자들이 각자의 목소리를 내면서도 다른 연주자들과 호흡을 맞추는 그 과정에서 우리는 진정한 자유와 조화를 동시에 경험할 수 있다.

재즈의 또 다른 매력은 같은 곡이라도 연주할 때마다 다르게 들린다는 점이다. 연주자, 청중, 공간의 느낌에 따라 한 곡이 매번 새로운 옷을 입는다. 변화와 다양성을 사랑하는 나에게 이 점은 재즈의 가장 큰 매력으로 다가온다. 그러나 이 다양성을 만들어내는 기반은 무한한 반복에 있다. 반복 없이는 변화도 없다. 연습을 통해 숙련되고, 반복을 통해 익숙해지며, 그 위에 창조가 더해진다. 재즈는 코드의 변화, 템포의 변화, 스타일의 변화 등 무한한 가능성을 품고 있는 음악이다. 그리고 그 가능성을 풀어내는 과정은 마술과도 같다.

재즈를 통해 나는 모방에서 창조로 나아가는 예술의 본질을 배웠다. 재즈의 선구자들은 늘 선대의 것을 흡수하며 새로운 길을 열었다. 루이 암스트롱, 듀크 엘링턴, 찰리 파커 같은 거장들의 삶에는 늘 함께한 연주자들과 그들의 음악적 유산이 있었다. 그들은 모방을 두려워하지 않았다. 오히려 모방을 통해 자신만의 독창성을 만들었다. 이는 재즈뿐 아니라 모든 예술의 기본이기도 하다. 나 역시 나의 삶 속에서 타인의 지혜와 경험을 흡수하며 새로운 나만의 이야기를 써 내려간다.

또한 재즈를 통해 나는 '매 순간순간'의 소중함을 배웠다. 즉흥성이 중요한 음악이지만 그 즉흥성을 빛내기 위해서는 철저한 준비와 성실함이 필요하다.

'시절인연'이라는 말이 있다. 때와 인연이 맞아떨어져야 일이 이루어진다는 뜻이다. 하지만 나는 이러한 '때'와 '인연'이 단순히 운에 맡겨지는 것이 아니라고 생각한다. 매 순간 최선을 다하고 준비하며 성실히 노력할 때 우리는 더 나은 즉흥 연주를 더 나은 순간을 만들어 낼 수 있다. 재즈 연주자들이 한순간의 즉흥을 위해 수년간 반복하고 준비하듯이 우리 삶도 그런 과정의 연속이다.

재즈는 나에게 열려 있는 마음의 중요성을 가르쳐 주었다. 재즈는 '옳고 그름'이나 '좋고 나쁨' 같은 인간의 판단 기준을 굳이 세우지 않는다. 재즈는 그저 모든 것을 받아들인다. 마치 세상이 있는 그대로의 모습을 품고 흘러가듯이. 재즈는 다양한 장르와 문화를 흡수하고 끊임없이 변화를 받아들이며 그 안에서 자신만의 소리를 찾는다. 나는 이제 재즈를 듣거나 연주할 때 이해하려 하지 않는다. 그저 음악 속으로 들어가고 그 순간을 느낀다. 재즈는 나에게 삶의 비밀을 속삭인다. 그것은 '**조화 속의 자유**', '**반복 속의 다양성**', 그리고 '**즉흥 속의 성실함**'이다. 나는 재즈를 통해 내 삶을 연주하고 있다. 그리고 그 삶의 연주는 매일 새로운 곡으로 하나하나 채워지고 있다.

part II

재즈,
싹을 틔우다

새로운 길, 새로운 소리

눈을 감아 본다. 눈앞에 무대 위에 서 있는 재즈의 거장들이 떠오른다. 어둠 속에 우뚝 선 마일스 데이비스의 실루엣. 그가 입술에 트럼펫을 천천히 가져다 대는 순간 무대는 숨을 죽인다. 그리고 첫 음이 울린다. 그것은 음악이라기보다 한 인간의 고백 같다. 나는 문득 그가 무대 위에서 무엇을 느꼈을지 궁금해진다. 그는 음악 안에서 어떤 생각을 했을까? 기쁨이었을까? 고뇌였을까? 아니면 그 둘의 복잡한 뒤섞임이었을까?

마일스 데이비스는 재즈의 거의 모든 장르를 거쳐 간 사람이다. 비밥에서 시작해 쿨 재즈로, 퓨전 재즈로, 그리고 실험적 음악의 끝자락까지 말이다. 그의 삶과 음악은 변화의 연속이었다. 변화를 두려워하지 않았던 사람이었다. 아니 오히려 변화를 사랑했던 것 같다. 그의 트럼펫은 늘 새로운 방향으로 나아갔다. 실패나 실수를 두려워하지 않고, 오히려 그것을 연주의 일부로 흡수했다. 재즈는 실수도 하나의 음표로 만들어내는 음악이다. 마일스 데이비스는 그 점에서 재즈 그 자체였다.

변화란 무엇일까? 우리는 종종 변화 앞에서 움츠러든다. 익숙한 것을 떠나야 한다는 두려움 때문일 것이다. 하지만 마일스는 그 두려움을 음악으로 승화시켰다. 그는 'Change변화'에서 g를 c로 바꾸면 'Chance기회'가 된다는 사실을 본능적으로 알았던 사람 같다. 변화 속에서 기회를 발견했고 그 기회 속

115

에서 새로운 역사를 만들었다.

그리고 그가 우리에게 가르쳐 준 또 하나의 진리가 있다. '잘하려고 하지 말고, 좋아하게 되면 즐길 수 있다'는 것. 재즈에서는 이 원칙이 정확히 적용된다. 마일스는 잘하려고 애쓰기보다 그 음악 자체를 사랑했고, 그 사랑이 그의 연주를 즐거움으로 승화시켰다. 우리는 종종 결과를 좇느라 과정을 잊는다. 하지만 재즈는 그 과정을 음악으로 만드는 예술이다. 그리고 마일스는 그것을 누구보다 잘 보여주었다.

그렇지만 변화가 언제나 아름다운 것만은 아니다. 재즈의 거장들은 더 나은 연주를 위해, 더 깊은 감정을 표현하기 위해 종종 어두운 길을 택했다. 마약에 의존했던 뮤지션들이 많다는 사실은 익히 알려져 있다. 그들의 음악은 경이로웠지만 아이러니하게도 그들은 재즈 그 자체에서 기쁨과 행복을 찾지 못했던 것 같다. 조화가 깨진 것이다. 결국 우리는 한 가지 단순한 진실을 배운다.

현재 있는 자리에서 만족하고 즐길 때 비로소 새로운 변화가 시작된다는 것.

진정한 변화는 억지로 이루어지지 않는다. 그것은 현재를 온전히 즐길 때 자연스럽게 찾아오는 것이다.

이제 Part II에서는 변화하여 그 싹을 틔우는 재즈를 탐구할 것이다. 퓨전과 실험주의의 세계로 나가며 마일스 데이비스가 열어 놓은 문 너머의 음악들을 살펴볼 것이다. 재즈와 록의 만남, 프리 재즈의 혼돈 속 자유, 그리고 보사노바의 시적인 리듬까지 변화는 늘 새로운 장르와 소리를 탄생시켰다. 동시에 우리는 재즈 보컬의 세계로 들어갈 것이다. 빌리 홀리데이의 감정, 엘라 피츠제럴드의 꿈, 프랭크 시나트라의 울림. 목소리를 통해 전해지는 재즈의 또 다른 매력을 느껴볼 것이다.

재즈는 변화하는 음악이다. 하지만 그 변화 속에서도 언제나 한 가지 진리는 남아 있다. 재즈는 연주하거나 듣는 것에 그치지 않는다. 그것은 살아가는 방식이다. 그리고 그 방식은 늘 우리에게 속삭인다.

"지금 있는 그 자리에서 그 순간을 연주하라."

Song 4

재즈 퓨전과
실험주의

경계를 넘어 새로움으로 향한 끝없는 탐험

"Jazz is about taking risks and pushing the boundaries."

"재즈는 위험을 감수하고 경계를 확장하는 것이다."

Oscar Peterson

오스카 피터슨

♩

퓨전의 시작, 일렉트릭 음악의 여정

마일스 데이비스

1960년대 후반과 1970년대 초반, 재즈는 다시 한번 그 형태를 변형하며 새로운 길을 찾아 나섰다. 이번에는 전자 악기와 함께였다. 재즈와 록, 펑크 그리고 그 외 여러 장르가 한데 섞이며 '재즈 퓨전Jazz Fusion'이라는 신선하고 도전적인 사운드가 탄생했다. 그 중심에 있었던 인물이 바로 마일스 데이비스였다. 그가 전자 악기와 마주하고, 기존의 경계를 넘어섰을 때, 재즈는 새로운 가능성을 발견했다. 그리고 그 여정은 그 뒤를 따르는 수많은 음악가에게 길잡이가 되었다.

새로운 소리, 재즈 퓨전의 탄생

재즈 퓨전의 출발은 재즈라는 기존의 틀을 깨고 더 넓은 세계로 나가려는 열망에서 비롯되었다. 음악가들은 록과 펑크, 심지어 일렉트로닉 음악까지 그들의 연주에 녹여 넣으려 했다. 그 결과는 경이롭고도 논란의 여지가 있는 새로운 음악이었다. 이 혁명의 중심에는 마일스 데이비스, 칙 코리아Chick Corea, 허비 행콕Herbie Hancock, 웨더 리포트Wether Report 등의 거장들이 있었

121

다. 그들은 누구보다 앞서 미지의 세계에 발을 내디뎠고, 재즈의 미래를 새롭게 그려나갔다.

마일스 데이비스의 일렉트릭 시대

1960년대 후반, 마일스 데이비스는 이미 재즈계의 거장이었다. 하지만 그의 여정은 거기서 멈추지 않았다. 그는 전자 악기를 손에 들고 새로운 사운드를 탐험하기 시작했다. 그것은 그의 경력에서도, 그리고 재즈 역사에 있어서도 중요한 변곡점이었다. 마일스의 일렉트릭 시대는 1969년 앨범 「In a Silent Way」로 시작되었고, 「Bitches Brew」, 「On the Corner」로 이어졌다. 그의

마일스 데이비스(1926~1991년), 1971

음악은 점점 더 실험적이고 전자적인 색채를 띠기 시작했다.

In a Silent Way (1969), 새로운 길을 열다

「In a Silent Way」는 마일스 데이비스의 음악이 완전히 새로운 방향으로 나아가고 있음을 알리는 신호탄과도 같았다. 이 앨범에서는 전자 피아노와 기타, 그리고 신디사이저 같은 전자 악기들이 대거 사용되었다. 이전에 들을 수 없었던 풍성하고도 몽환적인 사운드가 펼쳐졌다. 타이틀 트랙 〈In a Silent Way〉와 〈Shhh/Peaceful〉 같은 곡들은 재즈와 전자 음악 사이의 경계를 흐리게 하며, 마치 끝없이 이어지는 꿈결 같은 몰입감을 선사했다. 마일스는 그 자신만의 방식으로 음악을 재구성하며, 청중에게 새로운 감각을 선물했다.

마일스 데이비드 밴드, 1973

Bitches Brew (1970), 한계를 뛰어넘다

「Bitches Brew」는 마일스의 일렉트릭 시대를 대표하는 작품 중 하나로, 재즈 역사에 있어 가장 상징적인 앨범 중 하나로 자리 잡았다. 90분이 넘는 이 앨범은 그 자체로 하나의 세계였다. 몽환적인 분위기, 복잡한 리듬, 그리고 자유로운 즉흥 연주가 결합된 그 음악은 한계를 모르는 듯했다. 마일스는 자신의 비전을 실현하기 위해 키보드에 칙 코리아, 색소폰 연주자 웨인 쇼터 Wayne Shorter, 드러머 토니 윌리엄스Tony Williams 같은 당대 최고의 뮤지션들과 함께했다. 그 결과 재즈와 록, 아방가르드 음악이 혼합된 전례 없는 사운드가 탄생했다. 이 앨범은 대중과 비평가 모두에게 깊은 인상을 남겼으며, 재즈의 가능성을 한층 더 확장했다.

On the Corner (1972), 끝없는 실험

「On the Corner」에서 마일스는 더욱더 경계를 넘어섰다. 타악기, 일렉트릭 기타, 신디사이저가 겹겹이 쌓여 만들어낸 사운드는 펑크와 아프리카 음악의 리듬에 큰 영향을 받았다. 이 앨범에서 그는 전통적인 노래 구조를 완전히 해체하고, 그 자리에 새로운 질서를 세웠다. 〈Black Satin〉 및 〈On the Corner〉, 〈New York Girl〉, 〈Thinkin' of One Thing and Doin' Another〉 같은 곡들은 그가 얼마나 자유롭게 즉흥 연주와 구조 실험을 이어나갔는지를 잘 보여준다. 그것은 마일스가 만들어낸 새로운 세계였다.

마일스 데이비스의 유산, 끝없는 영감의 원천

마일스 데이비스의 일렉트릭 시대는 논란의 여지가 있었지만, 그 영향력은 부인할 수 없다. 그는 새로운 기술을 받아들이고 장르의 경계를 넘나들며 재즈의 가능성을 재정의했다. 마일스가 만들어낸 길은 이후 프린스Prince, 허비 행콕, 라디오헤드Radiohead 같은 다양한 아티스트들에게 깊은 영향을 미쳤다. 그들의 음악에는 마일스의 정신이 살아 숨 쉬고 있다.

재즈 퓨전 운동과 마일스 데이비스의 일렉트릭 시대는 재즈 역사에서 중요한 변곡점을 이룬다. 새로운 음향을 실험하고, 장르를 넘어서는 시도는 계속해서 오늘날의 음악가들에게 영감을 주었다. 끊임없이 변모하는 현대 음악의 세계 속에서 재즈 퓨전의 정신은 여전히 강하게 존재한다. 마일스의 유산은 오늘날에도 그의 음악처럼 끊임없이 새롭게 다가오며, 그 소리는 여전히 우리 곁에서 살아 숨 쉰다.

당신은 지금 재즈가 듣고 싶습니다

〈Bitches Brew〉 by Miles Davis 「Bitches Brew」 Columbia, 1970

이 곡은 같은 이름의 앨범에 수록된 곡으로 재즈 퓨전의 대표작이다. 록, 일렉트릭, 블루스, 전자 음악 요소들이 재즈와 혼합되어 있다. 재즈 퓨전의 본질을 실험적인 접근으로 포착한 곡이다.

♪

혼돈 속의 자유, 아방가르드 세계

프리 재즈

재즈는 언제나 변화의 흐름 속에 있었다. 1950년대 후반부터 1960년대에 이르러, 그 변화는 마치 폭풍처럼 격렬했다. 프리 재즈와 아방가르드는 그 중심에 있었고, 재즈의 전통적 구조와 관습에서 벗어나 자유를 찾아 나섰다. 이 혁명적인 움직임은 음악가들에게 예술적 해방을 선사했고, 그들은 즉흥 연주와 틀에 얽매이지 않는 구조 속에서 새로운 가능성을 탐구했다. 프리 재즈와 아방가르드는 그 자체로 자유와 혼돈을 담은 여정이었다. 그들의 음악은 기존의 경계를 허물며 새로운 세계를 탐구했다. 이제 우리는 그들이 걸어온 길을 따라가며, 음악에 남긴 흔적들을 하나씩 되짚어 보려 한다.

자유를 향한 탈출, 프리 재즈의 기원과 특징

프리 재즈는 일종의 탈출이었다. 재즈의 전통적 형식과 규칙에서 벗어나, 새로운 방식으로 음악을 표현하고자 했던 욕망에서 비롯되었다. 비밥과 하드밥의 틀을 벗어난 이 새로운 음악적 탐험은 더 이상 고정된 코드나 리듬에 의존하지 않았다. 대신, 즉흥성과 집단적인 창의성을 중심으로 발전했다. 오넷 콜맨, 쎄실 테일러, 존 콜트레인 그리고 선 라 같은 음악가들은 이 운동의 선봉에 서서 기존의 틀을 거부했다. 그들에게 중요한 것은 전통이 아니라, 음악을 통해 표현되는 자유 그 자체였다.

프리 재즈는 화성, 리듬, 멜로디의 경계를 허물며 새로움을 추구했다. 전통적인 곡 구조나 코드 진행에 얽매이지 않고, 음악가들은 즉흥적인 연주를 통해 집단적 대화를 이어나갔다. 그들의 목표는 기존의 틀을 파괴하고, 새로운 사운드를 창조하는 것이었다. 멜로디나 리듬에 대한 기존의 선입견을 버리고, 그 대신 자발적인 창작과 불협화음을 통한 새로운 음색을 탐구했다. 이 과정에서 프리 재즈는 자유로운 혼돈 속에서 아름다움을 찾아냈다.

혼돈 속의 선구자들

프리 재즈의 세계에는 혼돈과 자유를 사랑했던 여러 인물이 존재했다. 그들은 기존의 틀을 거부하고, 그 누구도 예측할 수 없는 소리를 만들어냈다.

① 오넷 콜맨(Ornette Coleman)

프리 재즈의 선구자로 손꼽히는 오넷 콜맨은 1959년 「The Shape of Jazz to Come」을 발표하며, 기존 재즈의 틀을 완전히 뒤흔들었다. 그는 전통적인 코드 진행을 거부하고, 집단 즉흥 연주를 강조했다. 그의 음악은 기존의 규칙을 따르지 않으면서도, 끊임없이 새로운 소리를 창조했다.

오넷 콜맨(1930~2015년), 2008

② 존 콜트레인(John Coltrane)

존 콜트레인은 재즈의 경계를 더욱 넓혔다. 「Ascension」1965 및 「Interstellar Space」1967 같은 앨범은 그의 영적 탐구와 결합 된 아방가르드 음악의 상징이었다. 그의 음악은 더는 단순한 연주가 아니라, 그 자체로 하나의 명상과도 같았다.

③ 세실 테일러(Cecil Taylor)

세실 테일러의 피아노 연주는 타악기 적이었다. 그의 연주 스타일은 그 자체로 강렬하고 불협화음을 통해 청중을 도전적으로 마주했다. 「Unit Structures」1966와 「Conquistador!」1966 같은 앨범은 그의 독창적인 스타일을 보여주며, 재즈에 대한 새로운 정의를 내렸다.

④ 선 라(Sun Ra)

선 라는 그 자체로 하나의 전설이었다. 그의 밴드 '아르케스트라Arkestra'는 재즈와 우주, 그리고 아프리카 신비주의를 결합한 독특한 세계를 창조했다. 「Space Is the Place」1973 및 「Atlantis」1969 같은 앨범에서는 그의 우주적 비전이 가득 담겼다. 선 라의 음악은 재즈를 넘어선 세계, 그 너머의 음악이었다.

선 라(1914~1993년)와 그의 밴드 아르케스트라, 2010

끝없는 혁신, 프리 재즈가 남긴 유산

프리 재즈와 아방가르드는 그 자체로 혁명이었고, 그 영향력은 재즈를 넘어 여러 음악 장르에까지 미쳤다. 그 혁신적 정신은 록, 일렉트로닉 음악, 그리고 클래식 음악에서도 반향을 일으켰다. 소닉 유스Sonic Youth, 브라이언 이노Brian Eno 같은 아티스트들뿐만 아니라 현대 클래식 작곡가들까지 프리 재즈 뮤지션들의 실험적 정신을 차용했다.

물론 프리 재즈는 그 격렬한 자유 때문에 저항과 회의에 부딪히기도 했다. 그러나 그들의 유산은 부인할 수 없다. 그들은 음악적 규범을 넘어설 용기를 보여주었고, 후세의 음악가들이 그들의 발자취를 따라 새로운 음향의 세계를 탐험할 수 있도록 길을 열었다. 그들이 만들어낸 자유와 혁신의 정신은 재즈의 경계를 넘어, 오늘날까지도 계속해서 진화하고 있다. 프리 재즈는 혼돈 속에서 자유를 찾은 음악이었다. 그 소리는 여전히 우리 곁에 남아, 예술적 표현의 끝없는 가능성을 이야기한다.

당신은 지금 재즈가 듣고 싶습니다

〈Free Jazz〉 by Ornette Coleman 「Free Jazz: A Collective Improvisation」
Atlantic, 1961

이름에서 알 수 있듯이 이 작품은 콜맨과 그의 더블 쿼텟이 전통적인 구조를 완전히 버리고 순수하게 즉흥적이며 매우 실험적인 스타일로 접근한 곡이다. 정해진 코드 구조나 경계가 없다. 프리 재즈 발전에 기념비적인 역할을 했다.

♪

시적인 리듬과 선율, 보사노바

안토니오 카를로스 조빔

부드러운 리듬, 정교한 하모니, 친근하고 서정적인 멜로디가 어우러진 보사노바Bossa Nova. 이 장르는 브라질이 음악계에 남긴 가장 상징적인 유산 중 하나로, 그 중심에는 안토니오 카를로스 조빔Antonio Carlos Jobim이 있었다. 피아니스트이자 기타리스트, 그리고 작곡가로서 그의 천재성은 시대를 초월하는 멜로디로 수많은 이들의 마음을 사로잡았다. 조빔의 음악은 브라질을 넘어 전 세계에 울려 퍼졌고, 그의 손끝에서 태어난 보사노바는 그 자체로 하나의 예술이 되었다.

보사노바의 시작, 리우데자네이루의 해변에서

보사노바는 1950년대 후반 브라질의 리우데자네이루에서 태어났다. 브라질 삼바의 리드미컬한 아름다움과 미국의 쿨 재즈가 결합하면서 탄생한 이 장르는 리우의 여유롭고 낭만적인 해변 문화를 음악으로 담아내고자 했다. 이 혁명적인 사운드는 주앙 질베르토João Gilberto, 톰 조빔Tom Jobim:안토니오 카를로스 조빔의 또 다른 이름, 시인이자 작사가인 비니시우스 지 모라이스Vinícius de Moraes

와 같은 선구자들에 의해 만들어졌다. 1958년에 발표된 앨범 「Cançãodo Amor Demais」에 수록된 〈Chega de Saudade No More Blues-슬픔은 이제 그만〉는 그 시작을 알리는 곡으로, 보사노바가 본격적으로 대중들에게 다가가는 순간이었다.

보사노바의 부드러운 매력

보사노바는 부드러운 리듬과 절제된 우아함으로 이루어진 장르다. 이 음악은 복잡하지 않지만, 그 안에 감춰진 깊이는 언제나 청중을 사로잡는다. 당김음싱커페이션이 있는 리듬, 부드러운 보컬, 그리고 섬세한 기타 연주는 그 특징적인 요소들이다. 기타의 부드러운 *스트럼 Strum은 이 장르의 중심을 이루고, 이를 타악기와 뮤트된 호른이 은은하게 받쳐준다. 보사노바의 가사 또한 그 매력에서 빠질 수 없다. 사랑과 그리움, 일상 속 작은 아름다움에 관한 이야기들은 마치 시처럼 우리의 마음을 어루만진다.

---

* 스트럼(Strum): 손이나 피크로 기타 줄을 위아래로 긁어 코드를 한꺼번에 울리는 연주 방식과 핑거피크(Fingerpick) 손가락으로 줄을 하나씩 뜯어 섬세한 멜로디와 베이스를 동시에 표현하는 연주 방식이 있다.

안토니오 카를로스 조빔, 보사노바의 시인

'보사노바의 아버지'로 불리는 안토니오 카를로스 조빔. 그는 브라질 음악을 세계 무대로 이끌며 보사노바를 대중화한 장본인이었다. 〈이파네마의 소녀 The Girl from Ipanema〉, 〈코르코바도Corcovado〉, 〈데사피나도

안토니오 카를로스 조빔(1927~1994년)

Desafinado〉와 같은 명곡들은 그의 음악적 감각이 얼마나 시대를 초월했는지 보여준다. 조빔은 새로운 화성과 멜로디를 창조하며 브라질 음악의 패러다임을 바꿔 놓았다. 그의 작품들은 낭만적이고도 서정적인 보사노바의 정수를 담아냈으며, 그의 음악은 오늘날까지 수많은 아티스트에게 영감을 주고 있다.

세계로 퍼져나간 보사노바의 리듬

보사노바는 브라질을 넘어, 전 세계의 다양한 장르에 영향을 미쳤다. 그 우아한 리듬과 멜로디는 팝, 재즈, 월드 뮤직 등 다양한 장르에서 새로운 영감을 불어넣었다. 특히, 스탄 게츠Stan Getz의 부드러운 재즈와 세르지우 멘지스Sérgio Mendes의 팝 사운드에 보사노바의 색채가 더해지면서, 이 장르는 세대를 넘어 사랑받는 음악으로 자리 잡았다. 보사노바는 브라질의 풍부한 문화와 그 혁신을 전 세계에 알리는 매개체가 되었다.

안토니오 카를로스 조빔과 지 모라에스

보사노바를 빛낸 음악가들

보사노바의 세계에는 안토니오 카를로스 조빔 외에도 많은 거장이 있었다. 주앙 질베르토의 부드러운 기타 연주, 비니시우스 지 모라이스의 시적인 가사, 그리고 아스트루지 지우베르투Astrud Gilberto의 감미로운 보컬은 보사노바의 매력을 더욱 빛나게 했다. 이외에도 캐터리나 발렌트Caterina Valente, 가우 코스타Gal Costa, 나라 레앙Nara Leao,

도리바우 카이미Dorival Caymmi, 카에타누 벨로주Caetano Veloso, 루이스 봉파Luiz Bonfa, 스탄 게츠Stan Getz, 세르지우 멘지스Sergio Mendes, 아스트루지 지우베르투 Astrud Gilberto, 엘리스 헤지나Elis Regina, 오노 리사Ono Lisa, 호자 파수스Rosa Passos, 치코 부아르케Chico Buarque, 조이스 모레노Joyce Moreno, 루시아나 수자Louciana souza, 엘리아니 엘리아스Eliane Elias등의 아티스트들도 그들의 음악 속에서 보사노바의 서정성을 깊이 있게 표현했다.

안토니오 카를로스 조빔의 유산

안토니오 카를로스 조빔은 보사노바를 세계적인 장르로 끌어올리며, 그가 남긴 음악적 유산은 오늘날에도 끊임없이 사랑받고 있다. 그는 단순히 한 장르를 만든 작곡가가 아니라, 브라질과 전 세계의 음악에 새로운 길을 제시한 혁신가였다. 그의 음악은 여전히 많은 이에게 감동을 주고 있으며, 그의 유산은 세월이 흘러도 바래지 않는 빛을 발하고 있다.

보사노바는 묘한 음악이다. 조용하면서도 강렬하다. 소리로 따지자면 마치 가을 오후에 살짝 열린 창문으로 들어오는 바람 같은 느낌이랄까. 그 바람은 차갑지도 않고 뜨겁지도 않다. 적당히 온화하고 적당히 무심하다. 하지만 이상하게도 한 번 느끼면 마음 한쪽에 잔잔한 파문처럼 남는다. 이런 보사노바의 매력으로 나 또한 보사노바의 곡들에 매료되어 잘 알지 못했던 포르투갈의 가사들을 외워가며 보사노바의 앨범을 제작했다. 가사를 하나하나 따라 부르다 보면 마치 그 언어가 가진 독특한 리듬과 감성이 선율과 함께 내 안에 스며드는 것 같았다. 그 과정은 어렵기도 했지만 묘한 행복감과 즐거움이 있었다. 보사노바는 함께 부르고, 느끼며 살아가는 음악인 것이다.

사람들은 보사노바가 단순히 브라질에서 시작된 음악이라고 생각할지 모른다. 물론 사실이다. 하지만 보사노바는 단지 지역적인 음악에 그치지 않는다. 보사노바의 리듬은 우리 마음속의 보이지 않는 어딘가를 울린다. 그것은 세대를 넘어, 국경을 넘어 계속해서 흐른다. 마치 커다란 강물이 어디론가 흐르는 것처럼 말이다.

보사노바를 들으면 종종 이런 생각을 한다. 삶은 결국 거창한 사건들이 아니라, 이런 잔잔한 순간들로 이루어진 게 아닐까 하고 말이다. 사랑이 그렇고, 그리움이 그렇다. 조빔의 곡을 틀어놓고 흐린 날의 창문 너머로, 바람에 흔들리는 나뭇잎을 멍하니 바라보고 있으니 보사노바는 내게 말한다. 보사노바는 우리 삶의 아름다움 자체를 담은 음악이라고.

당신은 지금 재즈가 듣고 싶습니다

〈The Girl from Ipanema〉 by Antonio Carlos Jobim 「Getz/Gilberto」
Verve, 1964

부드러운 리듬과 선율이 아름다운 보컬을 특징으로 하는 이 보사노바 클래식은 조빔의 가장 유명한 작품 중 하나이다. 보사노바의 부드럽고 서정적인 스타일을 상징한다. 1962년 안토니오 카를로스 조빔이 작곡하였으며 비니시우스 지 모라에스가 포르투갈어 작사 노만 짐벨이 영어 가사 작사를 했다. 1965년 '그래미 올해의 앨범상'을 수상했다. 이 노래는 이파네마의 몬테네그로 거리에 사는 17세 소녀 헬로 핀헤이로에게 영감을 받았다. 그녀는 매일 비치로 가는 길에 벨로소 바ー카페를 지나가며, 단순히 해변으로 가는 것뿐만 아니라 일상생활에서도 그곳을 지나갔다. 때로는 어머니를 위해 담배를 사기 위해 바에 들렀다. 1962년 겨울, 작곡가들은 바에서 그녀가 지나가는 것을 보았고 이 곡이 탄생하게 되었다. 이 노래가 인기를 얻은 이후, 그녀는 유명 인사가 되었다.

♪

새로운 음악의 길, 록의 경계를 넘어
웨더 리포트와 마하비슈누 오케스트라

1960년대 후반과 1970년대 초반, 재즈와 록이 만나 새로운 세상을 열었다. 그 교차점에서 탄생한 음악은 퓨전 재즈, 혹은 프로그레시브 재즈Progressive Jazz라 불리며 전통적인 경계를 허물고 새로운 소리로 가득한 길을 만들어냈다. 그 중심에는 두 전설적인 밴드가 있었다. 웨더리포트Weather Report와 마하비슈누 오케스트라Mahavishnu Orchestra. 이들은 그들만의 방식으로 재즈의 즉흥성과 록의 전기적인 에너지를 결합해 현대 음악의 지형을 새롭게 그려나갔다.

웨더 리포트, 재즈 록 퓨전의 선구자

1970년, 오스트리아 출신 키보드 연주자 조 자비눌Joe Zawinul과 색소폰 연주자 웨인 쇼터가 결성한 웨더 리포트는 퓨전 재즈의 선두주자로 자리 잡았다. 체코 출신 베이시스트 미로슬라브 비투오스Miroslav Vitouš, 자코 패스토리어스Jaco Pastorius, 드러머 피터 어스킨Peter Erskine, 타악기 연주자 아이르뚜 모레이라Airto Moreira가 추가되면서 밴드의 라인업은 그 무엇과도 비교할 수 없는 이례적인 재능 있는 뮤지션을 자랑했다.

그들의 음악은 단순히 재즈와 록을 결합한 것이 아니었다. 그 속에는 신디사이저의 미래적인 음향과 감성적인 색소폰 멜로디가 함께 어우러져 있었다. 자비눌의 신디사이저 연주와 쇼터의 색소폰은 새로운 세상을 그려냈고, 그들은 마치 미래에서 온 소리를 들려주는 듯했다.

웨더 리포트는 1971년 발표한 데뷔 앨범 「Weather Report」로 그들의 시그니처 사운드를 완성했다. 〈버드랜드Birdland〉 같은 트랙에서 자비눌의 신디사이저는 마치 구름 위를 떠다니는 듯한 부드러움을 선사하며, 쇼터의 색소폰은 그 위를 자유롭게 날아다녔다. 이 곡은 웨더 리포트를 세계적인 밴드로 만들어 주었고, 그들의 음악은 새로운 시대의 문을 여는 열쇠가 되었다.

웨더리포트 암스테르담 공연, 1980

웨더 리포트는 밴드가 결성된 1970년부터 1986년까지 16년 동안 수많은 앨범을 발표하며 재즈 록 퓨전의 선구자로서 그들의 자리를 굳건히 지켰다. 그들은 전통에 뿌리를 두면서도, 그 이상을 꿈꾸었다. 그들의 음악은 하나의 모험이었고, 청중들은 그들의 음악을 따라 새로운 세상으로 떠난 듯한 기분을 느꼈다.

마하비슈누 오케스트라, 퓨전 혁명의 불꽃

같은 시기, 대서양 건너편에서는 또 다른 혁명이 일어나고 있었다. 거장 기타리스트 존 맥러플린John McLaughlin이 이끄는 마하비슈누 오케스트라는 그들의 독창적인 사운드로 퓨전 재즈의 새로운 장을 열었다. 1971년 발표한 앨범 「The Inner Mounting Flame 내면의 불꽃」은 마하비슈누 오케스트라가 가진 에너지를 그대로 담아낸 작품이었다. 키보디스트 잰 해머Jan Hammer, 바이올리니스트 제리 구드만Jerry Goodman, 베이시스트 릭 레어드Rick Laird, 드러머 빌리 코범Billy Cobham 등 일류 뮤지션 라인업으로 구성된 이 밴드는 각자 독특한 재능을 가진 뮤지션들이었고, 함께 모여 그들의 음악을 완성했다.

인도 클래식 음악과 재즈, 그리고 록의 에너지를 결합한 마하비슈누 오케스트라의 사운드는 그 누구도 따라 할 수 없었다. 〈Meeting of the Spirits〉 및 〈The Noonward Race〉 같은 트랙에서 존 맥러플린의 번개처럼 빠른 기타 솔로는 청중들의 마음을 사로잡았고, 그들은 마치 그 속에서 불꽃이 튀는 듯한 에너지를 느꼈다. 마하비슈누 오케스트라는 그들의 독특한 즉흥 연주와 끊임없는 실험으로 퓨전 재즈의 새로운 기준을 세웠다.

마하비슈누 오케스트라(1971~1976년)&(1984~1987년)

시대를 초월한 유산

웨더 리포트와 마하비슈누 오케스트라는 그들이 결성된 순간부터 음악의
경계를 넘나들며 새로운 길을 개척했다. 웨더 리포트의 복잡한 작곡과 혁신
적인 신디사이저 사운드는 일렉트로닉 재즈와 퓨전의 출현을 이끌었고, 마하
비슈누 오케스트라의 기술적인 연주는 악기를 다루는 능력의 새로운 기준을
세웠다.

그들의 영향력은 여전히 살아 있다. 프로그레시브 록에서부터 일렉트로닉
음악까지 이들의 음악은 다양한 장르에서 그 울림을 계속해서 전하고 있다.
비교적 짧은 시간이었지만, 웨더 리포트와 마하비슈누 오케스트라는 음악 역
사에 오랫동안 기억될 발자취를 남겼다. 오늘날에도 그들의 음악은 새로운 청

중을 만난다. 그들의 소리는 여전히 신선하고, 창의성과 협업의 힘을 보여준다. 1970년대 퓨전 혁명은 그들이 있었기에 가능했으며, 웨더 리포트와 마하비슈누 오케스트라는 그 혁신과 예술적 탁월함의 빛나는 사례로 남아 있다.

당신은 지금 재즈가 듣고 싶습니다

〈Birdland〉 by Weather Report 「Heavy Weather」 Columbia, CBS/ARC, 1977

〈버드랜드〉는 웨더 리포트가 선보이는 활력 넘치고 역동적인 재즈 퓨전 트랙으로, 리듬, 멜로디, 그리고 즉흥 연주에 대한 밴드의 능숙함을 보여준다. 1977년 웨더 리포트의 경력에서 상업적 정점을 찍은 앨범인 「Heavy Weather」의 첫 트랙이다. 이 곡은 1949년부터 1965년까지 브로드웨이에서 운영되었던 유명한 뉴욕시 재즈 클럽 '버드랜드'를 기리는 작품으로, 그 시대의 많은 위대한 재즈 뮤지션들이 공연한 장소였다. 밝고 인상적인 호른 라인으로 시작되는 이 곡은 활기차고 경쾌한 분위기를 들려준다. 키보드 연주에 조 자비눌, 웨인 쇼터의 색소폰, 자코 파스토리우스가 베이스로, 알렉스 아쿠냐가 드럼으로 이끄는 리듬 섹션은 견고하고 단단한 그루브를 만들어낸다. 〈버드랜드〉는 재즈, 록, 펑크의 요소를 혼합하여 혁신적이면서도 접근하기 쉬운 사운드를 창조하며 재즈 퓨전 장르의 획을 그었다. 1978년 인터뷰에서 자코 파스토리우스는 「Heavy Weather」에 수록된 스튜디오 버전의 곡이 단 한 번의 테이크로 녹음되었다고 말했다.

〈Meeting of the Spirits〉 by Mahavishnu Orchestra 「The Inner Mounting Flame」 Columbia, 1971

재즈 퓨전 장르에서 획기적인 트랙으로, 폭발적인 에너지와 악기 간의 복잡한 상호작용이 특징이다. 이 곡은 존 맥러플린의 극적이고 열정적인 기타 리프로 시작되어, 강렬하고 신비로운 연주로 빠르게 흘러간다. 여기에 얀 해머의 기교 있는 키보드 연주가 추가되어 음향 풍경에 깊이와 활력을 더한다. 빌리 코브햄의 드럼과 릭 레어드의 베이스로 구성된 리듬 섹션은 강력하고 역동적인 리듬으로 곡을 이끌어간다.

나만의 소리에 실수는 없다

"If you're not making a mistake, it's a mistake."

"만약 실수를 하지 않고 있다면 그게 실수다."

Miles Davis
마일스 데이비스

삶의 많은 순간 가운데 우리는 실수라고 생각했던 일이 의외의 결과를 가져오는 경우를 경험하곤 한다. 사실 실수나 우연은 단순히 실패로 끝나는 것이 아니라 새로운 발견과 창조의 기회로 이어질 수 있다. 지나간 역사 속에서 이러한 사례를 어렵지 않게 발견할 수 있다.

알렉산더 플레밍이 실험실 정리를 잊은 채 휴가를 떠나지 않았다면, 펜실린은 세상에 나오지 않았을 것이다. 포스트잇 역시 실패한 접착제에서 비롯된 발명품이었다. 마이크로파 오븐은 초콜릿이 녹는 단순한 관찰에서 시작되었고, 청진기는 단순한 불편함을 해결하려던 나무 막대에서 태어났다. 잭슨

폴록의 '드리핑'은 우연을 예술로 바꾼 사례였고, 코카콜라는 실험 중 작은 착오가 세계적 음료로 탄생한 이야기이다.

이 모든 이야기는 우연의 힘을 말해준다. 실수와 우연은 때로는 창조의 다른 이름일지도 모른다. 혼돈 속에서 자유를 발견하고, 틀을 벗어난 시도가 새로운 음악을 만들어낸다. 마일스 데이비스의 유명한 곡 〈So What〉 한 마디 속에 담긴 여유로움과 가능성은 재즈뿐 아니라 삶에도 어울리는 태도다. 그러니 실수든 우연이든, 그것은 언제나 우리를 어디론가 데려다줄 준비를 하는 셈이다. 재즈도 그렇다.

마일스 데이비스가 일렉트릭 음악의 여정을 시작했을 때, 많은 이들은 그를 향해 손가락질했다. "이게 재즈라고?"라는 비난과 의혹이 따라다녔지만, 그의 시도는 이후 재즈 퓨전의 시작을 알리며 새로운 길을 열었다. 프리 재즈와 아방가르드 세계에서는 혼돈과도 같은 소리의 해방 속에서 자유를 노래하며 예술의 또 다른 차원을 탐구했다. 안토니오 카를로스 조빔은 브라질 해변의 부드러운 리듬을 재즈와 결합해 보사노바라는 새로운 선율을 탄생시켰다. 그리고 웨더 리포트와 마하비슈누 오케스트라는 재즈와 록의 경계를 허물며 혁신적인 음악의 세계를 만들어냈다.

재즈는 시작부터 끊임없이 진화해 온 음악 장르다. 재즈가 가진 독창성과 즉흥성은 많은 뮤지션과 청중에게 영감을 주었다. 이를 통해 시대를 거쳐 수많은 재즈 스타일이 탄생하게 되었다. 그러나 이러한 진화 과정에서, 재즈는 늘 논란의 중심에 서 있었다. 허비 행콕과 마일스 데이비스 사이에서 있었던 일화는 이러한 질문에 대한 깊은 통찰을 제공해준다.

허비 행콕은 한 인터뷰에서 자신이 마일스 데이비스와 함께 연주할 때 있었던 한 가지 중요한 경험을 이야기한 적이 있다. 그들은 〈So What〉을 연주 중이었고, 허비는 실수로 엉뚱한 코드를 쳤다. 그는 당황했고, 모든 것이 망쳐졌다고 생각했다. 그러나 마일스는 허비의 실수를 창조적인 기회로 삼아 그 실수를 자연스럽게 받아들이고, 그로 인해 곡 전체를 새로운 방향으로 이끌어 갔다. 마일스는 한 번도 허비의 실수를 지적하지 않았고, 오히려 그 실수를 통해 새로운 음악적 가능성을 열어 준 것이었다. 허비는 이 경험을 통해 실수가 오히려 창의적 탐구의 원천이 될 수 있음을 깨달았다. 마일스의 철학은 "실수하지 않는다면, 그게 실수다."라는 말로 요약될 수 있다. 이 일화는 재즈의 본질, 즉 예측 불가능성과 끊임없는 혁신에 대한 중요한 교훈을 담고 있다.

재즈 연주 중에 많은 뮤지션이 다른 코드를 연주하거나, 연주 전 서로 약속한 내용을 헷갈려 실수하는 경우가 허다하게 발생한다. 심지어 서로 실수 한 줄도 모르고 지나가는 때도 수없이 많다. 왜냐하면, 재즈는 상대의 실수도 살려내어 새로운 창조가 이루어지는 '임기응변' 스타일로 존재하기 때문이다. 그래서일까. 난 실수하지 않으려는 노력과 강박에서 벗어나는 데 많은 시간이 걸렸고, 값비싼 수업료를 내야만 했다.

한번은 연주 중 가사가 통째로 갑자기 생각나지 않은 적이 있다. 자연스럽게 스캣으로 대체하게 되었는데 재즈 안에서의 자유한 마음과 영혼의 리듬 때문이었을까. 자연스럽게 이어진 스캣은 마치 나비가 꽃을 찾아 날아다니듯 자유로운 몸짓으로 존재했다. 마른하늘에 갑작스레 소나기가 쏟아지듯 시원하게 내 마음에 쏟아진 자유의 감각이 담겨 입술에서 흘러나온 스캣의 단어들Syllables이 청중의 마음을 어루만졌다.

잘해야만 한다는, 완벽해야만 한다는 마음의 감옥에 갇혀 있던 스캣이 자유를 얻은 순간이었다. 가사를 잊어버린 실수가 자유로운 스캣으로 탄생하는 순간이었다. 그때 깨달았다. 이러한 순간이 모여 나의 재즈, 재키 재즈가 형성된다는 사실을. 중요한 것은 이러한 임기응변의 순간은 준비하고 있어야 준비되지 않은 것들과 기대하지 않은 것들을 펼쳐 보일 수 있다는 것이다. 재즈는 인간이 지닌 근본적인 자유와 공명할 때 재즈 본연의 자유로움이 펼쳐진다. 프리 재즈는 이런 근본적인 자유 정신에서 시작된 것이리라.

누구나 자신만의 재즈를 지니고 있다. 재즈는 태생적으로 개인의 자유와 개성이 중심이 되는 음악이기 때문이다. 어떤 사람은 루이 암스트롱이나 듀크 엘링턴 같은 전통적인 재즈를 사랑할 수 있으며, 또 다른 사람은 존 콜트레인이나 오넷 콜먼의 실험적이고 혁신적인 음악에 열광할 수도 있다. 마일스 데이비스는 다양한 재즈 스타일을 탐구한 대표적인 뮤지션이다. 그는 한 장르에 머무르지 않고 끊임없이 새로운 길을 개척했다. 그의 음악 중 일부는 너무나 낯설고 듣기가 편안하지 않을 수 있다. 그러나 동시에 그의 음악은 재즈의 무한한 가능성을 보여주는 예시가 된다.

처음 재즈를 시작했을 당시 나는 재즈의 이러한 다양성과 독창성에 대해 이해하지 못했다. '내가 조금 더 열린 마음을 가졌다면, 버클리 음대를 끝까지 다녔을까?' 이러한 생각을 하게 된 계기가 있었다. 버클리에서의 첫 수업은 내가 생각했던 재즈 수업과는 달랐다. 미국 TV 방송 〈아메리칸 아이돌American Idol〉의 붐을 타고 있던 시절이었는데 보컬 수업들이 이러한 트렌드에 깊이 경도되어 있었다. 퓨전과 팝의 컬러를 지닌 보컬 수업에서 나는 깊은 실망감을 느꼈다. 보스턴의 살인적인 물가를 감당하며 유학 생활을 하고 있던 터라 마음은 더욱 편칠 않았다. '이곳에서 내가 원하는 재즈를 배울 수 없다면 어디로 가야 할까?' 고민하던 차에 LA에 재즈 보컬 티어니 서튼Tierney Sutton이 학과장으로 있는 학교가 있다는 정보를 얻게 되었고, 보컬 수업이 재즈 중심의 커리큘럼인 것이 내 마음을 움직였다.

이후, 난 1년의 보스턴 생활을 접고 캘리포니아주 파사데나에 있는 로스앤젤레스 컬리지 오브 뮤직Los Angeles College of Music, Pasadena에 입학했다. 총 6분기Quarters 수업 프로그램이었는데 오디션에서 좋은 성적을 얻었다. 그 덕분에 1, 2학기를 월반하여 3학기 수업을 듣게 되었고 장학금도 받을 수 있었다. 매사추세츠의 동부 끝에서 캘리포니아의 서부 끝으로 옮겨진 나의 재즈 여정은 이렇게 다시 시작되었다. 실용음악으로 유명한 버클리 음대를 그만두고 작은 학교로 옮긴 것을 이상하게 여기는 이들도 많았다. 하지만, 나는 한 번도 내 결정과 선택을 후회해 본 적이 없다. 늘 그렇듯 '인생은 만남과 헤어짐의 연속이며, 마음의 작은 오솔길을 따라가며 인생에서 이뤄지게 될 운명을 가진 인연 속에서 펼쳐지는 것'이라는 것을 잘 알고 있기 때문이다.

나는 재즈의 불협화음과 불규칙한 박자, 레이 백 리듬을 좋아하고 즐긴다. 내가 재즈에 끌린 가장 큰 이유는 이러한 재즈 요소들이 동시에 쏟아내는 묘한 긴장과 흥미 때문이다. 돌이켜보면, 나의 지나온 삶은 마치 어디로 향할지 알 수 없는 모험과도 같은 여행의 연속이었다. 길이 정해지지 않은 채, 그저 발길이 닿는 대로 걸어갔던 시간이 많았다. 이는 계획의 부재라기보다, 계획이 무의미해지는 순간의 연속이었다. 그 무위의 순간은 나를 예상치 못한 방향으로 이끌었고, 나는 예측불허한 흐름의 파도에 몸을 맡기며 살아왔다. 그 여정 속에 만난 수많은 인연, 불확실성 속에서 피어난 수많은 기회가 지금의 나를 만들었다. 재즈를 지독히도 좋아하는 이유와 일치하듯, 난 청중이 예상치 못한 곳에서 불협화음이 나타나는 재즈의 즉흥 연주와 같은 삶을 살았다.

재즈는 끊임없이 변화하고 진화하는 음악이다. 마일스 데이비스와 허비 행콕의 일화는 재즈가 단순한 음악 장르가 아니라, 창조적 사고와 자유로운 표현의 무대임을 상기시켜준다. 재즈는 누구에게나 다르게 다가오며, 그 다양성이 재즈의 매력을 극대화한다. "이런 것도 재즈라고?" 하며 묻는 순간, 우리는 이미 재즈의 본질을 경험한 것이다. 재즈는 그 자체로 하나의 거대한 모험이며, 실수마저도 새로운 발견의 기회로 받아들이는 음악이다. "So What?, 그래서 뭐?" 이렇게 말이다.

재즈의 매력을 발견한 당신, 이제 당신은 재즈에 빠질 운명이다.

Song 5

재즈 보컬과
위대한 가수들

거장의 목소리로 완성한 음악의 감동

"The first jazz instrument was the human voice.
And, of course, the human voice has historically been the chief instrument in all music."

"최초의 재즈 악기는 인간의 목소리였다.
그리고 물론 인간의 목소리는 역사적으로 모든 음악에서 가장 주요한 악기였다."

Sidney Finkelstein, Jazz: A People's Music

시드니 핑켈스타인

"The only thing better than singing is more singing."

"노래하는 것보다 더 좋은 것은 더 많이 노래하는 것뿐이다."

Ella Fitzgerald

엘라 피츠제럴드

♩

목소리로 그린 진정한 매력 이야기

재즈 보컬

아프리카계 미국인 문화에 뿌리를 둔 재즈는 20세기 초, 그 혼돈과 가능성 속에서 태어났다. 마치 사람의 내면에 깊이 뿌리내린 감정을 꺼내어 악보에 옮겨놓은 것처럼, 재즈는 그렇게 탄생했다. 재즈의 중심에는 언제나 악기 연주가 있었고, 대중들은 즉흥 연주와 그 기술적인 아름다움에 매료되었다. 하지만 재즈를 이야기할 때, 우리가 잊어서는 안 될 또 하나의 중요한 요소가 있다. 바로 목소리, 재즈 보컬이다.

재즈, 목소리로 이야기하다

재즈 보컬은 멜로디를 넘어서, 가사와 스토리텔링을 통해 그 음악을 한층 더 깊이 있게 만든다. 이야기가 담긴 노래는 청중들과 깊이 소통할 수 있게 하고, 감정적인 연결 고리가 된다. 때로는 재즈가 어렵고 멀게 느껴지는 이들에게, 재즈 보컬리스트는 다리를 놓아주는 사람들이다. 그들의 목소리는 음악과 사람 사이의 장벽을 허물고, 누구나 그 이야기에 다가갈 수 있게 만든다. 그 목소리, 그 노래는 시대의 흐름에 따라 어떻게 변해왔을까?

블루스에서 시작된 이야기

재즈 보컬의 이야기는 블루스에서 시작된다. 20세기 초 블루스는 흑인의 고통과 희망을 담은 노래로 널리 퍼져나갔다. 마 레이니Ma Rainey와 베시 스미스 같은 가수들은 그들의 목소리로 고통을 노래했고, 그 노래는 재즈 보컬의 기초가 되었다. 블루스는 그 자체로 재즈의 한 형태였고, 이 가수들의 감정 전달 방식은 이후 수많은 재즈 보컬리스트에게 영향을 주었다.

싱코페이션 리듬의 래그타임과 *보드빌Vaudeville 공연도 초기 재즈 보컬에 큰 영향을 미쳤다. 그들의 목소리는 멜로디를 따라, 리듬을 타고 *프레이징 Phrasing을 통해 이야기를 전달하는 방식이었다.

* 보드빌(Vaudeville): 19세기 후반부터 20세기 초반까지 미국에서 인기 있던 쇼, 연극 형태로 코미디, 음악, 춤, 마술 등 다양한 공연을 포함했다.

* 프레이징(Phrasing): 연주자가 멜로디나 즉흥 연주를 특정한 리듬적, 음악적 방식으로 표현하는 것을 의미한다. 프레이징은 마치 말할 때 문장이나 구절을 구분하듯이, 음악에서 멜로디를 자연스럽게 구분하고 표현하는 방식이다. 재즈에서 프레이징은 특히 중요하며, 같은 멜로디라도 연주자의 프레이징에 따라 완전히 다른 느낌을 줄 수 있다.

뉴올리언스 출신의 대표적인 연주자 루이 암스트롱은 트럼펫 연주자로 시작했으나 재즈 보컬의 발전에 영향을 준 중요한 인물이었다. 그의 혁신적인 스캣 싱잉과 카리스마 있는 보컬 스타일은 재즈 노래에 새로운 기준을 제시했다. 그들은 목소리로 리듬을 타며, 마치 악기처럼 목소리를 다루었다. 이들은 단순한 음정에 머무르지 않고, 각 음절과 멜로디에 독특한 색깔을 입혔다. 재즈 보컬리스트들은 목소리만으로도 하나의 악기처럼 연주할 수 있다는 것을 증명해 보였다. 뉴올리언스에서 시작된 이 목소리들은 문화적 표현의 한 형태가 되었고, 다양한 장르의 음악이 혼합된 그 도시에서 재즈는 더욱 풍성해졌다.

스윙 시대의 황금기, 대중을 사로잡은 목소리

1930년대와 1940년대는 스윙이라는 이름 아래 재즈가 폭발적으로 성장한 시기였다. 그 중심에는 빅 밴드가 있었고, 빅 밴드 속에서 노래하는 보컬리스트들은 무대 위의 별이 되었다. 대표적인 빅 밴드와 보컬에는 카운트 베이시 오케스트라와 함께한 빌리 홀리데이, 칙 웹 앤 히스 오케스트라와 함께한 엘라 피츠제럴드, 빌리 엑스타인 빅 밴드의 사라 본이 있다. 이러한 보컬리스트들은 그들만의 목소리로 사람들의 마음을 사로잡았다. 스윙 음악은 춤추는 음악이었고, 그 리듬 속에서 보컬리스트들은 목소리로 사람들을 춤추게 했다.

칙웹 앤 히스 오케스트라와 엘라 피츠제럴드,1935

특히 이 시기의 또 다른 중요한 변화는 기술의 발전이었다. 라디오와 녹음 기술이 급격히 발전하면서, 재즈 보컬리스트들의 목소리는 이제 거리와 시간을 넘어 점점 더 널리 퍼졌다. 프랭크 시나트라의 목소리가 라디오를 통해 흘

러나오고, 주크박스에서 사라 본의 노래가 울려 퍼지면서, 그들은 곧 전 세계
적으로 사랑받는 가수들이 되었다. 그들의 노래는 바와 식당을 가득 채웠고,
사람들은 재즈를 더 이상 공연장에서만 들어야 하는 음악이라고 생각하지 않
았다. 재즈는 이제 무대 위에서 내려와 일상 속으로 자연스럽게 녹아들었다.

비밥의 도전, 목소리로 그린 즉흥의 자유

1940년대와 1950년대에 들어서면서 재즈는 새로운 국면에 접어들었다. 비
밥이라는 새로운 스타일은 복잡한 화음과 빠른 템포로 재즈를 더욱 도전적인
음악으로 만들었다. 그 속에서 보컬리스트들은 이전보다 더 많은 자유를 누
렸다. 엘라 피츠제럴드와 베티 카터 같은 가수들은 그 변화에 맞춰 스캣 싱잉
을 사용하며, 마치 악기처럼 목소리로 즉흥 연주를 펼쳤다. 그들은 가사가 없
는 음절들로 노래를 만들며, 목소리의 가능성을 한계까지 밀어붙였다.

비밥은 보컬리스트들에게 새로운 예술적 자유를 선사했다. 그들은 이제 단
순히 멜로디를 노래하는 것이 아니라, 목소리로 화음을 탐구하고 리듬 속에
서 자유롭게 움직일 수 있었다. 그것은 마치 목소리가 악기와도 같은 역할을
할 수 있다는 것을 증명하는 순간이었다. 이 시기의 재즈 보컬은 그야말로 창
조적 실험의 장이었고, 보컬리스트들은 그 안에서 자신만의 독특한 목소리를
찾았다. 재즈는 이제 더 이상 대중적인 춤 음악에 머무르지 않고, 한층 더 복
잡하고 예술적인 경지로 나아갔다. 그리고 그 중심에는 목소리로 그려낸 즉
흥의 미학이 있었다.

현대 재즈 보컬의 확장, 경계를 넘나드는 목소리

1960년대 이후 재즈 보컬은 또 한 번의 변화를 맞이했다. 이제는 다양한 장르의 영향을 받아들여 새로운 실험을 하는 보컬리스트들이 등장했다. 니나 시몬Nina Simone은 재즈에 클래식과 포크 음악을 접목했고, 그녀의 목소리에는 당시 시대적 혼란과 사회적 메시지가 담겼다. 그녀의 음악은 그 시대 사람들의 목소리가 되었고, 재즈 보컬리스트의 새로운 가능성을 열었다.

그리고 현대에 이르러, 재즈 보컬리스트들은 여전히 새로운 시도를 멈추지 않고 있다. 에스페란자 스폴딩Esperanza Spalding과 세실 맥로린 살반트Cecile McLorin Salvant 같은 아티스트들은 팝, 힙합, 전자 음악까지도 받아들이며 재즈의 경계를 끊임없이 확장해 나가고 있다. 그들은 전통적인 재즈와 현대적인 감각을 융합하며, 재즈 보컬의 새로운 장을 열어가고 있다.

목소리, 그 감정의 다리

재즈 보컬리스트들은 가사와 목소리로 감정의 다리를 놓는다. 때로는 슬픔을, 때로는 기쁨을, 그리고 때로는 말로 설명할 수 없는 감정을 그들의 목소리로 표현해낸다. 이런 감정적 연결은 재즈 보컬리스트들이 청중과 깊이 소통할 수 있는 비결이다. 그들은 청중이 재즈를 더 깊이 이해하고 느끼게 만든다. 목소리는 가장 인간적이고 자연스러운 악기다. 그 어떤 악기보다도 개인적이며, 재즈 보컬리스트는 그 목소리로 자신만의 이야기를 만들고, 그 순간 재즈는 하나의 음악이 아닌 하나의 이야기가 된다.

보컬 테크닉의 진화, 목소리로 그려낸 즉흥의 예술

가끔 우리는 어떤 말도 없이, 단순히 목소리만으로 무언가를 표현할 때가 있다. 바로 그 순간, 재즈 보컬리스트들은 스캣 싱잉이라는 독특한 방식으로 이야기를 풀어낸다. 의미 없는 음절들, 예를 들어 '다비리두바' 같은 소리가 그들의 입에서 흘러나올 때, 그것은 단지 음절이 아니라 그 자체로 하나의 즉흥 연주가 된다. 루이 암스트롱과 엘라 피츠 제럴드는 이 스캣 싱잉을 대중에게 알린 대표적인 인물들이다. 그들의 목소리는 마치 악기처럼 자유롭게 흐르며, 즉흥적으로 만들어지는 멜로디 속에서 감정과 리듬을 그려냈다.

스캣 싱잉은 보컬리스트들의 음악적 기량과 창의성을 드러내는 방식이다. 그들의 목소리 하나로 악기 연주자들과 대화를 나누며, 무대 위에서 서로 즉흥적인 호흡을 맞춘다. 때로는 재즈의 복잡한 화음 속에서, 그들은 목소리로 악기 연주자들과의 대화를 이어가며 새로운 멜로디를 창조해낸다.

또한, 보칼리즈Vocalese라는 기법도 있다. 이 기법은 보컬리스트들이 악기 솔로에 가사를 붙여서 노래하는 방식이다. 단순히 음절을 나열하는 스캣 싱잉과는 다르게, 보칼리즈는 이미 존재하는 악기 솔로에 가사를 더해 그 멜로디를 다시 해석한다. 에디 제퍼슨Eddie Jefferson과 존 헨드릭스John Hendricks는 보칼리즈의 선구자였다. 이들은 목소리로 악기의 한계를 넘어 서정성과 테크닉을 동시에 보여주며, 새로운 방식으로 음악을 탐구했다. 그들의 노래는 단순한 보컬 테크닉을 넘어, 감정과 이야기로 한층 깊어진 예술로 승화되었다.

에디 제퍼슨(1918~1979년)   존 헨드릭스(1921~2017년)

목소리와 악기의 대화

재즈 공연에서 보컬리스트와 악기 연주자는 서로 다른 방식으로 소통한다. 보컬리스트는 가사와 목소리로 이야기를 이끌고, 악기 연주자는 화음과 리듬으로 그 이야기에 색을 더한다. 두 사람의 대화는 무대 위에서의 소통과 반응으로 이뤄진다. 보컬리스트가 목소리로 한 프레이징에 악기 연주자가 응답하고, 그 즉흥 속에서 새로운 이야기가 만들어진다. 그들은 서로 다른 방식으로 즉흥 연주를 펼치지만, 그 차이가 공연을 더욱 풍부하게 만든다.

보컬리스트는 종종 무대의 중심에 서서 청중을 사로잡는다. 그들의 카리스마와 목소리는 청중을 매료시키고, 악기 연주자는 기술적 기량과 복잡한 솔로로 청중의 감탄을 자아낸다. 이 둘의 상호작용은 재즈에서 매우 중요한 부분이다. 그들은 서로의 연주를 듣고 반응하며, 즉흥적으로 새로운 음악을 만들어낸다. 이는 그날, 그 순간에만 존재하는 음악으로, 같은 곡이라도 매번 다른 느낌으로 연주된다. 그들은 음악적 대화를 나누며, 연주 속에서 서로의 생각과 감정을 교환한다.

재즈 보컬은 그 자체로 하나의 예술이다. 목소리로 표현된 감정의 예술이다. 음악을 사람들의 마음속으로 이끄는 그 힘은 시대와 함께 변화해왔다. 하지만 재즈 보컬의 본질은 언제나 같았다. 그것은 바로 사람과 음악을 연결하는, 그 목소리의 힘이다. 재즈 보컬리스트는 목소리로, 이야기를 통해, 그리고 그들만의 독특한 방식으로 음악을 만들어내며 청중과 소통하는 예술가들이다.

▎ 〈The Good Life〉 by Betty Carter 「Look What I Got」 Polygram, 1988

비밥 시대의 정신과 그녀만의 독창적 보컬 스타일이 결합한 대표적인 곡이다. 이 노래에서 Carter는 섬세한 감정 표현과 자유로운 리듬 해석을 통해 보컬리스트로서의 탁월한 예술성을 선보인다. 프레이즈마다 자신의 해석을 더해 보컬과 악기 사이의 즉흥적인 대화를 완성한다. 이 곡이 수록되어 있는 앨범 〈Look What I Got〉는 1988년 31회 그래미 어워드에서 최우수 여성 재즈 보컬 퍼포먼스 부분 그래미상을 수상했다.

▎ 〈Round Midnight〉 by Carmen McRae 「Carmen Sings Monk」 Novus, 1990

이 곡은 1990년 녹음된 〈Carmen Sings Monk〉에 수록된 곡으로 재즈 보컬리스트와 피아노 연주자가 만들어내는 섬세한 음악적 대화의 진수를 보여주는 곡이다. McRae는 고유의 부드러우면서 강한 음색과 절제된 감정 표현으로 곡의 고독하고 몽환적인 분위기를 완벽히 그려낸다. 피아니스트 에릭 건니슨Eric Gunnison의 독창적인 리듬과 화음으로 대화에 참여해 곡의 긴장감을 더하고 이야기를 이끌어간다. 보컬과 피아노가 주고받는 자연스러운 호흡과 즉흥적인 교감 속에서 재즈 보컬의 진정한 아름다움을 만날 수 있는 작품이다.

♪

감정으로 노래하는 표현의 예술

빌리 홀리데이

재즈 보컬리스트 빌리 홀리데이, 그녀는 감정 그 자체를 목소리에 담아냈다. 사람들은 그녀를 '레이디 데이Lady Day'라 불렀고, 그녀의 목소리는 기술적인 화려함이 아닌 감정의 진실함으로 사람들의 마음을 움직였다. 홀리데이는 소리 그 자체로 가슴 깊숙이 다가가는 힘을 지녔다. 그녀의 목소리에는 세상의 모든 아픔과 기쁨이 담겼고, 그 진정성은 음악을 넘어 서사로 변모했다. 빌리 홀리데이의 노래는 듣는 이를 단순한 관객이 아닌, 감정의 동반자로 이끌었다.

홀리데이의 목소리는 연약하게 들릴 수 있었다. 동시대의 다른 가수들처럼 기술적으로 완벽한 음을 뽑아내지는 않았지만, 그건 중요하지 않았다. 그녀의 노래에서 중요한 것은 음의 높낮이가 아닌, 그 안에 담긴 감정의 무게였다. 그녀는 가사가 담고 있는 감정의 뉘앙스를 완벽하게 꿰뚫어 보며, 그 모든 것을 소리로 전달해 냈다. 홀리데이의 목소리는 마치 누군가의 이야기, 그것도 가장 깊은 속마음을 풀어놓는 듯한 느낌이었다. 빌리 홀리데이의 음악은 하나의 서사였다. 그녀는 감정과 목소리로 이야기를 엮어냈고, 그 이야기는 청중을 깊은 곳으로 데려갔다.

블루스에서 시작된 목소리, 그 삶의 흔적들

빌리 홀리데이, 본명은 일레오노라 페이건Eleanora Fagan. 1915년 필라델피아에서 태어난 그녀의 어린 시절은 고난과 맞닿아 있었다. 혼란스러운 가정, 가난, 그리고 인종 차별 속에서 그녀가 기댈 곳은 음악뿐이었다. 어릴 때부터 그녀는 음악에서 위안을 찾았고, 그것이 그녀를 지탱해주는 버팀목이 되었다. 그녀의 보컬 스타일에는 블루스와 재즈의 깊은 영향이 있었다. 특히 루이 암스트롱과 베시 스미스는 그녀에게 큰 영감을 주었다. 암스트롱의 영향은 그녀의 프레이징과 타이밍에서 뚜렷하게 나타났고, 베시 스미스의 강렬한 감정 표현 방식은 홀리데이의 목소리에도 고스란히 스며들었다.

볼티모어의 거친 환경 속에서 자라난 홀리데이는 일찍부터 인생의 어두운 면을 마주했다. 그러한 경험들은 그녀의 노래 속에서 진하게 묻어났다.

18세, 할렘의 나이트클럽에서 그녀의 노래 경력이 시작되었다. 그곳에서 그녀는 자신만의 독특한 보컬 스타일을 연마했고, 그녀의 노래는 점점 더 깊은 감정을 담아냈다. 재즈 보컬리스트로서의 길은 결코 순탄하지 않았고, 그녀는 수많은 인종 차별과 개인적인 고난을 겪어야 했다. 하지만 그 모든 것이 그녀의 목소리 속에 담겼다.

빌리 홀리데이(1915~1959년), 1947

홀리데이의 목소리는 마치 상처받은 영혼이 토해내는 이야기 같았다. 그녀의 초기 음악적 기반은 이러한 고난 속에서 더욱 단단해졌고, 그녀의 감정적 해석은 시간이 지날수록 더욱 깊어졌다. 피아니스트 테디 윌슨과의 녹음을 시작하면서, 그녀의 목소리는 점점 더 많은 이들의 마음을 움직였다. 그녀의 노래는 듣는 이들에게 인생의 쓴맛과 달콤함을 동시에 느끼게 하는 감동적인 서사로 변모했다.

프레이징과 타이밍, 소리로 그려낸 서사

재즈에서 프레이징과 타이밍은 단순한 기술적 요소가 아니다. 그것은 감정과 이야기를 어떻게 전달할 것인가에 대한 예술적인 선택이다. 프레이징은 마치 문장을 구사하듯, 멜로디를 어떻게 나누고 연결할지를 결정하는 중요한 요소다. 빌리 홀리데이는 프레이징의 대가였다. 그녀는 가사 하나하나를 내면화하고, 그것을 자신의 이야기로 변모시켰다. 때로는 멜로디를 느리게 끌어당기고, 때로는 예상치 못한 순간에 음을 끊어 긴장감을 만들어냈다. 그 안에 숨겨진 감정들은 그녀의 프레이징을 통해 더욱 도드라졌고, 그 순간순간의 멜로디는 청중에게 깊은 인상을 남겼다. 이 모든 것이 그녀의 프레이징을 통해 가능했다.

타이밍 역시 그녀만의 독특한 방식이 있었다. 홀리데이는 음을 언제, 어떻게 노래할지에 대한 감각이 남달랐다. 그녀는 비트에 정확하게 맞추지 않고, 살짝 밀거나 당기는 방식을 통해 재즈의 스윙감을 만들었다. 이는 마치 그녀가 한 발 뒤로 물러서서 청중에게 직접 속삭이는 듯한 친밀감을 자아냈다. 이러한 '레이백laid-back' 타이밍은 그녀의 노래를 대화처럼 들리게 했고, 마치 노래를 통해 청중과 개인적인 비밀을 나누는 듯한 느낌을 주었다. 그녀의 타이밍은 마치 시간의 흐름 속에서 자유롭게 노닐 듯이, 청중들을 예상치 못한 방향으로 이끌었다. 그 흐름 속에서 우리는 그녀의 목소리에 몸을 맡기게 되고, 그 목소리는 우리를 어디론가 데려간다. 정확히 어디인지 모를 그곳으로.

〈God Bless the Child〉와 〈Fine and Mellow〉 같은 곡에서 우리는 그녀의 타이밍과 프레이징이 어떻게 감정적인 긴장과 해방을 만들어내는지 명확히 느낄 수 있다. 그녀는 특정 단어에 머물며 감정을 집중시키고, 음을 꺾어 즉흥적인 감정을 만들어냈다. 이러한 방식은 그녀만의 독특한 보컬 해석이었다.

감정의 공명, 그 누구도 흉내 낼 수 없는 울림

홀리데이의 목소리에는 그 누구도 흉내 낼 수 없는 감정적 울림이 있었다. 그녀의 목소리는 연약하고 섬세했지만, 그 안에는 강력한 감정의 힘이 있었다. 그녀는 기쁨과 슬픔, 희망과 절망이라는 상반된 감정들을 동시에 전달할 수 있었다. 그 감정들은 단순히 가사나 멜로디 속에 존재하는 것이 아니라, 그녀의 삶과 깊이 연결되어 있었다.

특히 〈Strange Fruit〉에서 그녀의 해석은 독보적이었다. 이 곡은 *린칭에 대한 저항의 노래로, 그 속에서 홀리데이는 분노와 슬픔, 그리고 조용한 반항을 절묘하게 표현해냈다. 그녀의 공연은 절제되어 있었지만, 그 속에 담긴 감정은 파괴적일 만큼 강렬했다. 그녀의 목소리 하나하나가 이 노래의 무거운 주제를 감당했고, 그것은 그 누구도 따라 할 수 없는 독특한 해석이었다.

* 린칭(Lynching): 법적 절차 없이 자행된 폭력적 처형으로, 주로 인종 차별의 극단적 형태로 나타났다. 19~20세기 초 미국에서 흑인을 대상으로 빈번히 일어났다.

이 곡에서 홀리데이가 보여준 감정적 깊이는 당시 흑인 예술가로서는 대담한 선택이었다. 하지만 그녀는 주저하지 않았고, 그 용감한 선택은 오늘날까지도 많은 이들에게 깊은 인상을 남기고 있다. 1972년 개봉된 다이아나 로스 Diana Ross 주연의 〈Lady Sings the Blues〉와 앤드라 데이Andra Day가 주연한 2021년작 영화 〈The United States vs. Billie Holiday〉에서도 이러한 장면은 그녀의 예술성을 실감 나게 보여준다.

다이아나 로스 〈Lady Sing the Blues〉　　　앤드라 데이 〈The United States vs. Billie Holiday〉

세밀한 스토리텔링, 감정을 그리는 목소리

빌리 홀리데이의 가장 큰 특징 중 하나는 그녀의 뛰어난 스토리텔링Story-telling 능력이었다. 그녀는 단순한 가사 전달을 넘어, 그 안에 담긴 미묘한 감정을 세밀하게 표현할 수 있었다. 그녀는 목소리 하나로 갈망과 상실, 연약함을 담아냈고, 그 감정들은 거의 들리지 않는 한숨이나 작은 억양 변화 속에서 드러났다.

〈Lover Man〉에서 그녀의 목소리는 그리움으로 떨렸고, 단순한 사랑 노래가 진심 어린 호소로 변모했다. 〈Don't Explain〉에서는 불륜과 용서라는 복잡한 감정을 체념과 희망이 뒤섞인 목소리로 노래했다. 그녀의 스토리텔링은 거창한 제스처가 아닌, 우리 삶의 작은 순간들에서 피어났다.

레이디 데이와 그녀의 동료들, 음악 속에서의 교감

홀리데이의 목소리는 당시 최고의 음악가들과 함께할 때 더욱 빛났다. 그녀를 '레이디 데이'라고 부른 레스터 영Lester Young과의 협업은 특히 중요한 순간이었다. 레스터 영의 서정적인 색소폰 연주는 홀리데이의 목소리와 완벽하게 조화를 이루었고, 두 사람은 마치 하나의 악기처럼 노래를 만들어냈다.

또한 카운트 베이시, 아티 쇼, 베니 굿맨과 같은 재즈 거장들과의 협업에서도 그녀의 목소리는 각기 다른 방식으로 빛났다. 그녀는 누구와도 조화를 이룰 수 있는 유연성을 지녔으며, 이는 그녀가 얼마나 다재다능한 보컬리스트인지를 보여주었다.

빌리 홀리데이, 음악계를 뒤흔들다

빌리 홀리데이가 재즈와 대중음악에 미친 영향은 그 깊이를 가늠할 수 없다. 그녀의 해석 방식은 장르를 초월하여 수많은 가수에게 영감을 주었다. 니나 시몬, 에타 제임스, 에이미 와인하우스 같은 아티스트는 그녀의 감정 전달 방식에서 깊은 영감을 받았고, 그들은 모두 빌리 홀리데이를 자신들의 예술적 영감으로 꼽는다.

비록 그녀의 삶은 술과 마약으로 얼룩졌고, 그녀의 끝은 비극적이었지만, 그녀가 남긴 예술적 유산은 여전히 빛나고 있다. 빌리 홀리데이의 목소리는 여전히 사람들에게 이야기를 전하며, 그녀가 노래한 감정은 듣는 이들의 마음속에서 여전히 울린다. 그녀의 목소리는 기술적인 완벽함을 넘어서, 감정의 진실함으로 사람들의 마음을 사로잡았다. 그녀의 노래는 듣는 이들에게 감동을 전하며, 그 순간 우리는 그녀가 만들어낸 감정의 흐름 속에서 떠다니게 된다. 그녀의 노래는 단순한 음악이 아니라, 하나의 감정적 서사로서 우리와 소통하고 있다.

〈Fine and Mellow〉 by Billie Holiday, The Ultimate Billie Holiday (1957 TV Performance)

〈Fine and Mellow〉는 빌리 홀리데이가 작곡한 블루스 스타일의 재즈곡으로, 그녀의 독특한 감성과 깊은 울림이 돋보이는 작품이다. 그녀는 사랑하는 사람의 부드럽고 다정한 면Fine과 냉정하고 차가운 면Mellow을 대조적으로 노래하며, 복잡한 감정의 이중성을 표현한다. 그녀의 독특한 보컬은 이 곡의 감정선을 더욱 깊이 있게 전달하며, 사랑의 본질과 상처를 고스란히 느끼게 한다. 1957년의 전설적인 TV 공연에서 빌리 홀리데이는 색소폰 연주자 레스터 영과 트럼펫 연주자 로이 엘드리지 등 재즈 거장들과 함께 이 곡을 선보였다.

♪

꿈을 노래한 여왕

엘라 피츠제럴드

엘라 피츠제럴드는 내가 어릴 적 밤하늘을 올려다보며 느꼈던 자유로움과 닮았다. 그녀는 재즈라는 장르를 자신의 숨결로 만들어버린, 그 누구도 따라 할 수 없는 '노래의 여왕The First Lady of Song'이었다. 그 시대에 '노래의 퍼스트 레이디'라는 애칭을 받은 그녀는 여전히 역사상 가장 영향력 있고 존경받는 재즈 보컬리스트 중 한 사람으로 손꼽힌다.

60년 넘게 무대에 선 그녀는 보컬리스트로서의 정점에 있었고, 그 누구도 흉내 낼 수 없는 기쁨과 위트로 무대를 가득 채웠다. 예술성을 감정으로 드러내며 깊게 파고들었던 빌리 홀리데이와는 다르게, 엘라 피츠제럴드의 천재성은 그녀의 목소리가 만들어내는 순수함과 정확성에 있었다. 그녀는 마치 거미줄처럼 얽힌 멜로디와 리듬을 자유자재로 풀어내며, 재즈의 경계를 넘어 그 누구에게나 사랑받는 존재로 자리 잡았다.

불안정한 유년기, 그러나 꺾이지 않은 꿈

1917년 4월 25일, 버지니아의 작은 마을에서 태어난 엘라 제인 피츠제럴드는 어린 시절부터 힘겨운 시간을 보냈다. 어린 나이에 경험한 어머니의 죽음은 그녀를 더욱 어두운 곳으로 밀어 넣었지만, 그녀의 마음속에 품고 있던 음악에 대한 열정만큼은 꺾을 수 없었다.

뉴욕으로 이주한 그녀는 할렘에서 활기차게 뛰고 있는 재즈 씬 속에서 자신을 발견했고, 그곳에서 엘라의 음악적 여정은 시작되었다. 1934년, 아폴로 극장에서 열린 아마추어 나이트 경연 대회에서 그녀는 우승을 차지했고, 그 순간이 그녀의 인생을 완전히 바꿔 놓았다. 밴드 리더 치크 웹의 눈에 들어 그의 오케스트라 보컬리스트 자리를 제안받으면서 그녀의 음악적 경력이 본격적으로 시작된 것이다.

스윙 시대의 전성기, 그리고 첫 번째 돌파구

치크 웹 밴드와 함께한 초기 시절은 엘라에게 새로운 세상을 열어주었다. 그녀는 그곳에서 빠르게 주목받기 시작했고, 1938년 〈A-Tisket, A-Tasket〉이 대 히트를 치면서 그녀의 이름은 하늘 높이 올라갔다. 정확한 발음, 완벽한 음정, 그리고 무엇보다도 전염성 있는 에너지는 그녀의 음악을 더욱 특별하게 만들었다. 그녀의 목소리는 그 시대의 정신을 담아냈다. 치크 웹이 1939년 세상을 떠난 후에도 엘라는 밴드를 이끌며 자신만의 음악적 길을 찾아갔고, 몇 년간 밴드를 이끈 후 솔로 아티스트로서 경력을 이어갔다.

스캣 싱잉, 그 자유로운 즉흥의 미학

엘라 피츠제럴드를 얘기할 때 절대 빼놓을 수 없는 것은 바로 스캣 싱잉이다. 스캣은 의미 없는 음절을 사용해 즉흥적으로 보컬 라인을 만드는 기법인데, 엘라에게 이 기술은 목소리를 하나의 악기로 변환시키는 마법과도 같았다. 그녀의 스캣은 다채롭고 자유로웠으며, 때로는 재즈 뮤지션들이 악기로 표현하는 복잡한 솔로 연주를 그녀는 목소리로 해냈다.

엘라 피츠제럴드(1917~1996년)

〈How High the Moon〉의 라이브 공연에서 보여준 엘라의 스캣은 듣는 이를 숨 막히게 할 만큼 놀라웠다. 그녀는 빠르게 변하는 템포, 복잡한 멜로디, 그리고 리듬을 마치 자신의 손끝에서 다루듯 능숙하게 소화해냈다. 엘라의 스캣은 노래의 기법을 넘어서서, 그녀가 재즈라는 음악에 얼마나 깊게 들어갔는지를 보여주는 중요한 증거였다.

송북 시리즈, 위대한 작곡가들과의 대화

엘라는 라이브 무대에서만 빛난 것이 아니었다. 1950년대 중반, 그녀는 미국 최고 작곡가들의 작품을 다루는 '송북 시리즈the Songbook Series'를 시작했다. 콜 포터Cole Porter, 조지와 아이라 거슈윈George and Ira Gershwin, 듀크 엘링턴, 어빙 벌린Irving Berlin 등 당대 최고 작곡가들의 작품을 그녀의 목소리로 다시 해석한 이 시리즈는 그녀의 다재다능함과 예술적 깊이를 드러내는 결정적 순간이었다.

특히 거슈윈 송북의 〈서머타임Summertime〉에서 보여준 엘라의 해석은 편안하면서도 깊은 감정이 절묘하게 조화를 이루며, 그녀의 보컬 기술이 얼마나 정교하고 섬세한지를 여실히 증명했다. 그녀는 노래마다 그녀만의 신선한 관점을 담아 노래했고, 원곡을 존중하면서도 그녀만의 독특한 스타일을 가미했다. 거슈윈 송북의 해석은 편안하면서도 깊은 감정을 조화롭게 표현하는 보컬 표현의 교과서로 불릴 만하다.

거장들과의 만남, 그리고 음악의 완성

엘라 피츠제럴드가 재즈라는 장르에서 이루어낸 업적 중 하나는 바로 당대 최고의 뮤지션들과의 협업이다. 그녀는 루이 암스트롱, 듀크 엘링턴, 카운트 베이시와 같은 거장들과 함께 전설적인 앨범을 만들어냈다. 「Ella and Louis」와 「Ella and Louis Again」 같은 앨범들은 루이 암스트롱과의 듀엣으로 이루어진 역사적 명반으로 두 사람의 목소리와 연주가 만들어내는 조화는 여전히 많은 이들에게 감동을 준다.

듀크 엘링턴과 함께한 「Ella Fitzgerald Sings the Duke Ellington Songbook」에서는 엘링턴의 복잡한 작곡을 그녀의 목소리로 풀어내며, 음악적 탁월함을 다시 한번 입증했다. 카운트 베이시와 함께한 「Ella and Basie!」 앨범 역시 그녀의 역동적인 음역과 최고의 재즈 뮤지션들과의 협업이 얼마나 완벽하게 어우러질 수 있는지를 보여주었다.

노래의 여왕, 시대를 이끄는 선구자

엘라 피츠제럴드는 재즈를 넘어선 그 자체로 하나의 예술이었다. 그녀는 재즈 보컬리스트로서 그 누구도 범접할 수 없는 경지에 도달했고, 그로 인해 여러 장르의 가수들에게 영감을 주었다. 사라 본, 아니타 오데이Anita O'Day, 그리고 다이애나 크롤Diana Krall과 노라 존스Norah Jones와 같은 현대 보컬리스트들도 그녀의 목소리를 통해 음악적 영감을 얻었다.

엘라는 13개의 그래미상을 받았고 자유 훈장과 국가 예술 메달을 수상하는 등 수많은 영예를 얻었다. 그녀의 음악은 국경을 넘어 전 세계인들에게 사랑받았으며, 그 목소리 속에는 재즈의 생명을 가진 재즈의 영혼이 그대로 담겼다. 노래의 퍼스트레이디, 엘라 피츠제럴드, 그녀는 그렇게 자유롭고 아름다운 목소리로 청중들의 마음을 설레게 하며, 우리에게 꿈을 속삭였다.

엘라 피츠제럴드의 목소리는 재즈를 향한 나의 마음을 열어준 보물 열쇠와도 같은 존재다. 그녀의 노래는 소리 이상의 하나의 풍경을 그려준다. 예를 들어, 그녀의 목소리를 들을 때면 나는 뉴욕의 재즈 바에 앉아 있는 기분이 된다. 다닥다닥 붙어 있어 사람들이 지나갈 공간조차 없는 오래된 테이블에 앉아 오래된 나뭇결을 느끼며 진한 와인 향과 담배 연기를 맡는 듯한 그런 느낌말이다. 하지만 이상하게도 엘라가 주는 풍경은 우울하거나 어둡지 않다. 오히려 그녀의 목소리에는 따뜻하고 부드러운 긍정의 마음이 스며 있다.

엘라는 노래할 때 어떤 설명도, 어떤 장식도 필요 없었다. 그녀는 그저 그 순간 자체를 살았고, 그것이 그녀의 음악이었다. 나는 그녀의 곡을 들을 때마다 생각한다. 음악이란 시간을 초월하는 일종의 마법 같은 것이 아닐까? 노래가 끝나고도 이미 세상에 없는 엘라의 깊은 여운이 마음속에 남는 것을 보면 말이다. 엘라 피츠제럴드의 목소리는 마치 빛과 그림자처럼 서로 없어서는 안 될 존재로 한 장면을 완성해 준다. 엘라는 지금 내가 서 있는 가장 소중한 순간에 스며들어 빛이 그림자를 만들어내듯 그 순간을 완벽하게 만들어주는 그런 목소리를 가졌다.

당신은 지금 재즈가 듣고 싶습니다

| 〈Summetime〉 by Ella Fitzerald 「Porgy & Bess」 Verve, 1959

루이 암스트롱과 엘라 피츠제럴드가 함께 부른 〈Summertime〉은 재즈와 클래식의 경계를 완벽히 허문 명곡이다. 엘라의 맑고 부드러운 보컬과 루이의 깊고 허스키한 목소리 그리그 그의 트럼펫 연주는 곡에 따뜻함과 쓸쓸함이 공존하는 감정을 더한다. 조지 거슈윈의 오페라 〈Porgy and Bess〉의 대표곡으로 두 거장의 독창적인 해석을 통해 또 하나의 걸작으로 재탄생했다. 이 곡을 듣고 있으면, 한여름의 느긋한 오후가 떠오른다. 뜨겁게 내리쬐는 태양 아래, 어디선가 부드럽게 흐르는 그녀의 목소리는 마치 바람처럼 내 귀를 스친다. 여름이라는 계절 그 자체다.

♪

세레나데 속에 깃든 세대를 초월한 우아함

사라 본

사라 본, 누구나 '쌔씨Sassy'와 '디바인 원The Divine One'으로 부르며 입가에 미소를 머금게 되는 이름. 그녀는 재즈 역사에서 가장 우아하고, 그 울림이 대단했던 보컬리스트 중 한 명이었다. 사라 본이 무대 위에서 입을 떼는 순간, 그녀의 목소리는 마치 마법처럼 청중을 매혹의 세계로 인도했다. 음역대를 넘나들며 감정을 노래로 표현하는 그녀의 목소리는 시간과 세대를 초월해 우아함이 무엇인지 보여주었다. 기술적인 탁월함만이 아니었다. 그보다 중요한 건 그녀가 가진 깊은 감정의 뉘앙스, 그 누구도 흉내 낼 수 없는 프레이징이었다. 사라 본은 진정한 음악적 천재였다.

음악이 흐르는 집, 그리고 어린 사라의 꿈

1924년 3월 27일, 뉴저지주 뉴와크, 한 작은 음악 가정에 사라 로이스 본이 태어났다. 그녀의 어머니는 세탁부로 일하며 교회 성가대에서 노래를 불렀고, 아버지는 목수로서 종종 기타와 피아노를 연주했다. 어린 사라는 집안에 자연스레 흐르는 음악에 마음을 빼앗기며 자랐다. 그녀가 사랑하게 된 음악은 그녀의 꿈이자 삶이 될 운명이었다. 7세에 교회 성가대에서 노래를 부르기 시작한 사라는 곧 피아노 레슨을 받았고, 그곳에서 타고난 재능을 드러내기 시작했다.

십대가 된 사라는 지역 탤런트 쇼에서 공연하기 시작했다. 그녀는 자신만의 목소리로 사람들의 마음을 끌어당기며 차근차근 꿈을 이루어 나갔다. 그리고 1942년, 사라는 마침내 운명적인 순간을 맞이했다. 할렘의 아폴로 극장에서 열린 아마추어 나이트 경연 대회에서 우승을 거머쥐며 프로의 세계로 첫발을 내딛게 되었다. 그곳에서 그녀는 재즈의 또 다른 거장인 얼 하인즈의 눈에 띄었다. 이 만남이 계기가 되어 사라는 얼 하인즈의 빅 밴드에 피아니스트 겸 보컬리스트로 합류했고, 그 순간 그녀의 인생은 새로운 장을 열었다.

빅 밴드의 선율 속으로 걸어 들어가다

얼 하인즈와 함께했던 시간은 사라가 프로 재즈 뮤지션으로서의 기초를 다지는 데 중요한 역할을 했다. 빅 밴드의 선율이 울려 퍼지는 밤마다 그녀는 재즈의 새로운 세계를 몸소 체험하며, 점점 더 깊이 빠져들었다. 그 누구도 흉내 낼 수 없는 그녀의 목소리와 스타일은 이내 사람들의 마음속에 자리를 잡기 시작했다. 한 음 한 음마다 감정이 실려 있었고, 그것은 사라 본 만의 것이었다.

그녀는 스포트라이트 아래서 절대로 서두르지 않았다. 음악이 흐르는 대로 자연스럽게, 때로는 전율처럼, 때로는 위로처럼 그녀의 목소리가 울려 퍼졌다. 사라는 음악 속에서 자신의 영혼을 이야기하며, 그 감정을 함께 나누고자 했다. 재즈가 무엇인지, 음악이란 무엇인지 그녀는 몸으로 말하고 있었다.

그렇게 사라 본은 천천히, 하지만 강렬하게 우리에게 다가왔다. 그녀는 시간이 흘러도 잊히지 않을 우아함을 그려내며, 세대를 초월한 감동을 남겼다. 그녀의 노래는 여전히 우리의 마음속에 머무르며, 우아함이 무엇인지 말해준다. 재즈는 그저 리듬이 아닌, 우리를 다른 세계로 인도하는 그 무엇임을, 사라 본은 그녀의 삶으로 증명해 보였다.

빅 밴드 시대,
새로운 만남, 새로운 시작

1944년, 사라 본은 빌리 엑스타인 밴드에 합류했다. 그 시절, 빅 밴드의 향연 속에서 뛰어난 재즈 뮤지션들이 모여들었다. 길레스피와 찰리 파커 같은 재즈의 전설들 말이다. 당시에는 누구도 이들이 미래의 재즈 전설이 될 것이라곤 상상하지 못했을 것이다. 그러나 이 만남은 사라 본에게 단순한 음악적 교류 이상이었다. 비밥의 리듬과 스타일, 그 정수가 그녀의 내면에 스며들었고, 이를 통해 사라 본의 음악 스타일 역시 깊이 변화해갔다.

사라 본과 빌리 엑스타인(1981)

첫 번째 돌파구, <Tenderly>와 성공의 시작

1947년, 사라 본은 〈Tenderly〉라는 곡을 세상에 내놓았다. 이 곡은 단숨에 그녀의 첫 번째 큰 돌파구가 되었고, 이를 계기로 그녀는 재즈계에서 명성을 쌓아가기 시작했다. 〈Tenderly〉를 통해 사라 본은 자신의 놀라운 보컬 컨트롤 능력과 감정의 깊이를 여과 없이 드러내며 청중들의 마음을 사로잡았다.

이후에도 사라는 〈It's Magic〉과 〈Nature Boy〉 같은 곡들로 계속해서 성공의 물결을 타고 나갔다. 재즈계에서 그녀의 위상은 그 어떤 시대의 가수들과도 비교될 수 없는 정도로 확고해졌다. 사라 본은 목소리 하나로 감정을 전달하는 능력, 기술적으로 탁월한 실력까지 갖춘 가수로 점차 자리 잡았다.

감정의 주술사, '사라 본'만의 시그니처 스타일

사라 본이 가진 가장 눈에 띄는 특성 중 하나는 그녀의 폭넓은 음역이었다. 세 옥타브에 이르는 그녀의 목소리는 강렬한 고음에서부터 깊고 공명하는 저음까지 자유롭게 넘나들었다. 그녀는 레지스터 간의 전환을 부드럽고 매끄럽게 해냈고, 이를 통해 한층 더 다채로운 감정을 표현할 수 있었다. 특히 그녀의 비브라토와 음정에 대한 정확한 컨트롤은 다른 어떤 보컬리스트와도 비교할 수 없는 독창성을 만들어냈다.

사라 본은 가창뿐 아니라 감정의 주술사 같은 존재였다. 그녀는 곡마다 자신만의 이야기를 담아냈다. 〈Misty〉와 〈Lullaby of Birdland〉 같은 곡에서 그녀의 해석은 곡에 새로운 생명을 불어넣었다. 그 어떤 장르, 그 어떤 리듬이라도 그녀의 손을 거치면 완전히 새롭게 변모했다. 사라 본은 곡에 자신의 영혼을 입히고 그 속에 감정을 담아냈다.

노래 속 이야기, 그리고 전해지는 깊은 감정

사라 본의 노래에는 늘 어떤 이야기가 담겨 있었다. 그것이 부드러운 발라드든, 경쾌한 재즈 스윙 스탠다드 노래이든 상관없이 그녀는 곡과 감정을 공명시켜 청중들에게 다가갔다. 그녀는 가사 속 이야기를 자신의 것으로 만들어 깊은 개인적인 이야기로 풀어냈다. 그녀의 노래를 듣다 보면 마치 그녀가 자신만의 비밀을 속삭이는 듯한 느낌을 받게 된다.

이렇듯 사라 본은 평범한 노래를 특별하게 만드는 능력으로 우리 곁에 오래도록 기억될 것이다. 그녀의 목소리를 통해 전해지는 감정은 듣는 이를 매료시키고, 그녀만의 독특한 색깔로 채워진 재즈는 지금도 많은 이에게 사랑받고 있다.

선구적인 녹음과 상징적인 앨범의 여정

사라 본의 음악 여정은 늘 새로운 사람들과의 만남으로 이루어졌다. 클리포드 브라운, 마일스 데이비스, 오스카 피터슨, 퀸시 존스와 같은 음악계의 거장들과의 협업은 그녀의 인생에서 잊을 수 없는 순간들을 만들어냈다. 특히 1954년에 발표한 앨범 「Sarah Vaughan with Clifford Brown」은 두 아티스트의 탁월한 호흡을 담고 있다. 이 앨범에서 사라 본의 깊고 풍부한 목소리는 클리포드 브라운의 감미로운 트럼펫 소리와 절묘하게 어우러져 완벽한 조화를 이룬다. 이 앨범은 그녀의 커리어에 있어서도, 그리고 재즈 역사 속에서도 잊히지 않을 상징적인 작품으로 남아 있다.

또한, 1957년에 발표한 「Swingin' Easy」와 1958년의 「No Count Sarah」는 그녀가 스윙의 여유로움과 감정을 얼마나 능숙하게 표현할 수 있는지 보여준다. 이 두 앨범에서 사라 본은 모든 것을 쉽게 소화해내며, 자유로우면서도 깊이 있는 감정 전달을 선보였다. 그녀의 목소리에는 특유의 여유와 무심한 듯한 가벼움이 녹아 있었지만, 동시에 듣는 이를 감싸는 따뜻한 감동이 느껴졌다. 이러한 앨범들은 그녀를 최고의 재즈 보컬리스트로 자리매김하게 했다.

도전 속에서 빛난 승리의 순간들

사라 본의 인생은 항상 순탄치만은 않았다. 그녀는 여러 번의 혼란스러운 결혼 생활을 겪었고, 재정적인 어려움도 있었다. 그러나 그런 삶의 굴곡 속에서도 그녀의 음악에 대한 헌신은 단 한 순간도 흔들리지 않았다. 그녀는 어떤 어려움 속에서도 자신을 잃지 않고, 오히려 그것을 예술적 에너지로 변모시켜 음악을 만들었다. 그녀의 강인함과 결단력은 그녀를 어떤 장애물도 넘어설 수 있는 존재로 만들었다.

그녀는 재즈계에서 오랫동안 빛나는 별로 남았다. 수많은 그래미 상을 받았으며, 1989년에는 평생 공로상을 수상했다. 재즈 명예의 전당에 헌액되었고, NEA 재즈 마스터스상까지 받은 그녀는 음악적 공로를 인정받으며 역사 속에 깊이 각인되었다. 하지만 그녀의 성공이란 단순히 상과 명예에 그치는 것이 아니었다. 사라 본은 인종과 성별의 장벽을 허물며 흑인 여성 예술가들에게 새로운 길을 열었다. 그녀는 과거에는 흑인에 대한 차별로 설 수 없었던 무대에 올라, 자신만의 방식으로 세상을 변화시켰다.

시대를 초월한 목소리의 마법

사라 본이 세상을 떠난 지 수십 년이 지났지만, 그녀의 음악은 여전히 많은 사람에게 공감을 불러일으킨다. 그녀는 언제나 무대 위에서 청중을 사로잡았고, 무대 밖에서도 동료 음악가들에게 깊은 영감을 주었다. 그녀의 목소리는 재즈가 얼마나 아름답고 영원할 수 있는지를 증명하며, 듣는 이를 사로잡는 마법 같은 힘을 지니고 있었다.

사라 본(1924~1990년), 1978

사라 본의 노래를 들으면 삶의 복잡한 맛이 고스란히 느껴진다. 기쁨과 쓸쓸함, 그리고 그사이에 숨겨진 따뜻한 낙관. 사라 본은 목소리 하나로 삶의 다양한 결을 표현한 예술가였다. 그녀의 대표곡 중 하나인 〈Misty〉를 듣다 보면, 마치 안개 속을 천천히 거니는 듯한 감각에 사로잡힌다. 목소리의 기술을 넘어 감정으로, 그리고 그 순간의 진실한 표현으로 우리를 인도한다.

그녀는 재즈의 경계를 확장하여 누구에게나 사랑받는 존재로 자리를 잡았다. 음반 속에서 그녀의 목소리는 지금도 여전히 살아 있다. 그녀는 우리의 감정을 어루만지고 음악이 단순한 소리를 넘어 마음에 닿을 수 있다는 것을 보여줬다. 사라 본은 오늘도, 그리고 앞으로도 영원히 우리 곁에 남아 있을 것이다. 그녀는 음악이 모든 것을 초월하는 힘을 지녔다는 것을, 그리고 그것이 우리에게 어떤 기쁨과 감동을 줄 수 있는지를 증명해 주었다.

당신은 지금 재즈가 듣고 싶습니다

| 〈Misty〉 by Sarah Vaughan 「Vaughan and Violins」 Mercury, 1959

사라 본의 〈Misty〉를 들으면, 마치 안개 속을 천천히 거니는 기분이 든다. 그녀의 목소리는 부드럽고 따뜻하면서도 어딘가 아련한 울림을 품고 있다. 한 음 한 음이 마치 안개의 입자처럼 흩어지며, 듣는 이를 감싸 안는다. 1958년 7월 파리에서 녹음된 이 곡은 퀸시 존스Quincy Jones가 편곡을 맡아 그녀의 앨범 「Vaughan and Violins」에 수록되었다. 이 앨범은 오케스트라의 풍부한 현악 사운드와 사라 본의 유려한 보컬이 완벽히 어우러지며, 그녀의 음악적 깊이를 보여주는 작품이다. 〈Misty〉를 듣고 나면, 마음속 어딘가에 작은 안개가 내려앉은 듯한 기분이 든다.

♫

크루너의 목소리와 깊은 울림의 시대

프랭크 시나트라

20세기 중반, 세상은 부드럽고 감미로운 목소리의 *크루너Crooners들이 주는 매력에 흠뻑 빠져들었다. 그 시대를 이끌었던 사람들 가운데, 프랭크 시나트라Frank Sinatra는 특별한 위치에 있었다. 그는 낭만적인 가사와 감미로운 선율로 청중을 사로잡았으며, 미국 음악의 아이콘으로 자리 잡았다. 사람들은 그의 목소리에서 따스함과 위안을 느꼈고, 그의 노래는 단순한 크루닝을 넘어 재즈의 깊이 있는 울림을 담아냈다. 크루닝이란 팝 스타일이긴 하지만, 재즈의 큰 영향을 받아 그 깊이와 본질을 함께 품고 있었던 것이다.

* 크루너(Crooners,): 부드럽고 감미로운 목소리로 노래하는 남성 팝, 재즈 가수를 지칭하며, 주로 마이크를 사용해 낮고 친밀한 톤으로 노래하는 스타일을 특징으로 한다.

프랭크 시나트라, 한 평범한 청년에서 스타로

프랜시스 알버트 시나트라. 그의 이야기는 1915년 12월 12일, 뉴저지주 호보켄의 노동 계층 가정에서 시작된다. 시나트라는 어린 시절부터 음악에 대한 열정으로 가득 차 있었다. 그는 지역 밴드인 호보켄 포Hoboken Four와 함께 무대에 오르기 시작했고, 그때부터 그의 운명은 이미 음악으로 정해져 있던 것 같다.

1939년, 해리 제임스 오케스트라the Harry James Orchestra에 합류하면서 그는 점차 주목받기 시작했다. 이후 토미 도시 오케스트라the Tommy Dorsey Orchestra 와의 활동을 통해 그의 이름이 더 널리 알려지기 시작했고, 1943년, 콜롬비아 레코드와 솔로 계약을 맺으면서 그의 진정한 음악 여정이 시작됐다. 그의 부드러운 목소리와 감정 어린 표현은 많은 이들에게 특별한 감동을 주었다. 그 시절의 사람들은 〈I'll Never Smile Again〉과 〈Night and Day〉 같은 노래 속에서, 마치 시나트라가 직접 자신에게 속삭이는 듯한 느낌을 받았었다. 그의 목소리에는 한 시대를 사로잡은 마력이 있었다.

빙 크로스비의 여유, 그리고 시나트라의 재즈적 깊이

시나트라에게 가장 큰 영향을 준 사람은 당시 최고의 크루너였던 빙 크로스비Bing Crosby였다. 크로스비는 노래를 대화하듯 자연스럽고 편안하게 불렀다. 그 방식은 시나트라가 노래를 대하는 태도에 커다란 영향을 주었고, 그의 목소리에도 담겼다. 하지만 시나트라는 단순히 크로스비의 스타일을 따르는 것에 만족하지 않았다.

시나트라는 재즈의 요소들을 크루닝에 녹여내며, 그 안에 더 깊고 세련된 감정을 담고자 했다. 그의 목소리에는 때로는 쓸쓸함이, 때로는 기쁨이, 그리고 때로는 말로 다 표현할 수 없는 복잡한 감정들이 얽혀 있었다. 재즈에서 비롯된 그 감정의 깊이는 크루너라는 틀을 넘어, 그를 더욱 독창적이고 풍부한 음악 세계로 이끌었다.

시대를 초월한 크루너, 시나트라의 울림

프랭크 시나트라는 크루너라는 개념에 새로운 깊이를 더했다. 그의 목소리는 한 시대의 상징이자, 미국 음악의 영원한 아이콘으로 남았다. 시나트라가 전하는 감정은 재즈의 울림과 함께 시간을 초월하여, 지금도 여전히 많은 사람에게 따뜻한 위안과 감동을 준다. 그는 감미로운 목소리로 깊은 울림을 전하는 예술가였다. 시나트라의 노래는 여전히 우리를 사로잡고, 그의 목소리는 크루너의 시대를 뛰어넘어 재즈의 영원한 울림을 남기고 있다. 그렇게 그는 오늘도 많은 사람의 마음속에 그리움과 감동을 남기고 있다.

크루너, 시대의 정서를 담다

'크루너'라는 단어는 1920년대와 1930년대에 탄생했다. 초기에는 비아냥거리기 위한 용어였고, 부드럽고 감성적인 목소리로 노래하는 남성 가수들을 지칭하는 말로 사용되었다. 이들은 마이크 앞에서 관객을 향해 조곤조곤 속삭이듯 노래했고, 크루닝의 매력은 이내 사람들을 사로잡았다. 빙 크로스비, 딘 마틴Dean Martin, 페리 코모Perry Como, 냇 킹콜Nat Kingcole과 같은 가수들은 이 용어에 새로운 의미를 부여하며, 점차 대중에게 친숙하고 사랑받는 스타일로 발전시켰다.

이들 중에서도 프랭크 시나트라는 단연 돋보였다. 그의 카리스마와 감정적 깊이는 크루너라는 스타일을 정의하는 상징이 되었다. 시나트라의 뒤를 이어 딘 마틴과 냇 킹 콜 역시 크루너 시대를 대표하는 인물로 자리 잡았다. 이들의 부드럽고도 깊은 목소리는 그 당시뿐 아니라 오늘날까지도 강력한 여운을 남기고 있다. 그리고 현대의 아티스트들, 예를 들면 마이클 부블레Michael Bublé와 해리 코닉 주니어Harry Connick Jr.처럼, 이들은 크루너 스타일을 현대적으로 재해석하여 대중의 마음을 사로잡고 있다.

초기 대표적인 크루너들

재즈의 향기를 담아, 크루너의 진화

재즈는 아프리카계 미국인의 음악 전통에 뿌리를 두고 있다. 이 장르는 20세기 초, 그야말로 폭풍처럼 등장해 음악계를 뒤흔들었다. 재즈의 즉흥성, 복잡한 화음, 독특한 리듬은 대중음악의 새로운 길을 열었고, 크루너들 역시 이 흐름을 놓치지 않았다. 프랭크 시나트라는 재즈를 사랑했고, 그의 노래에서 그 영향을 쉽게 발견할 수 있다.

그의 프레이징과 타이밍에는 재즈 특유의 리듬감이 묻어났고, 그는 종종 재즈 음악가들과 함께 작업하며 크루너 스타일에 재즈의 풍미를 더했다. 넬슨 리들Nelson Riddle 및 퀸시 존스 같은 편곡자들과의 협업은 시나트라의 음악을 더욱 다채롭고 깊이 있게 만들어 주었다. 재즈의 영향은 크루너들의 보컬 스타일에 감칠맛을 더했고, 듣는 이들에게 한층 더 풍부한 음악적 경험을 선사했다.

크루닝에 녹아든 재즈의 요소들

크루너와 재즈의 관계는 단순한 표면적 스타일 이상의 것이다. 재즈는 크루너들의 노래와 감정 표현의 방식을 더욱 풍성하게 했다.

◆ **스윙 리듬:** 재즈의 스윙 리듬은 크루너들의 음악에 생동감과 활력을 불어넣었다. 부드러운 목소리와 맞물린 스윙 리듬은 듣는 이를 마치 따뜻한 리듬의 품속에 안기는 듯한 느낌을 주었다.

◆ **즉흥 연주:** 크루너들은 주로 편곡된 곡을 노래했지만, 재즈의 즉흥성이 그들의 프레이징과 타이밍에 자연스레 스며들었다. 시나트라는 그의 노래 속에서 때때로 악보를 벗어나 감정을 따라가는 듯한 즉흥적 자유로움을 보여주곤 했다.

◆ **악기의 사용:** 피아노, 색소폰, 트럼펫과 같은 악기들은 크루너들의 노래를 더 풍성하게 만들어 주었다. 이 악기들은 재즈가 가진 고유의 매력을 담아 크루너들이 표현하는 감정에 깊이를 더했다.

◆ **블루스의 영향:** 블루스의 감성은 크루너 스타일에 자연스럽게 스며들었다. 블루스에서 비롯된 깊은 감정과 표현력은 크루너들에게 또 다른 무게와 진정성을 부여했다.

시나트라 현상, 문화적 아이콘의 탄생

1940년대 중반에 이르러, 프랭크 시나트라는 단순한 가수를 넘어 시대의 아이콘이 되었다. 그의 콘서트는 늘 매진이었고, 음반은 차트의 정상을 차지했다. 사람들은 그에게 열광했고, 그는 그 열광을 기꺼이 받아들이며 자신의 음악으로 화답했다. 시나트라의 특별한 점은 감정 깊은 곳에서 청중과 직접적으로 연결될 수 있는 능력이 있었다는 것이다.

시나트라는 노래뿐 아니라 패션에서도 스타일 아이콘으로 자리 잡았다. 페도라와 맞춤 양복은 그를 상징하는 트레이드마크가 되었고, 그 모습은 쿨함의 대명사가 되었다. 그는 하나의 시대를 대표하는 페르소나였으며, 그의 영향력은 다른 뮤지션들에게도 고스란히 스며들었다.

딘 마틴, 주디 갈란드, 시나트라, 1962

변화의 바람이 분 1950년대

1950년대는 프랭크 시나트라에게 있어 도약의 시기이자 재발견의 시간이기도 했다. 1940년대 후반, 그의 인기는 잠시 주춤했다. 그러나 1953년 그는 캐피틀 레코드와 새로운 계약을 맺고 넬슨 리들과의 작업을 시작하면서 화려한 복귀를 이뤄냈다. 그들은 함께 「Songs for Young Lovers」와 「In the Wee Small Hours」와 같은 앨범을 발표했고, 그 앨범들은 비평가들로부터 극찬을 받았다.

이 시기의 시나트라의 음악은 더욱 성숙해졌고, 그의 목소리는 더 무게감 있고, 곡 해석은 더욱 섬세하고 표현력이 풍부해졌다. 「Only the Lonely」와 「Come Fly with Me」는 그의 다양한 감정을 담아낸 앨범들로, 시나트라의 성장을 보여주는 대표작이다. 그의 프레이징과 타이밍에는 재즈의 즉흥적 정신이 깃들어 있었고, 그가 선택한 곡들은 대부분 재즈와 미국 대중음악의 고전들로 가득 차 있었다. 그는 그 시대에 깊이 뿌리 내린 재즈의 영향을 받았다. 그가 받은 영향은 그의 노래에 그대로 녹아 있었다.

호보켄의 소년에서 세계의 아이콘으로

뉴저지 호보켄의 소년은 자신의 꿈을 향해 끊임없이 달려갔고, 결국 세계적인 아이콘으로 자리 잡았다. 시나트라는 자신의 재능과 결단력, 그리고 끝없는 노력으로 그의 여정을 멈추지 않았다. 그는 노래뿐 아니라 배우, 제작자로도 활동하며 한 시대를 상징하는 예술가가 되었다.

영국 BBC는 시나트라를 20세기 최고의 팝 가수로 선정했고, 그는 20세기 미국 대중음악을 대표하는 예술가로서 대중문화의 중요한 유산을 남겼다. 그

프랭크 시나트라(1915~1998년), 1947

의 공로는 미국 정부에 의해 공식적으로 인정 받아, 1985년에는 대통령 자유 메달을, 1997 년에는 의회 황금 메달을 수상했다.

그의 존재는 단지 음악적 유산만 남긴 것 이 아니었다. 프랭크 시나트라는 그 자신이 하나의 문화였고, 그의 음악은 그의 시대를 넘어 지금까지도 사람들의 마음을 울리고 있다. 그는 우리에게 재즈와 크루너의 조화 로 만들어낸 매력을 선사하며, 사람들을 사랑에 빠지게 하는 목소리로 영원 히 기억될 것이다.

▌ 〈My Way〉 by Frank Sinatra 「My Way」 Reprise, 1969

프랑크 시나트라의 대표곡 중 하나를 선택한다며 단연코 〈My Way〉를 선택하고 싶다. 이 곡은 시나트라의 이름과 깊이 연관되어 있으며, 그의 인생 철학을 대변하는 노래로 여겨진다. 특히 가사에는 자신의 삶을 스스로 개척해온 그의 자부심과 회고가 담겨 있어, 전 세계적으로 많은 사랑을 받았다.

〈My Way〉의 원곡은 프랑스 곡 〈Comme d'habitude〉를 바탕으로 했지만, 폴 앵카가 영어로 새롭게 작사한 버전이다. 프랭크 시나트라의 감미로운 목소리와 감성적인 표현이 돋보이는 곡으로, 그의 전성기를 대표하는 상징적인 노래이다.

목소리로 꿈을 노래하다

〈Song5 재즈 보컬과 위대한 가수들〉에서 그들의 여정을 따라가다 보면, 그들의 목소리에는 노래를 부르는 것 이상의 무언가가 있음을 알게 된다. 그들은 스토리텔러다. 목소리는 단지 도구일 뿐, 그들의 이야기가 음악으로 우리를 안내하고, 그 안에 스며들게 하는 매개체다. 청중의 마음을 울리는 것은 단순한 음색이 아니라, 그 목소리가 담고 있는 존재 자체다.

재즈 보컬의 여정을 시작한 후, 나는 늘 고민했다. 어떻게 하면 내 노래가 청중의 마음을 끌어올리고, 그들의 소울을 어루만질 수 있을까. 위대한 보컬들의 삶을 돌아보면, 그 안에는 공통된 진리가 있다. 열정과 사랑, 그리고 무엇보다도 자신들의 노래가 청중의 삶에 위로와 행복을 가져다주기를 바라는 간절한 마음. 그런 마음이 그들의 음악을 시대를 넘어 울려 퍼지게 했다.

그래서 나도 그들처럼 되고 싶다. 빌리 홀리데이의 깊은 감정, 엘라 피츠제럴드의 꿈 같은 목소리, 사라 본의 세련된 우아함, 프랭크 시나트라의 따뜻한 울림, 그들의 궤적을 따라 나만의 이야기를 노래로 담아내는, 그런 아름다운 재즈 보컬이 되고 싶다. 이제 나의 재즈 보컬 여정이 어떻게 시작되었는지 그 여정을 여러분과 함께 나누고자 한다.

재즈 보컬리스트로서의 첫걸음을 내디딘 건 내게 있어 거대한 모험이자 도전이었다. 그 특유의 리듬과 멜로디, 그리고 즉흥성이 나를 사로잡았고, 무엇보다 흑인 재즈 보컬들의 자유로운 표현 속에 쏟아지는 깊고 서정적인 목소리를 지독히도 사랑했다. 나도 그런 목소리로 내 감정을 마음껏 표현하고 싶었다.

나를 재즈 보컬의 여정으로 인도한 수많은 재즈 보컬 선배와의 만남이 있었다. 버클리에서 〈스캣 Scat〉이라는 재즈 보컬의 교과서와 같은 책을 쓰신 밥 스톨로프 Bob Stoloff 선생님을 개인 지도 선생님으로 만났다. 스캣은 항상 밥 먹는 것처럼 일상의 리듬이라고 말씀해 주신 선생님의 말씀이 기억이 난다. 밥 선생님은 비트 Beat가 그 자신의 몸에 짙게 스며들어 있었다. 마치 수도꼭지를 돌리면 나오는 물처럼 그가 움직이면 비트와 실러블이 자연스럽게 어우러져 노래로 흘러나왔다.

버클리 씨어터 Berklee Theater에서는 매주 유명한 뮤지션 공연이 있었는데 바비 맥페린 Bobby McFerrin이 공연 후 다음날 보컬 수업에 초청되어 수업에 참여했다. 단 하나의 악기 반주도 없이 ˚아카펠라 A cappella로 즉흥적으로 노래를 부르며 학생들의 질문에 대답하는 평범한 아저씨의 모습으로 그 시간을 공유했다는 건, 지금 와서 생각해도 꿈만 같은 일이다. 유학 생활 중 최고의 시간은 이러한 재즈의 대가들을 바로 옆에서 만나 소통을 할 수 있었다는 점이다.

* 아카펠라(A cappella): 악기 반주 없이 사람의 목소리만으로 연주하는 음악 스타일. 르네상스 시대 교회 음악에서 유래하였으며, 현대에는 다양한 장르에서 활용됨.

LA에서 새로운 재즈 보컬 선생님들과의 재즈 여정이 시작되었다. 캐씨 가르시아Cathy Segal Garcia, 티어니 서튼Tierney Sutton, 캐서린 그레이스Kathleen Grace 와의 레슨과 경험을 통해 눈에 띄는 성장을 일궈나갔다. LA에 도착했을 때, 나는 재즈 보컬에 대한 깊은 열정이 있었지만, 그 열정을 현실로 바꿀 방법을 모색 중이었다. 세 명의 스승과의 수업을 통해 단순한 가수에서 한발 더 나아가, 노래를 통해 '나'란 존재의 이야기를 전달하는 예술가로서의 길을 걷기 시작했다. 재즈의 다양한 스타일을 이해하고, 그 스타일에 맞는 보컬 기법을 알게 되었다. 나는 재즈가 얼마나 다양한 감정과 색깔을 담을 수 있는지 배웠고, 나만의 목소리를 찾는 여정을 이어갔다.

LA에서의 특별한 경험은 수많은 재즈 클럽과 마스터 클래스를 통해 실전 경험을 쌓았다는 것이다. 교실에서만 배운 이론을 넘어, 실제 무대에서 재즈를 느끼고 그것을 통해 많은 배움과 깨달음을 얻었다. 그때는 정말이지 열정적으로 수많은 재즈 공연과 마스터 클래스에 참여했다. 재즈 클럽에서 이루어지는 라이브 공연을 거의 매일 관람하며, 수많은 재즈 뮤지션의 연주를 통해 즉흥 연주의 중요성과 그 매력을 깊이 이해하게 되었다. 재즈의 핵심 요소인 무대 위에서의 소통, 관객과의 교감은 실전에서만 배울 수 있는 귀중한 경험이었다.

마스터 클래스는 또 다른 배움의 장을 제공했다. 여기서 만난 다양한 재즈 뮤지션은 나에게 그들의 철학과 음악적 접근 방식을 공유했다. 뮤지션 각자의 스타일과 해석법을 통해 나는 재즈라는 장르가 얼마나 다채롭고, 개인의 감정과 이야기를 표현할 수 있는지를 깨달았다. 이러한 경험을 통해 나만의 독창적인 스타일을 구축하는 데 큰 도움이 되었다.

LA에서의 경험은 내가 재즈 보컬리스트로 성장하는 데 있어 큰 특혜였다. 탁월한 스승과의 만남, 라이브 공연과 마스터 클래스를 통한 실전 경험, 그 모든 것을 통해 얻은 음악적 통찰은 나를 지금의 재즈 보컬 Jackie Kim으로 만들었다. 이렇듯 재즈의 본고장에서 음악을 배운다는 것은 단순한 학습이 아니라, 그 속에 담긴 모든 것을 이해하고, 그 속에서 나만의 목소리를 찾는 과정이었다.

미국 유학을 시작한 지 2년여 만에 학교를 졸업했고, 이후 '영 아트 시리즈' 에 발탁되어 공식적인 재즈 보컬의 첫발을 내디뎠다. 영 아트 시리즈는 미국 에서 활동 중인 젊은 뮤지션을 발굴하여 이들의 재능을 키워주려는 할리우드 중심의 음악 기획 프로그램이었다. 베벌리 힐스에서 첫 연주를 시작했는데, 연주 경험이 짧았던 나는 연주자, 레퍼토리 선정 등 많은 부분을 고민해야 했다. 하지만, 마침 학교 선생님이었던 재즈 드럼연주자 아론 세르파티Aaron Rafael Serfaty의 도움으로 좋은 연주자들과 함께 재클린 트리오로 첫 공식 공연 을 시작하며 재즈 보컬리스트의 시작을 다져나갈 수 있었다.

아론은 현재 미국 남가주 음악 대학USC Thornton School of Music의 교수로 재직 하며 LA지역에서 활발한 활동을 하는 베네수엘라 출신의 드럼연주자다. 그 는 나의 재즈 보컬 여정의 시작에 깊은 영향을 준 인물이었다. 리듬 안에서 소 통하는 법, 재즈가 하나의 팀워크이며, 각 악기가 서로 대화하고 호흡하는 예술이라는 것을 깨닫게 해주었다. 그의 영향력은 단지 음악적 기술에 국한되지 않았다. 재즈에 대한 나의 열정과 사랑을 다시금 확인시켜 주었다. 아론을 통해 만난 기타리스트 미첼 롱Mitchell Long, 디미트리스 마흐리스Dimitris Jimmy Mahlis등과 연주를 하며 베벌리 힐스에서 지속해서 노래를 부를 수 있었다.

2010년 6월 LA 중앙일보 문화 1면에 시리즈 발탁 내용이 TOP 기사로 실리면서 나는 재즈의 물결을 타고 꾸준히 성장하길 원했다. 모든 일이 순조롭게 흘러가는 것 같아 그렇게 될 것을 자신한 면도 있었다. "꿈꾸던 재즈 뮤지션 첫발 기뻐요."라는 제목으로 기사화되었는데 재즈를 향한 나의 마음이 적절히 표현되었다고 생각했다.

학교를 졸업하며 5곡을 담은 EP 형식으로 '재클린 재즈Jacqueline Jazz' 녹음을 완성했다. 나의 첫 앨범을 작업하며 시행착오도 많았지만 좋은 뮤지션들이 함께해 준 덕분에 끝까지 해낼 수 있었다. 많은 걸 배우고, 또 많이 감사한 작업이었다.

LA에서 가장 기억에 남는 연주가 있다면 단연 2010년 8월에 있었던 LA 다운타운 카페 메트로폴Cafe Metropol에서의 연주를 꼽는다. 재즈는 도전의 연속이다. 하지만 이러한 도전은 때로는 두려움과 부담감으로 다가올 수 있다. 이제 막 학교를 졸업한 새내기 보컬에게 다이안 리브스Dianne Reeves와 같은 보컬과 함께 연주한 경력이 있는 오트마로 루이즈Otmaro Ruiz와 같은 무게감 있는 연주자와 함께 무대에 선다는 것은 큰 도전이었고, 그 과정에서, 많은 준비를 해야만 했다.

부담이 상당했다. 하지만, 부담감 속에서 나는 나 자신을 스스로 극복하기 위해 그 어느 때보다도 많은 시간을 할애했다. 곡 하나하나를 깊이 있게 연구했다. 나 자신을 발전시키는 기회로 삼고자 마음먹었다. 연습은 나의 두려움을 조금씩 줄여주었고, 자신감을 키워주었다. 중요한 것은 내 마음가짐이었다. 공연을 통해 새로운 시도가 없다면 발전도 없다는 중요한 교훈도 얻을 수 있었다.

우리는 종종 익숙한 것에 안주하는 데 그 또한 익숙하다. 하지만, 그 익숙함은 우리의 성장에 결코 도움을 주지 않는다. 새로운 시도는 언제나 두려움을 동반하지만, 그 두려움을 넘어설 때 비로소 우리는 더 높은 수준의 성취를 이룰 수 있다.

공연이 차곡차곡 쌓여가면서 무대에 서는 일이 많아졌다. 그때, 나는 재즈가 좋고 노래하는 것이 좋았지만 행복하질 않았다. 무대 위에서 나는 항상 사람들의 시선을 의식했다. "청중들이 내 음악을 좋아할까? 지금 잘하고 있는 걸까?" 등의 의심 섞인 질문이 머릿속을 떠나지 않았고, 그러한 생각이 나를 더욱 무겁게 만들었다. 모두가 나를 평가하고 있다는 생각이 들었고, 그것은 지대한 심리적 압박으로 다가왔다. 재즈는 단순한 음악이 아니라 영혼이 담긴 음악이다. 그렇기에 영혼의 창조력을 제대로 표현하지 못하는 나는 늘 부족함을 느꼈다.

무대에서 내려온 후, 극한의 공허감이 나를 사로잡았다. 그 빈 공간이 너무도 크고 깊어 견딜 수 없을 정도였다. 공허는 나를 더욱 차분하게 만들었고, 그로 인해 나 자신을 깊이 응시할 수밖에 없었다. 재즈는 나를 성찰하게 만드는 음악이었다. 내가 진정으로 무엇을 두려워하고, 무엇을 갈망하는지 묻는 음악이었다. 그렇기에 재즈로부터의 멀어짐을 실감하는 건 나를 끔찍한 고통의 수렁 속으로 밀어 넣었다.

시간이 지날수록 무대 위에서 자신에 대한 수치심과 욕심이 깊게 내 마음을 짓눌렀다. 사람들 앞에서 노래할 때마다 내 안에 잠재된 불안감은 점점 커져만 갔다. 그렇게 내 마음을 설득하지 못했던 난, 어렵게 시작한 재즈를 결국 포기했다.

인생을 살아가며 수많은 일을 겪었다. 그러면서 나는 사람의 마음속 깊은 내면의 감정을 알고 싶다는 갈증이 생겼다. 재즈가 담고 있는 깊이와 그 깊은 마음의 소리를 노래하고 싶었지만, 내 경험은 너무도 미약했고 나 자신이 늘 걸림돌로 다가왔다. 재즈의 본질인 소울을 제대로 이해하기에는 나는 너무 어렸고, 인생 경험이 부족하다는 사실이 나를 한계에 부딪히게 했었다.

그러나, 삶의 다양한 경험들은 나를 조금씩 변화시켰다. 다채로운 역할을 넘나드는 '멀티 페르소나Multi Persona'로써 여러 직업을 가지게 되면서, 나는 인생의 다양한 측면을 경험했고, 그 안에서 인간의 고통과 괴로움을 더욱 깊이 공감할 수 있었다. 인생은 '고해의 바다'는 말을 그제야 조금 이해할 수 있었고, 그 속에서 나 자신을 더욱 깊이 있게 표현할 수 있는 능력을 조금씩 키워갔다. 그 과정에서 실수도 많이 했고, 예상치 못한 난관에 부딪히기도 했지만, 그 모든 것이 나에게는 소중한 경험이자 배움이었다. 그 과정이 나를 어떻게 변화시켰는지를 다시 한번 되새겨 본다.

재즈의 본질은 깊이에 있다. 그 깊은 심연과 마주하지 못했을 때, 항상 무언가 부족한 듯한 느낌을 떨쳐낼 수 없었다. 지금의 나는 인생의 애환을 이해하고, 그 깊은 영혼의 심연을 들여다볼 수 있는 용기를 얻게 되었다. 맘속 깊이 일깨워 예술적 감각을 살려주는 재즈. 그 재즈를 대하는 지금의 나는, 그 깊이를 이해하고 공감하려 노력하고 있다. 나의 목소리에 담긴 감정이 진실하게 전달되기를, 그리고 그 속에서 나 자신을 더욱 깊이 이해할 수 있기를 소망하며, 재즈 보컬리스트로서의 새로운 여정, 제2막을 펼쳐보고자 한다.

지금의 나는 부족함을 두려워하지 않는다. 오히려 그 부족함 속에서 더 깊은 소리를 찾고, 그 소리가 나를 더욱 성숙하게 만들어 줄 것이라는 믿음이 있다. 재즈를 통해 나는 나를 발견하고, 성찰하며, 더 깊은 영혼을 담아 노래할 수 있는 사람이 되고자 한다. 그 길 위에서, 비로소 진정한 재즈 보컬리스트로서의 꿈은 이루어질 것이다. 나만의 재즈 보컬리스트로서의 길을 계속 걸어갈 것이다.

Part II를 마치며

싹을틔운재즈 그리고
경계를넘어피어난음악

2006년, 그 어느 날, 30대가 훌쩍 넘어 처음 재즈를 시작했던 나는 '너무 늦은 걸까?' 하는 생각에 늘 사로잡혔었다. 내가 이미 놓쳐버린 시간, 앞서 나간 수많은 예술가의 성취를 떠올리며, '재즈라는 세계에 발을 들이는 게 과연 가능할까?' 수없이 망설이곤 했다. 그 질문은 내 안에서 멈추지 않았고, 나의 첫걸음을 무겁게 만들었었다.

지금, 20년 가까이 흐른 지금도 나는 같은 질문을 던지면서도 그 답은 이미 알고 있다.

결코, 늦지 않았어.

그 질문의 무게가 달랐다. 20여 년 전, 첫 질문은 불안함과 망설임이었다면, 이제는 짙은 농도를 담은 열정이 그 자리를 대신하고 있다. 그때는 재즈라는 미지의 세계 앞에 선 나였지만, 지금은 그 세계에서 나만의 길을 찾은

나로 존재한다. 나는 이제, 재즈가 단순한 음악의 한 장르가 아닌, 내 인생을 이끌어 가고 있는 큰 퍼즐 조각임을 안다.

처음 재즈를 접했을 때, 그것은 복잡하고 다가가기 어려운 음악처럼 느껴졌다. 하지만 그 복잡함 속에서 나는 자유를 발견했다. 재즈는 나를 겁먹게 하는 것이 아닌 나를 자유롭게 하는 소리였다. 재즈 보컬로서의 내 여정은 그 자유를 몸으로 체득하고 깨우치는 과정이었다. 루이 암스트롱의 트럼펫처럼, 빌리 홀리데이의 목소리처럼, 나 역시 부끄럽지만, 다른 누구의 이야기가 아닌 나만의 이야기를 담아낼 수 있다는 것을 깨닫게 되면서 재즈에 대한 확신이 깊어졌다.

2006년의 나는 '늦었을지도 모른다'는 생각에 두려움을 품었고, 몸부림쳤다. 하지만 지금의 나는 '늦지 않았다.'는 믿음으로 충만하다. 시간이 흘렀을 뿐, 재즈 무대에서 10년 이상을 멀리 떨어져 있었지만, 그 사이 재즈에 대한 나의 사랑과 열정은 더 깊어졌다. 수많은 재즈 전설의 이야기를 따라가며 그들이 지나온 발자취를 곱씹을수록, 나는 나만의 길을 걸어갈 용기를 얻을 수 있었다. 재즈는 그저 듣는 음악이 아니라, 나를 표현하는 수단이 되었고, 그 안에서 나는 더 성숙하고 자유로워졌다.

지금의 나, 더는 '너무 늦었을까?'를 두려워하지 않는다. 오히려 재즈와 함께하는 시간을 간절하고 소중하게만 느낀다. 재즈 안에서 더 많은 이야기를 만들 수 있음을 안다. 20여 년 전의 그 질문은 이제 나에게 새로운 의미로 다가왔다. 늦었다고 생각하는 순간이야말로 가장 빠른 시작일 수 있다는 것. 재즈의 자유 속에서 나는 끝없이 진보한다. 그 여정은 여전히 현재 진행형이다.

책을 통해 재즈를 이해하는 과정에서 느낀 나의 자전적 이야기를 조금씩 기록했다. Part I과 Part II에서는 재즈가 어떻게 태어나고 자라났는지, 그 속에서 스윙, 비밥, 보사노바까지 다양한 리듬의 이야기들이 펼쳐졌다. 재즈의 기초를 이루는 아프리카의 리듬과 유럽의 선율이 하나로 만나며 뉴올리언스라는 공간 속에서 그 첫 싹이 텄다. 나는 그 길고 황홀한 이야기의 선을 따라가며, 재즈의 태동을 경험했고, 그 떨림을 통해 내 발걸음을 찾아갔다.

나는 묻는다. '이 여정의 끝은 어디일까?' 하지만, 재즈에서 중요한 건 끝이 아니라 과정이고, 흐름이다. 재즈의 진정한 매력은 예측할 수 없는 변화 속에서 살아 숨 쉬는 자유로움이다. 그 흐름 속에서 나는 나의 이야기를 찾았고, 이젠 그 속에서 또 다른 나를 찾아간다.

part III

재즈,
꽃을 피우다

재즈, 끝없는 여정

Part I과 Part II에서는 재즈의 기원을 살펴보고, 그 안에서 어떻게 다양한 리듬과 선율이 탄생했는지, 그리고 그 안에서 나 자신을 발견하는 과정을 이야기했다. 재즈는 과거에 머무른 음악이 아니다. 현재와 공명한 멜로디들이 만들어지고 지나가고 그렇게 지나간 각각의 다른 순간들이 만들어내는 예술이다. 온 우주의 시공간의 어둠에서 과거 현재 미래의 시간의 씨줄 위에 떠도는 수많은 별의 날줄이 빛나듯 재즈 속에서는 각 씨줄과 날줄이 만나는 순간마다 다른 음악과 감동이 창조된다.

우리는 이제 재즈의 또 다른 얼굴과 마주하게 될 것이다. 재즈는 계속해서 진화하고, 다양한 색채를 더해가며 현재를 살아간다. 그 안에서 나는 내 목소리를 통한 새로운 길을 탐구하고, 재즈의 본질을 재발견해 온 것이다. 나에게 재즈는 자유로움의 상징이자, 매 순간 새로운 해석을 허용하는 유연함 그 자체다. 재즈 보컬로서 나는 재즈 안에서 무한의 가능성을 발견한다. 재즈는 끊임없이 진화한다. 보사노바의 서정적인 리듬이든, 비밥의 혁명적인 자유든, 재즈는 서로 다른 감정과 사상을 담아내며 스스로 확장, 증폭한다. 마일스 데이비스가 전통을 파괴하며 혁신의 세계에 나섰듯, 나 역시 재즈의 새로운 길을 걷고 있다.

Part III는 그 여정의 다음 단계다. 단순한 장르의 경계를 넘어, 록, 힙합,

그리고 다양한 문화적 배경과 만나는 재즈를 다룬다. 서로 다른 목소리들이 재즈의 다양성을 더해가고 그 안에서 새로운 해답을 찾는다. 재즈의 진화는 삶과 철학의 실험이다. 재즈를 통해 나 자신을 발견하고 그 과정에서 재즈가 지닌 힘과 자유로움의 의미를 배워왔으며, 앞으로도 그럴 것이다.

재즈 보컬로서 나는 이 거대한 역사의 장 속에서 수많은 거장의 삶을 통해 자양분을 얻었다. 그들의 음악은 그저 멀리서 바라보는 것이 아니라, 내 안에 스며들어 나의 일부가 되었다. 빌리 홀리데이의 깊은 감정, 엘라 피츠제럴드의 자유로운 스캣, 루이 암스트롱의 자유롭고 경쾌한 트럼펫 소리. 그들의 여정을 공부하고, 그들이 겪었던 시간을 간접적으로 경험하면서 나 또한 성장할 수 있었다. 그들의 발자취 속에서 나는 재즈 보컬로서 나만의 길을 찾고, 나만의 이야기를 써 내려가고 있다.

특히 무대에서 노래할 때, 그 순간은 내가 가장 진실해지는 순간이다. 재즈는 청중과의 소통이 무엇보다 중요한 음악이다. 그날의 공기, 그 순간의 감정, 청중의 반응까지 모두가 즉흥적으로 얽히며 하나의 음악을 만들어낸다. 나는 그 순간의 감정을 그대로 담아내려고 한다. 무대 위에서 나의 목소리를 통해 청중과 하나가 되는 기쁨은 그 어떤 말로도 표현할 수 없다. 재즈의 진정한 매력은 그 순간, 그 자리에서만 느낄 수 있는 살아 있는 감정에 있다.

그래서 나는 내 공연을 통해 재즈의 다채로움과 그 자유로운 영혼의 감정을 더 많은 사람과 함께 느낄 수 있기를 늘 바란다. 재즈는 모든 감정을 담아낼 수 있는 음악이다. 기쁨, 슬픔, 사랑, 자유 그 모든 것이 재즈 안에 있다. 내가 무대에서 노래하는 동안, 그 진솔한 순간을 청중과 함께 나누고 싶다.

하지만 그 무대에서뿐만 아니라, 이 책을 통해서도 그런 값진 경험을 독자들과 나누고 싶다. 재즈가 선사하는 자유로움과 그 안에서 발견할 무한한 가능성을 독자들도 함께 느끼기를 바란다. 이 책에서 이야기하는 모든 순간이 독자들에게도 작은 울림이 되었으면 좋겠다. 그리고 그 울림이 재즈라는 음악의 또 다른 매력을 발견하는 계기가 되기를 소망한다.

여기서부터는 조금 다른 길을 걷게 될 것이다. 앞에서는 재즈의 뿌리를 찾고 역사를 따르며, 거장들의 발자국을 밟았다. 이제는 그 발자국을 넘어 더 넓고 깊은 세계로 발을 내딛으려 한다. 그리고 그 변화 속에서 우리는 새로운 소리와 감정, 그 무엇보다 새로운 자유를 만나게 될 것이다.

이 여정은 한 번에 끝나지 않는다. 지속하는 과정이다. 재즈처럼. 더디거나 때론 예상치 못한 곳에서 터져 나오는 리듬처럼, 우리도 재즈의 새로운 길을 따라갈 것이다. 그러니, 애써 서두를 필요는 없다. 함께 걸으면 된다. 계속 걷다 보면 새롭고 흥미로운 것이 반드시 기다리고 있을 테니까.

Song 6

모던 재즈 무브먼트

시대와 함께 변화한 새로운 흐름

"My music is the spiritual expression of what I am — my faith, my knowledge, my being."

"저의 음악은 저의 신념, 저의 지식, 저의 존재를 나타내는 영적 표현입니다."

John Coltrane

존 콜트레인

"The true beauty of music is that it connects people.
It carries a message, and we, the musicians, are the messengers."

"음악의 진정한 아름다움은 사람들을 연결한다는 점입니다.
음악은 메시지를 전달하며, 우리는 그 메시지를 전하는 메신저입니다."

Roy Ayers

로이 에이어스

♩

혼돈 속 조화를 찾는 포스트밥 여정

존 콜트레인

포스트밥Post-Bop. 이 단어를 떠올리면 머릿속에 무수한 색채가 펼쳐진다. 1950년대 말과 1960년대 초, 비밥Bebop과 하드 밥Hard Bop의 테두리를 넘어서려던 음악가들이 있었다. 그들이 갈망한 것은 자유, 그들이 바라본 것은 무한이었다. 포스트밥은 그렇게 비밥과 하드 밥의 한계를 넘어 새로운 하늘을 탐구하려던 음악가들의 끝없는 여정 속에서 탄생했다. 이 장르는 모달 재즈, 프리 재즈, 심지어 클래식의 요소까지 끌어와 재즈의 경계를 확대했다. 빠르고 복잡한 비밥의 선율을 지나, 소울풀하고 블루스적인 하드 밥으로 진화하면서 음악가들은 그 이상을 꿈꾸었다.

포스트밥은 *모달 스케일modal scale, 확장된 화성, 그리고 리듬과 즉흥 연주의 자유로운 접근을 통해 재즈의 다음 단계로 도약했다. 그리고 그 도약의 중심에는 항상 재즈 색소폰 연주자 존 콜트레인이 있었다. 그는 시대의 영혼을 음악에 담아낸 예술가였다. 포스트밥은 그의 손끝에서, 숨결에서 그리고 그의 영혼에서 탄생했다. 그는 민권 운동의 불꽃이 타오르던 그 시대를 음악으

211

로 표현했고, 그의 선율 속에는 사회적 열망과 영적 탐구가 담겨 있었다. 그의 여정을 따랐던 마일스 데이비스, 허비 행콕, 웨인 쇼터 같은 음악가들 또한 이 길 위에서 함께했다. 그들의 실험적 작곡과 즉흥 연주는 포스트밥이라는 새로운 시대의 토대를 마련했다.

* 모달 스케일(modal scale): 곡의 코드 진행에 구애받지 않고 특정 모드(예: 도리안, 믹소리디안 등)를 기반으로 멜로디와 즉흥 연주를 전개하는 기법으로, 음색과 분위기에 중점을 둔다.

존 콜트레인, 영혼의 울림을 전하는 사나이

존 콜트레인. 그는 1926년 노스캐롤라이나주 햄릿에서 태어났고, 그의 삶은 마치 재즈의 여정을 그대로 따라간 듯했다. 비밥에서 시작해 모달 재즈를 거쳐 포스트밥에 이르기까지, 그는 언제나 새로운 길을 탐색했다. 그의 음악은 전통에 뿌리를 두었으면서도 그 전통을 과감히 초월했다.

콜트레인의 초기 경력은 마일스 데이비스와 델로니어스 몽크와 함께한 작업을 통해 두드러졌다. 그의 연주는 점차 그만의 독특한 목소리를 내기 시작했고, 그 과정에서 그의 음악은 더욱 내면으로 파고들며 깊은 사색과 감성을 담아내기 시작했다. 1960년대에 들어서며 그의 작업은 점점 모험적이고 복잡해졌으며, 그의 음악에는 영혼의 깊이가 더해졌다. 포스트밥의 정신을 온전히 구현한 그의 음악 속에서는 그가 이루고자 했던 자유가 분명히 느껴졌다.

콜트레인의 선율 속에는 시대의 아픔과

존 콜트레인(1926~1967년)

갈망이 녹아 있었다. 자유를 향한 갈망, 평등을 향한 열망, 그리고 이 모든 것을 초월한 영적인 탐구. 그는 그런 모든 것을 그의 색소폰으로 담아냈고, 그 선율 속에는 언제나 한 남자의 깊은 혼이 살아 숨 쉬었다.

1960년대의 변화, 그리고 음악으로의 반향

포스트밥의 시대는 격변의 시대였다. 1960년대는 단지 새로운 음악의 시대였던 것이 아니라, 사회적으로도 큰 변화가 일어났던 시기였다. 민권 운동은 시대의 흐름을 바꾸었고, 재즈는 이 모든 변화의 소용돌이 속에서 사회적 메시지를 담은 예술, 사람들의 영혼을 일깨우는 목소리가 되었다.

콜트레인을 비롯해 마일스 데이비스, 허비 행콕, 웨인 쇼터 같은 음악가들은 사회와 예술, 그리고 영혼을 통합하여 더 넓고 더 깊은 음악 세계를 열어갔다. 그들의 음악 속에서는 불안과 혼란, 그리고 그 속에서 찾은 희망이 공존했다. 그들은 포스트밥이라는 새로운 길을 통해 더 많은 이야기를 들려주고자 했다.

존 콜트레인, 끝없는 혁신을 향한 길

어떤 길은 그 끝을 알 수 없기에 더욱더 매혹적이다. 우리는 종종 음악가들이 걸어가는 길이 한결같다고 믿는다. 그러나 존 콜트레인의 여정은 그와는 달랐다. 그의 음악은 멈추지 않았다. 매번 다른 지평을 향해 나아갔고, 그가 지나간 자리는 언제나 혁신의 흔적으로 빛났다. 그중에서도 포스트밥은 그의 끝없는 탐구와 실험이 절정을 이룬 순간이었다. 그러나 그 순간은 갑자기 찾아온 것이 아니었다. 모든 것은 그보다 앞선, 모달 재즈와 〈Giant Steps〉에서부터 시작되었다.

모달 재즈의 물결, 그리고 「Kind of Blue」

1959년, 마일스 데이비스와 함께한 앨범 「Kind of Blue」는 재즈의 새로운 전환점이 되었다. 이 앨범에서 존 콜트레인은 모달 재즈라는 새로운 방식을 처음으로 깊이 탐구하기 시작했다. 모달 재즈는 기존의 코드 진행이 아닌 스케일이나 모드에 기반을 둔 연주 방식을 사용하여 음악가들에게 더 많은 자유를 주었다. 그것은 마치 한정된 길을 걷는 대신 광활한 들판을 자유롭게 누비는 듯한 느낌을 주었다. 모달 재즈에서 얻은 그 자유로움은 그를 더 먼 곳으로 데려갔다. 그가 찾고자 했던 것은 이제는 단순한 음계나 리듬이 아니었다. 그것은 음악을 넘어선 무언가, 더 깊은 영적 진실이었다.

「Giant Steps」, 혁신의 도약

1960년, 콜트레인은 「Giant Steps」라는 앨범을 발표했다. 이 앨범은 그가 음악적으로 또 다른 차원으로 도약한 순간이었다. 앨범의 타이틀곡 〈Giant Steps〉는 빠른 코드 진행과 복잡한 화성 구조로 유명한데, 이는 '콜트레인 체인지Coltrane Changes'로 불린다. 이 곡은 그 당시 재즈 음악가들에게 일종의 도전 과제와도 같았다. 그리고 콜트레인에게는 그의 창의적, 기술적 역량을 입증하는 증거였다. 그의 연주는 더는 규칙에 얽매이지 않았고, 그가 만든 화성은 마치 길을 잃은 듯하면서도 완벽한 질서 속에 존재했다.

또한 이 앨범에 수록된 〈My Favorite Things〉는 콜트레인이 익숙한 멜로디를 어떻게 그만의 방식으로 확장시키고 탐구하는지 보여주는 대표적인 사례다. 그가 선사하는 이 자유로운 음악적 탐험은 곧 포스트밥의 정신을 상징했다.

클래식 콰르텟, 새로운 소리를 찾아서

1960년대에 들어서며, 콜트레인은 자신의 음악적 비전을 함께 나눌 수 있는 팀을 꾸렸다. 피아니스트 맥코이 타이너McCoy Tyner, 베이시스트 지미 개리슨Jimmy Garrison, 그리고 드러머 엘빈 존스Elvin Jones. 이 세 명과 함께한 콜트레인 퀸텟은 이후 '클래식 콰르텟Classic Quartet'이라는 이름으로 불리며 재즈 역사의 한 페이지를 장식했다. 그들은 서로의 영혼을 음악으로 대화하며 새로운 사운드를 개척했다. 그들의 연주는 마치 네 사람 모두가 하나의 의식을 공유하는 것처럼 역동적이었다.

이 팀과 함께한 「A Love Supreme」은 1965년에 발매된 콜트레인의 걸작 중 하나다. 이 앨범은 예술적, 영적인 성취로 평가받는다. 4부작으로 구성된 이 앨범은 콜트레인이 깨달음을 향해 나아가는 과정, 그리고 음악을 통해 신성한 무언가와 연결되려는 그의 간절한 바람을 담고 있다. 「A Love Supreme」은 기술적인 걸작이자 영적인 탐구의 결과물이었다.

「Ascension」, 혼돈 속에서 길을 찾다

같은 해에 발매된 「Ascension」은 재즈의 경계를 더욱 넓히는 작품이었다. 이 앨범에서 콜트레인은 아방가르드 재즈 요소를 과감하게 받아들여 대규모 앙상블을 이끌었다. 이 앨범은 처음에는 엇갈린 평가를 받았지만, 시간이 흐르며 재즈의 집단 즉흥 연주 가능성을 넓힌 작품으로 인정받았다. 이 앨범에서 그는 혼돈 속에서 새로운 질서를 찾아냈고, 그 질서는 또다시 포스트밥의 정신으로 귀결되었다.

콜트레인이 남긴 길, 그 이후

존 콜트레인은 항상 한계를 넘어서려 했고, 그가 찾고자 했던 자유는 그의 음악을 영원히 새로운 차원으로 이끌었다. 그의 영향력은 맥코이 타이너, 엘빈 존스, 파로 샌더스Pharoah Sanders와 같은 동료들뿐만 아니라, 마이클 브레커Michael Brecker와 브랜포드 마살리스Branford Marsalis와 같은 후배 재즈 음악가들에게도 큰 영향을 미쳤다.

그의 화성, 멜로디, 리듬에 대한 혁신적인 접근은 현대 재즈의 뼈대가 되었고, 프리 재즈와 퓨전, 심지어 현대 클래식 음악에도 깊은 영향을 미쳤다. 그의 음악은 생애 동안 수많은 상을 받았고, 그가 떠난 후에도 여전히 많은 이들에게 영감을 주고 있다.

존 콜트레인은 아들의 탄생을 신이 허락해준 것에 대한 깊은 감사와 절대적인 사랑을 음악으로 표현했다. 그렇게 탄생한 앨범이 바로 「A Love Supreme」이다. 이 앨범은 그의 신앙과 내면의 깨달음을 담은 하나의 기도와도 같았다. 앨범은 네 개의 파트로 구성되어 있다. 첫 번째 곡 〈Acknowledgement〉는 신의 존재를 인정하고 감사하는 마음을 담았으며, 반복되는 선율과 함께 'A Love Supreme'이라는 구절이 조용하지만 강렬하게 흐른다. 이어지는 〈Resolution〉에서는 깨달음을 얻고 새로운 길을 향해 나아가려는 결연한 의지가 묻어난다. 〈Pursuance〉에서는 그 결심을 실천에 옮기며, 자유롭고 격렬한 연주를 통해 끊임없는 탐구와 노력을 표현한다. 마지막 곡 〈Psalm〉은 마치 시를 읊조리듯, 색소폰의 선율로 신에게 바치는 기도를 대신한다.

이 작품은 삶과 신앙, 사랑과 헌신을 향한 존 콜트레인의 깊은 고백이며, 그의 영혼이 담긴 음악적 예배다. 듣는 이들은 연주 속에서 그의 신념과 감정을 고스란히 느낄 수 있고, 어쩌면 각자의 방식으로 내면의 평화를 찾을 수도 있을 것이다.

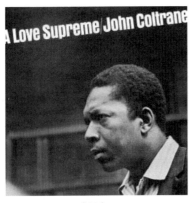

A Love Supreme(1965)

그의 대표작인 「A Love Supreme」은 그래미 어워드 명예의 전당에 헌액되었으며, 그는 평생 공로상까지 수상했다. 그러나 이 모든 찬사와 상보다 더 중요한 것은 그가 음악을 통해 우리에게 남긴 길이다. 그가 걸었던 그 끝없는 길은 여전히 많은 음악가와 청중들의 마음속에서 끝나지 않은 여정으로 남아 있다.

당신은 지금 재즈가 듣고 싶습니다

〈My Favorite Things〉 by John Coltrane 「My Favorite Things」 Atlantic, 1961

존 콜트레인의 〈My Favorite Things〉는 재즈의 새로운 가능성을 열어 보인 하나의 전환점이다. 1961년에 발매된 이 작품은 그가 소프라노 색소폰을 처음으로 앨범에 사용한 기록적인 순간을 담고 있다. 이 악기는 본래 재즈 초기 시절에 사용되다가 거의 잊힌 존재였지만, 마일스 데이비스가 유럽 투어 중 그에게 선물한 소프라노 색소폰은 콜트레인의 손에서 완전히 새로운 생명을 얻었다.

이 곡은 원래 뮤지컬 〈사운드 오브 뮤직〉의 곡이지만, 콜트레인의 해석 아래 전혀 다른 차원의 음악으로 탈바꿈했다. 소프라노 색소폰의 선명한 음색과 맥코이 타이너의 유려한 피아노 라인이 어우러지며, 반복적인 선율 속에서도 끝없이 새로운 변주가 펼쳐진다. 이 곡은 당시 라디오 히트곡으로도 인기를 끌었다.

♪

진화하는 그루브의 부상

펑크 월드

재즈는 언제나 변화해 왔다. 바람이 불면 나뭇잎이 흔들리듯, 시대의 흐름에 따라 음악도 흔들린다. 그 흔들림 속에서 재즈는 자신만의 방식으로 진화했다. 그중에서도 1960년대 후반부터 1970년대 초반에 등장한 '재즈 펑크Jazz Funk'는 그 자체로 하나의 거대한 파도였다. 재즈 펑크는 펑크의 강렬한 리듬과 그루브에 재즈의 즉흥성과 화음을 결합한 말 그대로 두 세계의 만남이었다. 그리고 그 만남은 새로운 소리의 가능성을 열어주었다.

리듬의 혁명: 재즈 펑크의 탄생

재즈가 새로운 시도를 두려워하지 않았듯, 재즈 펑크 역시 그 혁신적인 성향을 고스란히 이어받았다. 1960년대 후반과 1970년대 초반, 이 장르는 단순히 재즈의 연장선에 있지 않았다. 그것은 재즈가 전자 악기와 동기화된 리듬, 그리고 중독성 있는 펑크의 그루브와 결합하면서 탄생한 새로운 진화였다. 이제 재즈는 전통적인 음향 속에서만 머물지 않았다. 신디사이저와 전자 키보드가 그 자리를 차지했으며, 드럼과 베이스의 리듬은 점점 더 강력해졌다.

재즈 펑크는 그 변화의 물결을 타고 일어섰다. 펑크 특유의 감염성 있는 리듬은 사람들의 발을 움직였고, 재즈의 복잡한 화음과 즉흥 연주는 머리를 흔들게 했다. 이 새로운 사운드는 한편으로는 춤을 유도하면서도, 그 안에는 심오한 음악적 탐구가 숨겨져 있었다.

마일스 데이비스, 경계를 허무는 자

이 변화의 물결 속에서 가장 앞서 나간 이는 바로 마일스 데이비스였다. 그는 이미 여러 차례 재즈의 경계를 넘나들었고, 재즈 펑크에서도 예외는 아니었다. 1972년에 발표한 그의 앨범 「On the Corner」는 그가 얼마나 대담한 음악적 실험가였는지 보여준다. 펑크와 록, 전자 음악까지 결합한 이 앨범은 그가 이전에 했던 모든 작업과는 전혀 다른 모습이었다. 마일스는 단지 새로운 소리를 찾는 데 그치지 않고, 그 소리를 재즈 펑크라는 틀 안에서 하나로 엮어냈다. 그의 작업은 이후 많은 음악가에게 영감을 주었고, 재즈 펑크라는 장르를 더욱 풍성하게 만드는 데 큰 역할을 했다.

허비 행콕, 미래를 열어가는 손끝

허비 행콕 역시 이 새로운 장르의 중심에 있었다. 그의 1973년 앨범 「Head Hunters」는 그 자체로 재즈 펑크의 상징이었다. 신디사이저와 전자 키보드를 활용해 그는 복잡한 재즈의 구조를 펑크 리듬 위에 풀어냈다. 앨범 수록곡 〈Chameleon〉과 〈Watermelon Man〉은 그 대표적인 예로, 둘 다 펑키한 리듬과 재즈의 멜로디가 완벽하게 조화를 이루었다. 허비 행콕은 재즈 펑크의 선구자로서 새로운 사운드를 만들었고, 그의 음악은 재즈와 펑크의 경계를 넘나들며 청중들에게 다가갔다.

조지 듀크, 다채로운 색채의 향연

한편, 조지 듀크George Duke는 또 다른 방
식으로 재즈 펑크의 지평을 넓혔다. 다재다
능한 키보디스트이자 작곡가였던 듀크는
1970년대와 1980년대에 이르러 재즈와 펑
크, 록, 소울을 결합한 독특한 스타일을 선
보였다. 그의 앨범 「Brazilian Love Affair」
는 다양한 음악 스타일을 융합해 탄생한 결
과물이었다. 듀크의 음악은 세련되면서도
춤추기 좋은 그루브로 가득 차 있었으며, 그

조지 듀크(1946~2013년), 2010

는 재즈 펑크의 틀 안에서 다양한 음악적 실험을 감행했다. 그의 작업은 재즈
펑크가 더 넓은 음악적 영역을 넘나들 수 있도록 그 가능성을 열어주었다.

로이 에이어스, 비브라폰의 매력

재즈 펑크의 또 다른 중요한 인물은 로이 에이어스였다. 그는 비브라폰 연

로이 에이어스(1940~현재), 2019

주자로 잘 알려졌지만, 그의 음악적 경로는
그 이상으로 넓고 깊었다. 에이어스는 자신
의 재즈 작곡에 펑크 리듬과 소울의 요소를
접목했다. 그의 대표곡 〈Everybody Loves
the Sunshine〉은 재즈 펑크의 부드러우면
서도 그루브 넘치는 사운드를 보여주는 상
징적인 곡이었다. 그의 음악은 힙합에서 널
리 샘플링되었으며, 이를 통해 재즈 펑크는
단순한 장르를 넘어 더욱 다양한 음악적 장

르와 융합하는 길을 열었다.

리듬의 심장, 재즈 펑크의 매혹

재즈 펑크는 리듬과 그루브, 그리고 새로운 소리의 혁명이었다. 사람들은 이 음악을 듣고 그 자리에 멈추지 않았다. 몸은 저절로 움직였고, 마음은 자유로워졌다. 그 중심에는 언제나 리듬이 있었다. 춤추듯이 흘러가는 그 리듬이 바로 재즈 펑크의 심장이었다.

그루브의 마법, 리프와 리듬이 춤추는 순간

재즈 펑크에서 가장 두드러지는 요소는 바로 그루브다. 당김음 리듬, 타이트하게 짜인 베이스라인, 그리고 펑키한 기타 리프가 하나로 엮여 음악을 만들어낸다. 이 리프는 짧고 반복적인 멜로디나 리듬 패턴으로 때론 곡의 뼈대를 형성하고, 때론 솔로 연주를 뒷받침하는 중요한 역할을 한다. 마치 두근거리는 심장처럼, 끊임없이 반복되면서도 강렬하게 존재감을 드러낸다.

이러한 리듬적 요소들은 단순히 귀를 즐겁게 하는 데 그치지 않는다. 그들은 몸을 움직이게 하고, 청중을 춤추게 한다. 재즈 펑크의 그루브는 복잡하면서도 본능적인 흥을 자극하며, 음악을 듣는 이들을 그 에너제틱한 사운드 속으로 끌어당긴다. 그 순간, 우리는 리듬 속에서 자유로워진다.

전자 악기, 현대적 질감을 더하다

재즈 펑크의 또 다른 중요한 특징은 바로 전자 악기의 사용이다. 전자 키보드, 신디사이저, 전자 기타 같은 악기들은 그때까지의 재즈와는 다른 새로운 질감을 만들어냈다. 그 사운드는 더욱 세련되고 때론 미래적이었다. 특히 마일스 데이비스의 앨범 「Bitches Brew」와 「On the Corner」는 재즈에 전자 사운드가 얼마나 자연스럽게 녹아들 수 있는지를 보여주었다. 이 전자 악기들의 사용은 음악가들에게 새로운 음향적 가능성을 제공하며, 그들이 이전에 탐구하지 않았던 새로운 소리의 세계로 나가게 했다. 전자 사운드는 재즈 펑크가 더욱 현대적이고 다채로운 음악적 색채를 가지도록 만들었다.

즉흥의 마술, 장르의 경계를 넘다

재즈 펑크는 즉흥 연주의 매력을 놓치지 않았다. 이 장르는 펑크의 그루브와 리듬을 중심에 두고 있지만, 재즈의 즉흥성 역시 중요한 부분을 차지하고 있다. 재즈 펑크를 연주하는 음악가들은 때로는 즉흥적인 솔로 연주로 그들의 음악적 능력을 마음껏 뽐냈다. 그들의 연주는 복잡하면서도 자유로웠고, 언제나 예측할 수 없는 변화를 만들었다.

재즈 펑크는 재즈와 펑크의 결합을 넘어 R&B, 록, 소울 같은 다양한 장르의 요소를 자연스럽게 섞어냈다. 그 융합은 더 풍부하고 다채로운 음악적 장식으로 청중의 귀를 사로잡았다. 재즈 펑크는 그렇게 다른 음악과의 경계를 허물면서 자신만의 길을 개척했다.

소울 재즈의 선구자들, 펑크의 무대를 닦다

재즈 펑크의 뿌리는 소울 재즈에서 찾을 수 있다. 소울 재즈는 재즈에 블루스 가스펠, R&B의 요소를 결합한 장르로, 대중들에게 쉽게 다가갈 수 있는 음악이었다. 캐논볼 애덜리Cannonball Adderley와 호레이스 실버Horace Silver 같은 아티스트들은 이러한 스타일을 발전시켰고 그들의 음악은 영혼이 담기면서도 펑키한 사운드를 만들어냈다.

이들의 음악은 펑크로 가득 찬 사운드를 위한 토대를 마련했고, 재즈 펑크가 더욱 활기찬 장르로 자리 잡을 수 있게 했다. 소울 재즈는 재즈 펑크의 선구자로서 그 길을 닦았고, 그들이 만든 그루브는 여전히 우리의 귀와 마음을 사로잡고 있다.

끝나지 않은 리듬의 여정

재즈 펑크는 단순히 한 시대의 음악적 변화를 의미하지 않는다. 그것은 끝나지 않은 리듬의 여정이다. 그루브와 리프가 엮어낸 그 강렬한 리듬은 여전히 우리 곁에 남아 있다. 전자 사운드와 즉흥 연주, 그리고 장르의 경계를 허문 그 융합은 지금도 많은 음악가에게 영감을 주고 있다. 재즈 펑크의 리듬은 시간이 흘러도 멈추지 않는다. 그것은 오늘도 새로운 소리로 우리의 삶 속에서 계속해서 진화하고 있다.

당신은 지금 째즈가 듣고 싶습니다

〈Everybody Loves the Sunshine〉 by Roy Ayers 「Everybody Loves the Sunshine」 Polydor, 1976

이 곡을 듣고 있으면 마치 한여름의 오후가 느리게 흘러가는 기분이 든다. 이 곡은 그루브 있는 멜로디와 단순하면서도 강렬한 드론 신스 노트Drone Synth Note가 매력이다. 즉, 지속적으로 반복되거나 길게 유지되는 신디사이저 사운드가 만들어내는 독특한 분위기로 사람들의 마음을 사로잡았다. 노래는 태양 아래서의 나른한 행복과 삶의 평온을 이야기한다.

♪

전통 대 혁신으로 현대 재즈를 이끄는 두 거장

윈튼 마살리스 vs 허비 행콕

재즈는 멈추지 않는 예술이다. 변화를 받아들이고, 그 변화 속에서 끊임없이 새로움을 찾아간다. 이 유연성과 융통성 덕분에 재즈는 여러 시대를 지나면서도 여전히 수많은 사람의 가슴 속에 남아 있다. 그 중심에는 재즈를 이끌어 온 수많은 예술가가 있었다. 그중에서도 윈튼 마살리스Wynton Marsalis와 허비 행콕은 재즈의 서로 다른 면모를 상징하는 대표적인 인물이다. 이 두 사람은 각기 다른 길을 걸었지만, 공통점은 하나였다. 그들은 끊임없는 혁신과 탐구를 통해 재즈라는 장르를 새로운 차원으로 이끌어 갔다는 점이다.

윈튼 마살리스와 허비 행콕, 그들은 서로 다른 세대를 대표하며, 재즈의 과거와 미래를 연결하는 다리 역할을 했다. 전통을 지키는 동시에 새로운 길을 개척한 이 두 거장의 이야기는 재즈가 가진 무한한 깊이를 다시 한번 일깨워 준다.

윈튼 마살리스, 재즈의 뿌리를 지키는 수호자

윈튼 마살리스는 1961년 뉴올리언스에서 태어났다. 재즈의 뿌리가 깊은 도시, 뉴올리언스에서 자란 마살리스는 어릴 적부터 재즈에 흠뻑 젖어 있었다. 그의 아버지 엘리스 마살리스Ellis Marsalis는 저명한 재즈 피아니스트였고, 형제들 역시 모두 음악가로 활동했다. 이러한 환경에서 자란 그는 재즈와 클래식 음악에 대한 깊은 관심을 자연스럽게 키워나갔다. 그가 줄리아드 음악원에서 클래식 트럼펫을 공부했지만, 그의 마음은 언제나 재즈를 향했다.

마살리스의 가장 큰 업적은 재즈의 전통을 지키기 위한 그의 헌신에 있다. 1980년대, 퓨전과 실험적인 재즈가 각광받던 시기에도 마살리스는 재즈의 뿌리로 돌아가려는 노력을 멈추지 않았다. 그는 루이 암스트롱, 듀크 엘링턴, 찰리 파커 같은 전설적인 재즈 거장들이 세운 전통을 존중하며, 어쿠스틱 사운드와 기본적인 리듬을 중시하는 스타일을 고수했다.

마살리스는 특히 '재즈 앳 링컨 센터Jazz at Lincoln Center'의 예술 감독으로서 재즈의 보존과 교육에 이바지했다. 이 센터는 그의 노력 덕분에 재즈 교육과 공연의 중심지가 되었고, 전 세계 재즈 팬들에게 큰 영향을 미쳤다. 마살리스는 젊은 세대에게 재즈의 전통을 전파하고, 재즈의 아름다움을 알리는 데 힘썼다. 그의 노력 덕분에 재즈는 단지 과거의 유산에 머무르지 않고, 오늘날에도 생생하게 살아 있는 예술로 존재하게 되었다.

윈튼 마살리스(1961~현재), 2009

그의 대표작 중 하나인 「Blood on the Fields」는 아프리카계 미국인의 역사적 경험을 바탕으로 한 서사적 작품으로, 재즈로는 처음으로 퓰리처상을 수상한 대작이다. 이 작품은 재즈가 단순한 음악을 넘어 사회적, 역사적 담론을 담을 수 있는 예술이라는 사실을 보여주었다. 마살리스는 그렇게 전통을 지키면서도 끊임없이 새로운 길을 찾아 나아갔다.

허비 행콕, 경계를 허무는 혁신가

허비 행콕은 윈튼 마살리스와는 정반대의 길을 걸었다. 1940년 시카고에서 태어난 그는 클래식 음악을 배우며 일찍부터 피아노 연주에 뛰어난 재능을 보였다. 그러나 그의 진정한 음악적 여정은 1963년, 마일스 데이비스 퀸텟에 합류하면서 본격적으로 시작되었다. 데이비스와의 협업은 행콕에게 새로운 세계를 열었고, 그를 모달 재즈와 프리 재즈의 경계를 넘나드는 독창적인 음악가로 성장시켰다.

행콕의 진정한 혁신은 재즈와 다른 장르를 융합하기 시작하면서 본격화되었다. 1973년 발표한 앨범 「Head Hunters」는 재즈와 펑크를 결합한 획기적인 작품이었다. 신디사이저와 전자 악기를 활용한 이 앨범은 재즈 퓨전의 대표작이 되었고, 재즈에 새로운 활력을 불어넣었다. 〈Chameleon〉, 〈Watermelon Man〉 같은 곡들은 전통적인 재즈의 틀을 깨고, 대중음악과의 경계를 허물었다. 이 앨범은 역사상 가장 많이 팔린 재즈 앨범 중 하나가 되었으며, 재즈가 고정된 장르가 아니라 끊임없이 변화하고 확장할 수 있음을 증명했다.

허비 행콕(1940〜현재)

1980년대에 접어들면서, 행콕은 힙합과 전자 음악을 재즈에 접목하기 시작했다. 그의 대표곡 〈Rockit〉은 힙합과 전자 사운드를 접목한 최초의 재즈곡 중 하나였다. 이 곡은 젊은 세대에게 큰 인기를 끌었고, 재즈가 이제는 '고루한 음악'이 아니라 젊고 혁신적인 장르로 변모할 수 있음을 보여주었다.

허비 행콕은 또한 다양한 세계 음악을 접목하는 데에도 뛰어났다. 그는 아프리카, 브라질, 인도 음악의 영향을 받아 자신만의 독창적인 음악을 만들어냈고, 이를 통해 재즈의 새로운 가능성을 끊임없이 탐구했다. 그의 작업은 재즈를 전통적인 장르의 틀에서 벗어나 보편적인 언어로서의 음악으로 끌어올렸다.

전통과 혁신의 경계를 넘어서

윈튼 마살리스와 허비 행콕 이 두 사람은 각기 다른 방식으로 재즈에 기여했지만, 그들의 업적은 모두 재즈의 미래를 향한 큰 발걸음이었다. 한 사람은 전통을 지키는 데 전념했고, 다른 한 사람은 혁신을 추구하며 새로운 지평을 열었다. 그러나 그들의 길은 결국 재즈라는 한 장르 안에서 만난다. 전통을 중시하든, 혁신을 추구하든, 그 모든 것이 재즈의 본질적인 가치 안에서 공존할 수 있다는 사실을 이들은 증명했다.

이 두 거장은 재즈가 더 깊고 넓은 세계와 연결된 예술임을 보여주었다. 우리는 그들의 음악을 통해 재즈가 가진 무한한 가능성을 경험하며, 과거와 현재, 그리고 미래의 교차점에서 재즈의 매력을 다시금 발견한다. 그리고 그들의 유산은 우리에게 재즈의 미래가 어디로 향할 수 있을지에 대한 끝없는 고민과 설렘을 남긴다.

윈튼 마살리스와 허비 행콕, 1980년대

| 〈Cherokee〉 by Winton Marsalis 「Marsalis Standard Time, Vol.1」 Columbia, 1987

윈튼 마살리스의 〈체로키〉는 재즈 스탠다드 원곡을 현대적이고 세련된 감각으로 재해석한 작품이다. 이 곡은 1938년 레이 노블Ray Noble이 작곡한 〈Cherokee Indian Love Song〉를 바탕으로, 빠른 템포와 복잡한 코드 진행, 그리고 B 섹션의 다중 키 전환이 특징이다. 윈튼 마살리스는 뛰어난 트럼펫 테크닉과 재즈에 대한 깊은 이해를 바탕으로, 이 곡의 고전적인 매력을 유지하면서도 자신만의 독창적이고 화려한 즉흥 연주를 더했다. 특히, 〈체로키〉는 재즈 뮤지션들에게 연습곡이자 도전과제로 여겨지는 곡인데, 마살리스는 이를 통해 자신의 기교와 음악성을 유감없이 드러내며, 재즈 역사와 현대적 접근법을 동시에 연결하는 다리를 놓았다.

| 〈Maiden Voyage〉 by Herbie Hancock 「Maiden Voyage」 Blue Note, 1965

허비 행콕의 〈Maiden Voyage〉는 해양의 아름다움과 신비를 음악적으로 표현한 재즈의 명곡이다. 1965년 발매된 이 곡은 잔잔하면서도 드라마틱한 화성 진행과 반복적인 리듬 구조를 통해 바다 위를 항해하는 듯한 서정적인 분위기를 조성한다. 프레디 허버드Freddie Hubbard의 트럼펫과 조지 콜먼George Coleman의 색소폰이 펼치는 선율은 바람과 파도를 연상시키며, 론 카터Ron Carter와 토니 윌리엄스의 탄탄한 리듬 섹션은 곡의 안정감을 더한다. 허비 행콕의 섬세한 피아노 터치와 창의적 작곡 능력이 돋보이는 곡으로, 재즈 역사에서 서사적이고 서정적인 곡의 교과서로 여겨지고 있다.

♪

즉흥성과 비트가 만나는 순간

힙합 크로스오버

음악에는 경계가 없다. 서로 다른 장르가 만났을 때, 그 접점에서 새로운 소리가 태어난다. 재즈와 힙합의 융합 역시 그런 순간이었다. 두 장르는 각각의 길을 걸어오면서 각자의 청중을 사로잡았지만, 1980년대 후반과 1990년대 초반, 이 둘이 만났을 때 전혀 새로운 무언가가 탄생했다. 재즈의 복잡한 리듬과 화성, 힙합의 강렬한 비트와 샘플링이 어우러져 만들어낸 이 새로운 소리는 많은 이들의 마음을 사로잡았다. 두 장르의 만남은 그 자체로 음악 혁명이었다.

재즈 비트 위에 흐르는 힙합, 샘플링의 시작

재즈와 힙합의 융합은 힙합 프로듀서들이 재즈 레코드를 샘플링하면서 시작되었다. 힙합 비트 위에 재즈 리프와 솔로, 리듬이 결합하면서 새로운 음악적 흐름이 형성됐다. 'A Tribe Called Quest'와 'Gang Starr' 같은 아티스트들은 이 흐름의 선두에 섰다. 그들은 재즈의 깊이를 힙합에 녹여내어 작품을 만들어냈다. 이 두 그룹은 재즈에 대한 존경을 담아내면서도 힙합을 새로운 방향으로 이끌었다. 특히 A Tribe Called Quest의 〈The Low End Theory〉1991와 Gang Starr의 〈Jazz Thing〉 같은 곡들은 재즈와 힙합의 아름다운 융합을 보여주는 대표적인 예가 되었다.

두 장르의 대화, 협업이 만든 혁신

재즈와 힙합의 만남은 샘플링을 넘어 아티스트들 간의 직접적인 협업이 이루어지면서 새로운 형태의 음악이 탄생했다. 그중에서도 가장 눈에 띄는 사례는 트럼펫 연주자 마일스 데이비스와 래퍼 이지 모 비Easy Mo Bee의 협업이었다. 마일스 데이비스의 마지막 앨범인 「Doo-Bop」1992은 그가 재즈뿐만 아니라 힙합에서도 새로운 가능성을 찾아 나선 작품이었다. 이 앨범은 재즈랩 운동의 시초로, 힙합의 리듬과 재즈의 즉흥성이 결합된 사운드를 선보였다.

이와 같은 시도를 통해 탄생한 재즈랩은 힙합 그룹들이 재즈의 영향을 명확하게 드러내며, 두 장르의 경계를 허물고 새로운 길을 열었다. 특히 Digable Planets의 〈Reachin'A New Refutation of Time and Space〉1993은 라이브 악기 연주와 재즈 샘플을 기반으로 깊이 있는 가사와 정교한 편곡을 결합한 대표작이다.

허비 행콕과 그랜드마스터 D.ST, 혁신적 순간

재즈와 힙합의 초기 협업 중 가장 상징적인 순간은 허비 행콕과 그랜드마스터Grandmaster D.ST의 협업이었다. 그들의 곡 〈Rockit〉1983은 재즈 펑크의 뿌리와 힙합의 새로운 사운드를 결합한 혁신적인 트랙이었다. 이 곡에서 턴테이블을 사용한 혁신적인 기술은 음악의 경계를 넘는 실험이었다. 〈Rockit〉은 두 장르가 결합할 수 있는 잠재력을 선보였고, 이후 수많은 아티스트들이 이를 바탕으로 자신만의 사운드를 창조하기 시작했다.

A Tribe Called Quest, 힙합의 새로운 지평을 열다

재즈와 힙합의 융합에서 가장 중요한 역할을 한 그룹 중 하나는 A Tribe Called Quest였다. 그들은 재즈를 샘플링하여 자신들만의 독특한 사운드를 만들어냈다. 특히 〈The Low End Theory〉1991와 〈Midnight Marauders〉1993는 재즈 샘플을 활용한 여유롭고 세련된 힙합 사운드로, 동시대 아티스트들과 차별화된 독특한 음악적 색깔을 만들어냈다. 〈Jazz We've Got〉와 〈Electric Relaxation〉 같은 트랙은 재즈와 힙합이 어떻게 조화를 이루는지 보여주는 대표적인 작품들이다.

Guru의 Jazzmatazz, 두 장르를 잇는 다리

힙합 듀오 Gang Starr의 멤버인 Guru는 재즈와 힙합의 결합을 더욱 구체화한 'Jazzmatazz'시리즈로 재즈와 힙합 간의 격차를 줄였다. 첫 번째 앨범 「Jazzmatazz, Vol. 1」1993은 허비 행콕, 도널드 버드Donald Byrd, 로이 에이어스, 브랜포드 마살리스 같은 전설적인 재즈 뮤지션들과의 협업을 통해 재즈와 힙합의 시너지를 극대화했다. 이 프로젝트는 두 장르 간의 경계를 허물며, 두 세계가 어떻게 서로를 보완할 수 있는지를 보여주었다.

Jazzmatazz, Vol. 1, 1993

Us3의 「Hand on the Torch」, 새로운 세대의 사운드

1993년에 발매된 Us3의 데뷔 앨범 「Hand on the Torch」1993는 블루 노트 레코드Blue Note Records의 재즈 샘플을 대담하게 사용한 앨범이었다. 특히 히트 싱글 〈Cantaloop Flip Fantasia〉는 허비 행콕의 〈Cantaloupe Island〉를 샘플링하여 재즈와 힙합을 완벽하게 결합했다. 이 곡은 재즈와 힙합 청중 모두에게 큰 사랑을 받으며, 두 장르의 융합이 새로운 세대의 사운드로 자리 잡는 순간을 만들어냈다.

Madlib과 블루 노트 레코드, 클래식을 새롭게

재즈와 힙합을 결합한 또 다른 혁신적인 작업은 Madlib의 「Shades of Blue」2003에서 찾아볼 수 있다. 이 앨범은 클래식 블루 노트 재즈 녹음을 리믹스하고 재해석한 작품들로 구성되어, 재즈와 힙합 프로덕션 기법 간의 깊은 연결을 강조했다. Madlib은 과거의 음악을 현대적인 감각으로 새롭게 탄생시키며, 재즈와 힙합이 어떻게 함께 성장할 수 있는지를 보여주었다.

더 루츠, 라이브 악기가 빚어낸 새로운 흐름

더 루츠The Roots는 힙합 밴드로, 라이브 재즈 악기를 그들의 음악에 통합하는 데 앞장섰다. 그들의 앨범 「Things Fall Apart」1999는 〈You Got Me〉와 같은 부드럽고 재즈적인 트랙으로 큰 사랑을 받았다. The Roots는 라이브 악기 연주를 통해 힙합에서 독특한 자리를 차지하게 되었으며, 얼터너티브 힙합의 대부로 불리게 되었다.

켄드릭 라마, 현대 재즈의 영향을 받은 힙합

21세기 들어 재즈와 힙합의 만남은 더 깊어졌다. 그 중심에 있는 아티스트

중 한 명이 바로 켄드릭 라마Kendrick Lamar다. 그의 앨범 「To Pimp a Butterfly」2015는 재즈 뮤지션 카마시 워싱턴Kamasi Washington과 로버트 글래스퍼Robert Glasper의 도움을 받아, 힙합과 재즈, 펑크를 혼합한 다층적인 사운드를 만들어냈다. 이 앨범은 사회적 메시지를 담은 가사와 복잡한 음악적 구성을 통해 재즈와 힙합이 어떻게 서로를 보완할 수 있는지를 다시 한번 입증했다.

켄드릭 라마(1987~현재)

로버트 글래스퍼, 두 장르의 경계를 허문 피아니스트

재즈 피아니스트 로버트 글래스퍼Robert Glasper는 재즈와 힙합의 경계를 허물며 이 장르들을 하나로 엮는 중요한 인물 중 하나다. 그의 앨범 「Black Radio」2012는 에리카 바두Erykah Badu, 루페 피아스코Lupe Fiasco, 모스 데프 Mos Def와 같은 힙합 아티스트들과 협업하며, 두 장르의 지속적인 융합을 탐구했다. 글래스퍼는 재즈의 복잡함과 힙합의 대중성을 조화롭게 결합하여, 두 장르가 어떻게 함께 성장하고 발전할 수 있는지를 보여주었다.

두 문화의 만남, 그 끝없는 가능성

재즈와 힙합의 만남은 다른 세계가 하나로 합쳐지며 새로운 소리가 태어나는 과정이다. 이 두 장르는 그 특유의 깊이와 에너지로 청중을 사로잡았고, 그들이 함께할 때는 더 큰 힘을 발휘했다. 두 장르의 만남이 만들어내는 소리는 끝이 없다. 그것은 계속해서 진화하며, 새로운 세대의 음악가들에게 영감을 주고 있다.

당신은 지금 재즈가 듣고 싶습니다

〈Cantaloop (Flip Fantasia)〉 by Us3 「Hand on the Torch」 Blue Note Records, 1993

허비 행콕의 재즈 명곡 〈Cantaloupe Island〉를 샘플링 하여 재즈와 힙합의 완벽한 결합을 보여준 곡으로, 1993년 발매 당시 큰 인기를 끌며 두 장르의 만남을 대중적으로 알린 대표작이다. 이 곡은 재즈의 복잡한 멜로디와 힙합의 강렬한 비트를 결합해 재즈 랩이라는 새로운 흐름의 가능성을 상징적으로 제시했다.

지평선 너머로 이어지는
선율의 향연

우리는 종종 변화와 진보를 버거워한다. 나 역시 마찬가지다. 때로는 어떤 것들은 그냥 그 자리에 멈춰 있었으면 좋겠다고 생각할 때가 있다. 그러나 고인 물은 결국 썩는다. 앞으로 나아가지 않으면 그 자리에 머무는 것이 아니라, 오히려 뒤로 밀려나고 만다. 〈Song 6 모던 재즈 무브먼트〉를 통해, 재즈가 어떻게 전통의 틀을 벗어나 현대적인 진화를 거듭하며 끊임없이 발전해왔는지 살펴보았다.

재즈는 전통을 지키는 데 그치지 않고, 새로운 리듬과 소리를 받아들이며 스스로를 확장해갔다. 존 콜트레인의 탐구는 재즈가 어디까지 깊어질 수 있는지를 보여주었고, 재즈 펑크와 같은 장르는 그 리듬으로 새로운 세대를 매혹했다. 윈튼 마살리스와 허비 행콕의 대립적인 모습은 재즈가 전통과 혁신 사이에서 끊임없이 고민하고 성장하는 모습을 보여준다. 그리고 재즈와 힙합의 만남은 음악이 더는 경계에 갇혀 있지 않음을 증명한다. 재즈는 과거를 기억하며 현재를 살고, 미래로 나아가는 음악이다. 이런 점에서 함께 걸어가는 동반자 같은 존재다. 변화를 두려워하지 않는 용기, 그리고 그 변화 속에서도 잃지 않는 본질. 그게 바로 재즈의 매력이고, 우리가 재즈를 사랑하는 이유다.

이러한 이유로 재즈는 많은 사람에게 매혹적인지만 낯설고 복잡하게도 느껴지는 음악 장르이다. 흔히 '재즈는 어렵다.', '재즈는 전문가만 즐길 수 있다.'라고 생각한다. 나 또한 그랬었다. 재즈 공부를 시작한 후, 사람을 오해하게 하는 건 재즈의 잘못일 수 있다고 생각했다. 재즈 자체가 사람들을 오해하도록 유도하고 우리는 그 속임수에 넘어간다. 모던 재즈 무브먼트의 맥락에서 재즈에 대한 오해는 특히 두드러진다. 재즈에 대한 흔한 오해들은 일반적으로 고정관념들인 경우가 많다. 이러한 고정관념들은 때로는 그 진정한 가치를 왜곡한다.

재즈는 '흑인 노예들'이 만든 음악이다?

흔히들 재즈를 흑인 노예들의 고통과 슬픔을 표현한 음악으로만 이해하는 경향이 있다. 물론, 재즈의 뿌리는 아프리카계 미국인들의 역사와 깊게 연결된다. 그러나 재즈는 단순한 슬픔의 표현을 넘어 그들의 희망, 저항, 그리고 삶의 기쁨을 담고 있다. 재즈는 특정 인종이나 집단의 전유물이 아니라, 모든 인류가 공감하고 참여할 수 있는 음악이다. 재즈는 문화적 경계를 넘어 전 세계적으로 사랑받고 있으며, 누구나 그 매력에 빠질 수 있다.

재즈는 '어려운' 음악이다?

재즈에 대한 또 다른 오해는 재즈가 매우 어려운 음악이라는 편견이다. 재즈의 즉흥성과 복잡한 코드 진행은 처음에는 어려워 보일 수 있다. 하지만, 욕심을 버리면 재즈는 초보자도 쉽게 접근할 수 있는 음악이다. 재즈는 기술

239

적인 완성도 보다는 감정과 표현이 중요한 장르다. 즉흥 연주를 통해 자신의 이야기를 음악으로 표현하는 풍부한 기회가 주어지기에, 아마추어든 전문가든 누구나 재즈를 즐길 수 있다.

재즈를 처음 접하는 사람들에게는 이러한 즉흥성과 복잡함이 혼란스럽게 느껴질 수 있지만, 이는 음악의 다양한 면모를 경험할 기회이기도 하다. 사실, 재즈는 감상자의 참여를 요구하는 음악이다. 그저 흘러가는 음악이 아니라, 매 순간 귀 기울여야 할 음악이다. 그렇기에 재즈는 감상자를 더욱 몰입하게 만들고, 새로운 음악적 경험을 선사한다.

물론 재즈는 깊이 파고들수록 어려운 매력을 가지고 있다. 하지만 동시에 누구나 쉽게 즐길 수 있는 단순한 멜로디와 리듬을 품고, 많은 사람의 마음을 사로잡는다. 그래서 재즈는 삶의 종합 예술이라 불릴 만하다. 복잡하고 깊이 있는 철학을 담으면서도, 그 철학을 단순하고 쉽게 푸는 힘을 재즈의 본질은 가지고 있다.

재즈는 '전문가'만 즐길 수 있다?

재즈는 전문가만 즐길 수 있는 음악이라는 오해 역시 흔하다. 하지만 재즈는 그 자체로도 충분히 즐길 수 있는 음악이다. 예를 들어, 루이 암스트롱의 명곡 〈What a Wonderful World〉는 재즈에 대한 깊은 지식이 없어도 누구나 즐길 수 있다. 재즈는 우리가 일상에서 쉽게 접할 수 있는 배경 음악의 한 형태로도, 익숙한 리듬과 멜로디를 직관적으로 체험할 수 있다. 또한, 재즈는 다양한 하위 장르가 있어, 각자의 취향에 맞는 음악을 쉽게 찾을 수 있다. 스윙, 비밥, 쿨 재즈, 보사노바 등 다양한 스타일은 재즈를 듣는 사람에게 다양한 선택의 기회를 제공한다.

재즈는 '옛날 음악'이다?

많은 사람이 재즈를 옛날 음악으로 생각한다. 아마도 재즈의 황금기인 20세기 초반 이미지가 강하게 각인되어 있기 때문일 것이다. 그러나 재즈는 여전히 현재 진행형이다. 현대 재즈 뮤지션들이 전통적인 재즈 요소를 유지하면서도 새로운 실험과 변화를 통해 재즈의 경계를 확장하고 있다. 예를 들어, 힙합이란 장르와 결합한 재즈, 전자 음악과 혼합된 재즈 등 새로운 형태의 재즈가 계속해서 등장한다. 이는 재즈가 여전히 살아 있고, 시대와 함께 진화하는 음악임을 보여준다.

재즈는 '특별한 상황'에서만 어울리는 음악이다?

재즈는 특별한 분위기나 장소에서만 어울리는 음악이란 생각도 흔한 오해 중 하나다. 재즈는 매우 다양한 감정을 표현할 수 있는 음악이다. 단순히 분위기 있는 카페나 고급 레스토랑에서만 들을 수 있는 음악이 아니라, 일상 속에서도 충분히 즐길 수 있는 음악이다. 아침을 여는 상쾌한 기분을 돋우는 밝은 재즈, 오후의 나른함을 달래줄 여유로운 재즈, 밤의 고요를 더욱 깊게 만들어 주는 감성적인 재즈 등, 재즈는 우리 일상 속 다양한 순간과 감정을 함께 할 수 있는 음악이다.

재즈, 오해하게 만드는 건 재즈의 잘못이다

재즈는 복잡하고 매혹적인 음악 장르다. 많은 이들이 재즈를 단순히 '깊은 바이브'로 혹은 '특정 분위기'를 만드는 음악으로 오해한다. 하지만 이 오해는 재즈 자체에서 비롯된 것일지도 모른다. 재즈는 그 자체로 강렬한 감성을 자극하는 음악이다. 느릿한 템포, 독특한 리듬, 그리고 강렬한 블루스 코드 진행은 재즈를 다른 음악 장르와 차별화하는 요소다. 이런 요소들이 합쳐지면, 재즈는 자연스럽게 '끈적한 바이브'와 독특한 분위기를 창출한다. 이는 재즈가 로맨틱한 밤, 깊은 사색의 순간, 혹은 감성적인 무드에 어울리는 음악으로 여겨지는 이유이다.

그러나 이런 분위기만이 재즈가 가진 매력의 전부는 아니다. 재즈는 때로 활기차고 격렬하며, 실험정신으로 충만하다. 재즈는 단지 배경 음악이 아니라, 듣는 이로 하여금 몰입하게 만들고, 새로운 감각을 일깨우는 음악이다. 그러나 이처럼 다양한 재즈의 얼굴이 오히려 사람에게 그 진정한 본질을 오해하게 만들기도 한다. 재즈는 대중음악과의 경계를 모호하게 만들며, 그 독창성과 혁신성 때문에 이해하기 어려운 음악으로 여겨진다. 그러나 이 모든 건 재즈가 가진 매력 중 일부에 불과하다. 재즈는 그 안에 다양한 색채와 감정을 담고 있으며, 그것이 바로 재즈를 끊임없이 매력적으로 만드는 요소이다.

재즈 보컬리스트인 나에 대한 오해

재즈 보컬리스트로 활동하는 나는 다양한 오해와 맞닥뜨리곤 한다. 사람들은 종종 재즈 뮤지션에 대해 자유롭고 낭만적인 이미지를 떠올린다. 자유연애를 즐기고, 술과 담배, 심지어 마약에 탐닉하는 이미지 말이다. 실제로 재즈 역사상 많은 뮤지션이 마약이나 술로 인해 비극적인 결말을 맞이한 예도 많다. 하지만, 모든 재즈 뮤지션이 결코, 그렇지는 않다. 많은 재즈 아티스트들은 이성과 감성이 조화로운 유지와 지속을 일궈나간다. 또한, 극단적인 감성의 세계에서 벗어나 현실적이고 규칙적인 삶을 추구하기도 한다.

나는 오히려 재택근무를 즐기는 편이다. 사교적인 삶보다는 집에서 음악 작업, 책 작업, 프레젠테이션 자료 등을 작업하는 시간에 몰두하는 것을 선호한다. 이런 나의 규칙적인 모습에 나를 처음 접한 지인들은 놀라곤 한다. 재즈는 내게 있어 단순한 자유로움의 표현이 아니라, 규칙과 질서 속에서 이뤄지는 예술적 작업이다. 사람들은 종종 재즈 뮤지션이 모든 것을 즉흥적으로 처리할 거로 생각하지만, 나는 오히려 체계적이고 계획적인 성향이 강하다. 낭만보다는 현실적인 관점을 중시하며, 극한의 감정 표현보다는 이성적인 면에 접근해 음악을 창조하는 것을 좋아한다. 하지만 동시에 그때의 공기와 그때의 느낌에 흐름을 맡기는 것을 선호한다. 결국, 삶도 재즈도 조화가 중요하다.

재즈는 많은 사람을 오해하게 하는 음악이 틀림없다. 이는 재즈가 가진 매력 때문이기도 하고, 변덕스러운 본질 때문이기도 하다. 재즈는 하나의 형태로 정의되기를 거부하고, 끊임없이 변화하며 새로운 모습을 보여준다. 이 때문에 때로는 재즈를 제대로 이해하지 못하고 술자리에서나 어울리는 음악이란 편견과 잘못된 선입견을 품게 된다. 그러나 이것이 재즈의 잘못이라면, 오히려 그것은 재즈가 지닌 가장 큰 힘일지도 모른다.

재즈는 마치 교묘한 함정을 파놓고 사람들을 기다리는 것 같다. 처음엔 가볍게 발을 들여놓지만, 어느새 그 깊고 복잡한 세계 속으로 빠져들게 된다. 어떤 이들은 그 함정에 갇힌 채 허우적거리다 결국 포기해버리고, 어떤 이들은 그 미로 같은 소리의 유혹을 견디지 못하고 더 깊이 빠져든다. 그러다 보면 결국, 우리가 재즈를 듣는 것인지, 재즈가 우리를 듣는 것인지 헷갈리는 순간이 찾아온다.

재즈는 쉽게 정의되지 않기에 언제나 새로운 것을 탐구하게 만들고, 그 본질에 대해 끊임없이 질문하게 한다. 재즈의 매력은 그 복잡함과 변화무쌍함에 있으며, 바로 그 점에서 재즈는 진정한 예술로 인정받을 것이다. 만약 재즈를 오해하고 있다면 당신은 재즈를 알아가고 있는 과정에 있는 것이다. 이 경우, 우리는 순수의 마음을 담아 재즈에게 책임을 묻자.

재즈, 너 때문이야.

Song 7

글로벌 재즈

세계 곳곳에서 피어난 다채로운 멜로디

*"Improvisation is the essence of jazz, and I love the freedom of it.
The possibility of hearing new things each time you play is what keeps me inspired."*

**"즉흥 연주는 재즈의 본질이며, 저는 그 자유로움을 사랑합니다.
연주할 때마다 새로운 것을 들을 수 있는 가능성이 저를 계속해서 영감을 받게 합니다."**

Django Reinhardt

장고 라인하르트

♩

리듬의 경계를 넘어서
라틴

라틴 재즈, 그 안에는 아프로-쿠반 리듬의 복잡한 울림과 전통 재즈의 자유로운 즉흥성이 얽혀 있다. 이 두 세계가 만나 만들어낸 음악은 매 순간이 생명력으로 넘쳐난다. 가슴을 두드리는 리드미컬한 아프로-쿠반의 비트와 매혹적인 멜로디의 흐름은 단순히 귀로 듣는 것을 넘어, 몸으로 느껴지는 음악이다. 마치 이 리듬이 심장을 대변하는 것처럼, 라틴 재즈는 그 깊이에서 듣는 이의 내면을 흔든다.

고통 속에서 피어난 소리, 아프로-쿠반 리듬의 뿌리

라틴 재즈의 기원을 찾아 거슬러 올라가면 아프리카 대륙과 연결된 선이 보인다. 쿠바로 끌려온 아프리카 노예들은 그들의 고난 속에서도 음악을 잃지 않았다. 그들의 몸짓과 손짓에서 흘러나온 리듬은 스페인의 음악적 요소와 섞이며 독특한 아프로-쿠반 정체성을 만들었다. 손son, 룸바, 맘보 같은 음악들이 그 뿌리에서 피어났고, 이들은 라틴 재즈의 탄생을 위한 밑거름이 되었다.

그리고 1940년대와 1950년대 쿠바 음악가들과 미국 재즈 아티스트들이 뉴욕에서 만나기 시작했다. 그들은 서로의 음악을 깊이 이해하고, 그것을 한데 녹여내어 아프로-쿠반 리듬과 재즈를 결합한 새로운 세계를 열었다. 이 음악적 협업은 '마치토와 그의 아프로-쿠반즈'의 연주로 시작되었고, 그들의 1943년 공연은 라틴 재즈의 공식적인 탄생을 알린 사건으로 남았다.

리듬의 개척자들, 선구자들의 발걸음

라틴 재즈가 그 길을 넓혀갈 수 있었던 것은 선구자들이 있었기 때문이다. 그들은 자신들의 음악을 통해 새로운 장을 열었다.

① **마리오 바우자**Mario Bauzá는 그중에서도 중요한 인물이다. '라틴 재즈의 아버지'로 불리는 바우자는 쿠바에서 클라리넷과 색소폰을 연주하던 음악가였다. 1930년대에 뉴욕으로 이주한 그는 아프로-쿠반 음악과 미국의 빅 밴드 재즈를 연결하는 다리가 되었다. 그가 만들어낸 리듬과 화성은 그 자체로 혁신이었다. 디지 길레스피와의 만남도 이 시기였다. 바우자는 길레스피에게 아프로-쿠반 리듬을 소개했고, 그들의 협업은 후에 라틴 재즈의 중요한 이정표가 된다.

② **마치토** 또한 바우자와 함께 라틴 재즈의 큰 흐름을 이끌어낸 인물이다. 1940년 '마치토와 그의 아프로-쿠반스' 밴드를 결성하고 아프로-쿠반 리듬을 빅 밴드 재즈와 통합해냈다. 그들의 음악은 당시 재즈 씬에서 혁명이었다. 그중에서도 1950년에 발매

마치토(1909~1984년)

된 「아프로-쿠반 재즈 스위트Afro-Cuban Jazz Suite」는 아프로-쿠반 리듬과 재즈가 경계 없는 하나의 음악으로 재탄생한 명반으로 기억된다.

③ **디지 길레스피**는 비밥의 대가로, 아프로-쿠반 리듬을 재즈에 완벽하게 녹여낸 음악가다. 클래식 교육을 받았던 길레스피는 마리오 바우자와의 인연으로 쿠바의 뛰어난 콩가 연주자 차노 포조Chano Pozo를 알게 되었고, 그들과의 협업으로 라틴 재즈의 대표곡이 탄생했다. 〈만테카Manteca〉와 〈쿠바노 비, 쿠바노 밥Cubano Be, Cubano Bop〉은 라틴 재즈의 진정한 시작을 알린 곡들이었으며, 비밥의 복잡한 화성과 아프로-쿠반 리듬이 조화를 이루는 상징적인 작품으로 남아 있다.

④ **차노 포조**는 아프로-쿠반 리듬의 진정한 영혼을 담은 타악기 연주자이자 음악가였다. 하바나 출신의 포조는 길레스피와의 짧지만 강렬했던 파트너십을 통해 라틴 재즈의 초석을 쌓아 올렸다. 그의 콩가 연주는 그 자체로 아프로-쿠반의 역사를 이야기한다. 그리고 그 리듬은 곧 라틴 재즈의 심장 박동이 되었다.

⑤ **티토 푸엔테**는 라틴 재즈의 왕으로 불렸다. 1960년대와 1970년대의 라틴 재즈를 대표하는 얼굴이었다. 다재다능한 작곡자이자 편곡자였던 그는 팀발레스 연주로 전 세계의 청중을 사로잡았다. 〈오예 코모 바Oye como va〉와 같은 그의 히트곡들은 재즈 화음과 아프로-쿠반 리듬이 얼마나 조화롭게 어우러질 수 있는지를 증명하는 곡이다. 그의 음악은 리듬과 멜로디, 그리고 그 안에 담긴 열정을 완벽하게 담아냈다. 티토 푸엔테는 그 리듬을 온몸으로 표현했고, 청중은 그 리듬 속에서 함께 춤을 추었다.

마치토와 그의 아프로 쿠반 밴드, 1947

리듬이 이끄는 여정, 라틴 재즈의 독특한 소리

라틴 재즈는 단순히 한 장르에 머물지 않는다. 그것은 리듬, 멜로디, 하모니가 고유한 방식으로 섞여 만들어진 유기적인 소리의 흐름이다. 그 중심에는 아프로-쿠반 리듬이 있다. 클라베clave, 맘보, 차차차 같은 리듬이 얽혀, 라틴 재즈만의 고유한 세계를 펼친다. 이 리듬들은 타악기percussion의 울림을 통해 더욱 깊이 전해진다. 콩가congas, 봉고bongos, 팀발레스, 그리고 카우벨cowbells의 소리는 라틴 재즈의 영혼을 담고 있다.

그중에도 클라베 리듬은 라틴 재즈의 심장 박동이라 할 수 있다. 클라베는 두 개의 나무 막대가 만들어내는 단순하면서도 강렬한 소리이지만, 그 안에는 무수한 리듬적 변주가 담겨 있다. 이 리듬에는 손 클라베son clave와 룸바 클라베rumba clave라는 두 가지 큰 흐름이 있다. 이들은 다른 모든 리듬을 포용하며 라틴 재즈의 독특한 그루브를 만들어낸다. 그리고 그 위를 넘나드는 것은 복잡한 *싱코페이션Synchopation과 *폴리리듬Polyrhythm이다.

* 싱코페이션(Synchopation): 라틴 재즈는 오프 비트와 예상치 못한 악센트에 강조를 두는 복잡한 싱코페이션을 특징으로 한다. 이는 역동적이고 추진력 있는 느낌을 만든다.

* 폴리리듬(Polyrhythm): 재즈에서 폴리리듬은 두 개 이상의 서로 다른 리듬이 동시에 연주되는 것을 의미한다.

라틴 재즈는 마치 시계처럼 규칙적인 리듬 속에 예측 불가능한 박자를 얹어, 청중을 긴장과 흥분 속으로 몰아넣는다. 두 개 이상의 서로 다른 리듬이 얽히고설키는 폴리리듬 속에서 라틴 재즈는 그 진정한 매력을 발산한다. 이 모든 것은 피아노와 베이스가 만드는 *몬투노montuno와 *툼바오tumbao 패턴 위에서 자유롭게 펼쳐진다. 그 리듬 안에서 이루어지는 즉흥 연주는 라틴 재즈의 본질을 보여준다. 그 즉흥성은 순간순간 새로운 세계를 만들어내는 것이다.

* 몬투노(montuno): 쿠바 음악에서 유래한 피아노 리듬 패턴으로, 살사와 같은 라틴 음악에서 반복적인 코드 진행과 즉흥적인 변주를 특징으로 한다.

* 툼바오(tumbao): 아프로-쿠반 음악에서 사용되는 베이스 패턴으로, 주로 클라베 리듬을 기반으로 하여 살사, 맘보, 차차차 등에서 독특한 그루브를 형성한다.

변화를 안고 흐르는 리듬, 라틴 재즈의 진화

라틴 재즈는 시간이 흐름에 따라 끊임없이 변화하고 성장해 왔다. 1960년대와 1970년대는 라틴 재즈가 또 다른 전환점을 맞이한 시기였다. 티토 푸엔테, 몽고 산타마리아 Mongo Santamaría, 에디 팔미에리, 칼 제이더 같은 아티스트들이 살사, 록, 펑크 같은 요소들을 라틴 재즈에 융합했다. 그 결과 라틴 재즈는 더 다양한 청중을 끌어들이며 인기를 얻었다.

몽고 산타마리아는 그 리듬을 더욱 확장해 라틴 리듬과 소울, 재즈를 결합한 히트곡 〈워터멜론 맨〉을 탄생시켰다. 그 곡은 곧 전 세계적으로 인기를 끌며 라틴 재즈가 가진 폭넓은 가능성을 입증했다. 에디 팔미에리는 더욱 혁신적인 편곡과 아프로 카리브 리듬을 통해 라틴 재즈의 경계를 넓혔고 비브라폰 연주자 칼 제이더는 그의 1979년 앨범 「라 온다 바 비엔La Onda Va Bien」으로 그래미상을 수상하며 라틴 리듬이 정통 재즈와도 완벽히 조화를 이룰 수 있음을 증명했다.

현대의 라틴 재즈, 그 끝없는 변주

오늘날에도 수많은 아티스트들이 라틴 재즈의 전통을 잇고 있으며, 그 음악적 세계를 넓혀가고 있다. 파키토 디리베라Paquito D'Rivera, 아르투로 산도발 Arturo Sandoval, 추초 발데스 같은 인물들은 그 리더들이다.

파키토 디리베라는 클라리넷과 색소폰 연주를 통해 라틴 재즈의 현대적 변주를 이끌어가고 있으며, 그의 음악은 클래식과 라틴 재즈 모두에서 높은 평가를 받고 있다. 아르투로 산도발은 트럼펫 연주자로서 라틴 재즈에 클래식과 팝 요소를 결합하여 그 스펙트럼을 넓히는 데 기여했다. 추초 발데스는 혁신적인 피아노 연주와 작곡으로 라틴 재즈의 새로운 가능성을 열어가고 있는 현대의 선구자다.

파키토 디리베라(1948~현재)　　　아르투로 산도발(1949~현재)　　　추초 발데스(1941~현재)

리듬을 넘어선 소통, 라틴 재즈의 세계적 확산

　　라틴 재즈는 미국과 쿠바에서 시작되었지만, 그 리듬은 국경을 넘어 퍼져 나갔다. 라틴 재즈는 이제 라틴 아메리카의 다른 국가들뿐만 아니라 유럽, 일본 등지에서도 강력한 팬층을 형성하고 있다. 특히 미국의 라틴 음악가들과 재즈 아티스트들 간의 협업은 이 장르의 성장을 가속하는 데 중요한 역할을 했다.

　　라틴 재즈는 특정 지역을 넘어 현대 재즈와 살사, 브라질의 재즈 같은 장르에 깊은 영향을 미치며 글로벌 음악 시장의 중심으로 자리 잡았다. 허비 행콕과 칙 코리아 같은 아티스트들이 라틴 재즈의 요소를 그들의 음악에 도입하며, 음악적 교류는 더욱 다채로워졌다.

　　이러한 상호 교류는 세계 음악을 더욱 풍요롭게 만들었다. 라틴 재즈는 그 자체로 문화적 협력과 융합의 힘을 증명하는 장르다. 아프로-쿠반 리듬의 강렬함과 재즈의 자유로운 즉흥성이 만나 만들어낸 이 소리는 시간이 흐를수록 더욱 다채롭게 변주되고 있다.

라틴 재즈는 수십 년 동안 변화와 발전을 겪으면서 다양한 음악 전통 사이에서 끊임없는 대화를 이어왔다. 이 대화는 문화와 문화를 잇는 다리가 되었고, 세계 곳곳의 사람들을 이어주는 보편적 언어가 되었다. 라틴 재즈는 우리가 사는 세상의 다양성과 그 안에서 피어나는 예술의 혁신을 상징한다. 오늘날에도 라틴 재즈는 그 리듬의 흐름을 멈추지 않는다. 그것은 여전히 변화하고 있으며, 더 많은 사람을 그 열정의 소리로 초대한다.

❙ 〈Manteca〉by Dizzy Gillespie와 Chano Pozo 「Afro」 Norgran, 1954

이 곡은 라틴 재즈의 시작을 알린 상징적인 작품으로, 아프로-쿠반 리듬과 비밥의 복잡한 화성을 완벽하게 결합한 걸작이다. 디지 길레스피와 쿠바 출신의 타악기 연주자 차노 포조의 협업을 통해 1947년에 탄생했다. 마리오 바우자의 추천으로 길레스피 빅 밴드에 합류한 포조는 아프로-쿠반 리듬의 본질을 담아냈고, 길레스피는 비밥의 화성과 즉흥성을 더해 이 곡을 완성했다. 특히 포조가 창안한 아프로-쿠반 *오스티나토Ostinato와 길레스피가 작곡한 16마디 브릿지가 어우러져 독창적인 사운드를 만들어냈다. 이 곡은 카네기 홀에서 초연되어 큰 호평을 받았으며, 이후 라틴 재즈의 대표작으로 자리 잡았다.

* 오스티나토(Ostinato): 음악에서 반복적으로 사용되는 리듬이나 멜로디 패턴으로, 곡의 구조와 분위기를 형성하는 데 중요한 역할을 한다.

♪

서정적 멜로디 속 독창성
유럽

재즈는 미국에서 탄생했다. 하지만 곧 대서양을 건너 유럽에 도착했고, 새로운 색깔을 입게 되었다. 20세기 초 유럽은 재즈라는 자유롭고 독창적인 예술 형태를 받아들였다. 유럽은 재즈를 자신들의 문화와 역사 속에서 다시 해석했다. 이곳에서는 재즈가 특정 스타일에 머무는 것이 아니라, 다양한 요소들을 흡수하며 끊임없이 변했다. 때로는 고전 음악과 만나고, 때로는 전통 민속음악과 어우러지며, 유럽 특유의 서정성과 깊이를 품은 음악으로 진화했다. 유럽 재즈의 이야기는 그래서, 변화를 두려워하지 않는 탐구의 여정이자, 새로운 가능성을 찾아가는 흥미로운 모험이다.

새로운 세계를 향한 첫걸음, 유럽에 도착한 재즈

재즈가 유럽으로 건너온 것은 1차 세계대전 즈음이었다. 전쟁의 혼돈 속에서 미국 병사들과 아프리카계 미국인 음악가들은 재즈의 비트를 유럽에 전파했고, 이 리듬은 녹음과 공연을 통해 빠르게 퍼져나갔다. 파리, 베를린, 런던 같은 도시는 이 새로운 음악을 환영하는 뜨거운 중심지가 되었다. 파리에서는 재즈 클럽이 생겨났고, 미국에서 온 음악가들이 공연을 펼쳤다. 그중에서도 전설적인 재즈 클럽 '르 샤 누아Le Chat Noir'는 파리 재즈 씬의 핵심이었다.

현지 음악가들은 이 새로운 소리를 열렬히 받아들였고, 그들의 전통적 감성과 결합하여 독특한 유럽 재즈를 만들어냈다. 특히 장고 라인하르트Django Reinhardt, 스테판 그라펠리Stéphane Grappelli는 유럽 재즈의 독자적인 정체성을 확립한 인물들이다. 장고는 로마 음악과 재즈를 융합해 독특한 '집시 재즈Gypsy Jazz'라는 새로운 장르를 만들어냈다. 그가 만들어낸 음악은 그 당시만이 아니라 이후 세대의 음악가들에게도 지대한 영향을 미쳤다.

1920년대와 1930년대, 번영과 예술의 시대

1920년대와 1930년대는 재즈가 유럽에서 하나의 문화적 상징으로 자리 잡은 시기였다. 파리는 미국에서 온 음악가들, 특히 시드니 베셰Sidney Bechet와 조세핀 베이커Josephine Baker 같은 아프리카계 미국인 음악가들에게 매력적인 무대가 되었다. 파리의 재즈 클럽과 거리에서는 샹송과 뮈제트 같은 현지 음악이 재즈와 만나 새로운 형태로 변모해갔다. 이 도시는 시대의 문화적 역동성을 그대로 담아낸 재즈의 수도였다.

같은 시기, 독일의 베를린 역시 활기찬 재즈 씬을 맞이하고 있었다. 에릭 보차드Eric Borchard와 테디 스타우퍼Teddy Stauffer는 베를린의 재즈 문화를 발전시키는 데 큰 역할을 했고, 그들의 활약 덕분에 베를린은 유럽 재즈의 또 다른 중심지로 떠올랐다. 하지만 이 시기의 영광은 오래가지 못했다. 1930년대에 나치 정권이 등장하며 재즈는 '퇴폐 음악'으로 낙인찍혔다. 독일의 재즈 운동은 억압받았고, 음악가들은 숨을 죽여야만 했다. 그러나 지하에서는 여전히 재즈의 불꽃이 살아 있었다. 금지된 음악이 오히려 더 강한 생명력을 가지는 아이러니 속에서, 혁신은 멈추지 않았다.

전쟁 후의 재생, 르네상스 시대

2차 세계대전이 끝난 후, 유럽은 재건의 시간을 맞이했다. 전쟁으로 황폐해진 대륙은 미국의 마셜 플랜을 통해 경제적 재건을 시작했지만, 문화적 재건이 함께 뒤따랐다. 미국 문화에 대한 열망이 커지면서, 재즈는 다시 한번 유럽에서 그 빛을 발하기 시작했다. 파리 재즈 페스티벌과 스위스의 몽트뢰 재즈 페스티벌 같은 중요한 무대들이 생겨났고, 미국의 재즈 거장들이 유럽을 순회하면서 새로운 세대의 음악가들에게 영감을 주었다.

이 시기에는 유럽의 재즈 씬도 독자적인 목소리를 내기 시작했다. 스웨덴의 피아니스트 얀 요한손Jan Johansson은 스웨덴 민속음악을 재즈와 융합해, 그 특유의 서정적인 사운드를 만들어냈다. 한편, 영국에서는 색소폰 연주자 로니 스콧Ronnie Scott이 런던에 상징

Ronnie Scott's Jazz Club, 런던, (1959~현재)

적인 재즈 클럽을 열었고, 이곳은 곧 유럽 재즈의 성지가 되었다. 그 클럽의 이름은 바로 '로니 스콧 재즈 클럽Ronnie Scott's Jazz Club'이다. 1959년에 문을 연 이곳은 재즈 아티스트들과 팬들이 모여 음악과 이야기를 나누는 특별한 공간이 되었다. 로니 스콧의 클럽은 유럽 재즈의 중심지로 자리 잡았고, 오늘날까지도 세계적으로 유명한 재즈 공연장으로 사랑받는다.

비밥과 쿨 재즈, 새로운 파동의 시작

1940년대와 1950년대, 미국에서 시작된 비밥과 쿨 재즈의 물결이 유럽에도 도달했다. 비밥은 그 복잡한 하모니와 빠른 템포로 유럽의 음악가들을 매료시켰다. 찰리 파커와 디지 길레스피 같은 전설적인 인물들이 유럽을 순회하며 그들의 음악을 전파했을 때 유럽의 젊은 음악가들은 새로운 시도를 시작했다. 프랑스의 색소폰 연주자 바니 윌렌Barney Wilen과 피아니스트 르네 우르트레제René Urtreger는 그 대표적인 인물이었다.

그러나 쿨 재즈도 그만큼 강력한 영향을 미쳤다. 느긋한 템포와 부드러운 음색의 쿨 재즈는 유럽의 정서와 잘 맞아떨어졌다. 스웨덴 색소폰 연주자 라르스 굴린Lars Gullin과 프랑스 피아니스트 마르샬 솔랄Martial Solal은 쿨 재즈의 선두자로, 그들은 유럽의 감성을 가미한 독특한 재즈 스타일을 창조해냈다. 유럽 재즈는 이렇게 미국의 영향 속에서도 그들만의 목소리를 찾아갔다. 그 목소리는 미국에서 넘어온 새로운 사조와 결합하며, 전 세계적으로 그들만의 자리를 확립해나갔다.

경계를 넘어선 소리, 아방가르드 재즈의 혁신

1960년대와 1970년대, 유럽 재즈는 새로운 실험과 혁신의 시대로 들어섰다. 음악가들은 그들만의 자유로운 영역을 개척하기 시작했다. 그들이 탐구한 것은 바로 아방가르드와 프리 재즈였다. 이 새로운 흐름은 미국에서 출발했지만, 유럽의 음악가들은 한 걸음 더 나아가 경계를 허물었다. 그들의 접근은 더 과감했고, 때로는 더 거칠었으며, 음악을 자유와 혁신의 공간으로 만들었다.

특히 독일에서는 색소폰 연주자 피터 브뢰츠만Peter Brötzmann이 그 선두에 섰다. 그의 음악은 마치 폭풍과 같았다. 1968년에 발표된 그의 앨범 「머신 건 Machine Gun」은 거칠고 강렬한 에너지로 가득 차 있었으며, 이는 음악적 선언 이었다. 브뢰츠만의 음악은 자유를 상징했으며, 기존의 모든 규칙을 거부하는 듯한 힘을 가지고 있었다.

한편 영국에서는 존 스티븐스John Stevens와 트레버 와츠Trevor Watts가 이끄는 즉흥적 음악 앙상블이 실험적인 집단 연주를 선보이며 재즈의 경계를 넓혀갔다. 이들의 연주는 즉흥성과 집단성을 중심으로 이루어졌고, 전통적인 재즈 형식에서 벗어나 새로운 길을 모색했다.

아방가르드 재즈의 또 다른 장면, 네덜란드와 스칸디나비아

유럽 아방가르드 재즈의 또 다른 중심지는 네덜란드였다. 피아니스트 미샤 멩겔베르크Misha Mengelberg와 드러머 한 베닝크Han Bennink는 네덜란드 인스턴트 컴포저스 풀Dutch Ensemble Instant Composers Pool이라는 앙상블을 설립하며 새로운 재즈의 시대를 열었다. 그들의 음악은 즉흥 연주와 클래식, 현대 음악을 결합한 독특한 혼합체였다. 그들은 재즈를 기존의 틀에서 해방시켜, 한순간의 영감을 소리로 표현하는 방식을 탐구했다.

스칸디나비아에서도 혁신의 바람이 불었다. 스웨덴의 색소폰 연주자 매츠 구스타프손Mats Gustafsson과 노르웨이 드러머 팔닐센-러브Paal Nilssen-Love는 민속음악과 기타 토착 전통 요소를 프리 재즈와 결합해 독특한 소리를 창조해 냈다. 이들은 단순히 음악의 실험을 넘어 그들의 문화적 뿌리까지 음악 속에 녹여내며 프리 재즈를 새로운 차원으로 확장했다. 이처럼 아방가르드 재즈는 각 나라의 전통과 음악적 자유가 교차하는 지점에서 탄생한 음악이었다.

전자 재즈와 ECM 레이블, 새로운 소리의 혁명

1960년대와 1970년대는 또 다른 혁신의 물결을 맞이했다. 그것은 바로 전자 음악이었다. 전자 음악의 등장은 재즈에도 깊은 영향을 미쳤다. 그중에서도 독일 프로듀서 만프레드 아이허Manfred Eicher가 설립한 ECM Edition of Contemporary Music 레이블은 이 변혁을 주도하는 데 중요한 역할을 했다. ECM의 사운드는 다른 어떤 레이블과도 달랐다. 미니멀하고 분위기 있는 미학, 그리고 전자적 요소가 결합된 그 음악은 독특한 울림을 만들어냈다. ECM 레이블은 그 자체로 유럽 재즈의 새로운 흐름을 상징했다. 전자 음악과의 결합은 재즈의 또 다른 가능성을 제시했으며, 유럽 재즈는 그 과정에서 더욱 넓은 영역으로 확장되었다.

특히 노르웨이 색소폰 연주자 얀 가르바렉Jan Garbarek과 독일 피아니스트 키스 자렛Keith Jarrett 같은 아티스트가 ECM을 통해 만들어낸 음악은 재즈의 새로운 장을 열었다. 노르웨이 색소폰 연주자 얀 가르바렉은 재즈에 클래식과 민속음악, 그리고 전자적 요소를 결합하여 새로운 소리를 창조했다. 그의 연주는 마치 북유럽의 고요한 대지 위에서 펼쳐지는 서정시처럼 깊이 있는 감성을 전달했다. 한편 키스 자렛은 독일 피아니스트로서 ECM을 통해 전자 음악과 재즈를 융합한 곡들을 녹음했다. 그의 음악은 ECM의 대표적인 사운드로 자리 잡았다. 그의 음악의 특징은 철저히 개인적인 세계에서 나오지만, 묘하게도 듣는 사람마다 각자 다른 추억과 감정을 불러일으킨다. 마치 오래된 찻집에서 우연히 흘러나온 곡이, 나도 모르게 내 어린 시절을 떠올리게 만드는 것처럼 말이다.

유럽 재즈를 이끈 주요 아티스트들

① 장고 라인하르트

유럽 재즈의 역사에서 빼놓을 수 없는 이름, 장고 라인하르트는 벨기에 출신의 로마 기타리스트로 그의 음악은 그 자체로 혁명이었다. 그는 두 손가락만으로 기타를 연주하는 독특한 기교를 통해 유럽 재즈의 판도를 바꿨다. 라인하르트는 자신의 음악적 뿌리인 로마 전통과 미국 재즈를 결합해 '집시 재즈'라는 독창적인 장르를 만들어냈다. 바이올리니스트 스테판 그라펠리와 함께 결성

장고 라인하르트(1910~1953년)

한 퀸텟 '두 핫 클럽 드 프랑스du Hot Club de France'는 그가 이끄는 음악적 실험의 무대였고, 그들의 협업은 재즈 역사에 길이 남을 순간이었다.

② 얀 가르바렉

노르웨이 출신의 색소폰 연주자 얀 가르바렉은 재즈의 경계를 새로운 차원으로 확장한 인물이다. 그의 사운드는 마치 북유럽의 풍경처럼 넓고 깊으며, 신비로운 울림을 담고 있었다. 가르바렉은 노르딕 민속음악을 재즈와 결합해 새로운 사운드를 창조했으며, 이 과정을 통해 유럽 재즈의 독자적인 목소리를 만들어냈다. 그가 국제적인 주목을 받게 된 계기는 피아니스트 키스 자렛과의 협업이었다. 그들의 앨범 「Belonging 1974」과 「My Song 1977」은 재즈와 민속음악이 어우러진 새로운 스타일을 제시하며, 얀 가르바렉을 세계적인 재즈 아티스트로 자리매김하게 했다.

③ 존 맥러플린

영국 출신의 기타리스트 존 맥러플린은
재즈 퓨전의 선구자로 잘 알려져 있다. 그
의 음악은 유럽 재즈에 깊은 흔적을 남겼으
며, 그가 만들어낸 스타일은 장르를 넘나들
며 새로운 길을 열었다. 특히 록과 인도 고
전 음악을 재즈에 혼합해 독창적인 음악
적 세계를 구축하여 재즈의 무한한 가능성
과 다채로운 변주를 증명했다. 그의 경력에
서 가장 빛나는 순간 중 하나는 마일스 데이

존 맥러플린(1942~현재), 2016

비스와의 협업이다. 그들이 함께 작업한 앨범 「In A Silent Way」 「Bitches
Brew」는 재즈 퓨전의 새 시대를 열었다. 이후 맥러플린은 '마하비슈누 오케
스트라'를 결성하며 퓨전 재즈의 진정한 선구자로 자리 잡았다.

오늘날의 유럽 재즈, 변화를 품은 혁신

1990년대 이후 유럽 재즈는 더욱 세계화되었다. 디지털 기술과 인터넷의
발전은 음악가들 간의 교류를 촉진했고, 유럽의 재즈 아티스트들은 그 어느
때보다도 다양한 문화적 영향을 받아들였다. 이 새로운 환경 속에서 젊은 세
대의 아티스트들이 등장해 장르의 경계를 확장하고 있다.

특히 주목할 만한 인물 중 한 명은 영국 출신의 색소폰 연주자 샤바카 허칭
스Shabaka Hutchings다. 그는 'Sons of Kemet'와 'The Comet Is Coming'
같은 밴드와 작업하며 재즈, *아프로비트Afrobeat, 전자 음악을 혁신적으로 융
합했다. 그의 음악은 전통과 현대가 만나는 지점에서 태어나, 새로운 시대의
유럽 재즈를 이끌어가고 있다.

263

프랑스에서는 트럼펫 연주자 에릭 트루파즈 Erik Truffaz가 재즈와 힙합, 록, *앰비언트 Ambient 음악을 결합해 독특한 현대적 사운드를 창조했다. 그의 음악은 과거와 현재, 그리고 미래를 잇는 새로운 가능성을 탐구하며, 재즈의 또 다른 모습을 보여주고 있다. 또한 스웨덴의 피아니스트 에스뵤른 스벤손 Esbjörn Svensson과 그의 트리오 'E.S.T'는 재즈와 팝, 록, 클래식 요소를 결합한 장르를 초월한 음악을 통해 세계적으로 찬사를 받았다. 그들의 음악은 재즈의 형식적인 틀을 넘어서, 감성적이고 서정적인 깊이를 담고 있다.

유럽 재즈의 집결자, 권위 있는 재즈 페스티벌들

오늘날 유럽 재즈는 그 어느 때보다도 활기차다. 유럽 전역에서 열리는 다양한 재즈 페스티벌들은 재즈의 발전과 교류를 촉진하는 중요한 역할을 하고 있다. 그중에서도 스위스의 몽트뢰 재즈 페스티벌 Montreux Jazz Festival, 네덜란드의 노스 시 재즈 페스티벌 the North Sea Jazz Festival, 이탈리아의 움브리아 재즈 페스티벌 the Umbria Jazz Festival은 세계적으로 권위 있는 재즈 행사들이다.

이 페스티벌들은 유럽 재즈의 세계적인 매력과 영향을 강조하는 중요한 플랫폼이다. 특히 몽트뢰 재즈 페스티벌은 1967년에 설립되어 세계에서 가장 권위 있는 재즈 페스티벌 중 하나로 자리 잡았다. 이곳에서는 전 세계의 재즈 아티스트들이 모여 음악을 통해 서로 교류하고 협업하며, 새로운 음악적 가능성을 탐구한다.

파리와 베를린의 나이트클럽에서 시작된 유럽 재즈의 여정은 오늘날까지 이어져 오고 있다. 그 과정에서 유럽 재즈는 다양한 문화적 영향을 흡수하며 끊임없이 변모해왔다. 유럽 재즈는 이제 그 자체로 하나의 문화적 유산이 되었으며, 앞으로도 세계 재즈 무대에서 중요한 역할을 할 것이다.

유럽 재즈, 그 끝없는 변주

유럽 재즈는 항상 변화를 추구해 왔다. 전통적인 재즈 형식에 머무르지 않고, 끊임없이 새로운 소리와 문화를 흡수하며 발전해 왔다. 아방가르드와 프리 재즈, 전자 음악의 도입 등 유럽 재즈는 그 시대마다 혁신을 거듭하며 변모했다. 그러나 그 중심에는 언제나 자유와 실험, 그리고 음악을 통한 새로운 소통이 있었다.

유럽 재즈는 그 자체로 하나의 거대한 실험장이었고, 그 속에서 음악가들은 끊임없이 경계를 넘나들었다. 그리고 그 경계를 넘는 과정에서, 유럽 재즈는 전 세계적인 영향력을 가진 퓨전의 흐름으로 자리 잡았다. 이제 유럽 재즈는 단순히 한 지역의 음악이 아니라, 다양한 문화와 시대를 아우르는 소리의 집합체로 남아 있다.

〈Minor Swing〉 by Django Reinhardt & Stéphane Grappelli 「Minor Swing」 Swing No. 23, 1937

: 〈마이너 스윙〉은 집시 재즈의 정수를 담고 있으며, 장고 라인하르트와 스테판 그라펠리의 음악적 혁신과 독창성을 잘 보여주는 상징적인 곡이다. 이 곡은 A 단조를 기반으로 하며, 단순한 구조에도 불구하고, 연주자들에게는 창의적인 즉흥성과 음악적 기량을 발휘할 수 있는 이상적인 무대를 제공하며, 장고의 독창적인 멜로디 아이디어를 인용하거나 새롭게 확장하는데 적합한 곡으로 인정받았다. 이러한 이유로 〈마이너 스윙〉은 단순히 한 곡을 넘어 유럽 재즈의 역사와 독특한 스타일을 가장 잘 대변하는 재즈 클래식으로 사랑받는다.

♪

자유로움에 스며든 동양의 철학

아시아

동서양의 조화를 이루는 아시아 재즈의 진화

재즈의 기원은 우리가 보통 뉴올리언스로 이야기하지만, 그 경계는 애초부터 명확하지 않았다. 마치 재즈가 스스로 자유를 찾으려는 본능처럼, 다양한 문화의 소리를 흡수하고 변화하는 속성 덕분에 지금까지도 새로운 형태로 계속 진화하고 있다. 그중에서도 동양 음악과의 만남은 매우 흥미로운 지점이다. 인도, 일본, 한국, 중국을 비롯한 아시아의 전통음악은 서양 재즈에 이국적이면서도 깊이 있는 영향을 미쳤다. 이 교차점에서 탄생한 아시아 재즈는 그 자체로 동서양의 조화를 이루며 독창적인 색채를 띠고 있다.

1) 모달 재즈와 인도 음악의 만남: 인도

재즈에서 동양의 영향이 본격적으로 시작된 것은 1950년대에서 1960년대로 거슬러 올라간다. 특히 모달 재즈가 인도 음악에 영향을 받으면서 그 변화는 두드러졌다. 인도 고전 음악은 복잡한 리듬 패턴 탈라과 모달 구조 라가를 특

267

징으로 하는데, 이것은 재즈의 즉흥성과 맞물려 더욱 깊이 있는 음악적 융합을 만들어냈다. 마일스 데이비스와 존 콜트레인은 모달 재즈의 선두주자로, 특히 존 콜트레인은 인도 음악에 큰 관심을 두었다. 그가 *시타르Sitar의 거장 라비 샹카르Ravi Shankar와 교류하며 얻은 영감은 그의 음악 속에 녹아들었다. 〈India〉와 〈A Love Supreme〉 같은 곡은 인도 라가의 구조를 바탕으로 즉흥 연주가 이루어졌고, 이는 재즈가 갖는 자유로움과 동양 음악이 지닌 영적 깊이가 교차하는 순간을 만들어냈다.

라비 샹카르의 시타르, 브리시티 뮤지엄

* 시타르(Sitar): 인도의 전통 현악기 중 하나로, 북인도의 클래식 음악에서 중요한 역할을 하는 악기이다. 긴 목과 공명 상자를 가진 현악기로, 독특한 울림과 복잡한 음색을 가지고 있어 인도의 음악적 정체성을 상징하는 악기 중 하나로 알려져 있다.

라비 샹카르(1920~2012년), 1967

'이국적'인 음계의 매력

듀크 엘링턴이나 델로니어스 몽크 같은 초기 재즈 거장들도 아시아 음악에서 영감을 얻었다. 그들은 5음 음계Pentatonic Scale나 온음 음계Whole-Tone Scale 같은 이국적인 음계들을 자신들의 곡에 통합했다. 이 음계들은 신비로움과 함께 낯선 세계로 들어가는 문을 열어주는 듯한 느낌을 준다. 서양의 조화로운 화성과는 또 다른 감각을 자극하며, 동양 음악 특유의 공간감과 정서를 더 해주었다. 덕분에 재즈는 세계의 소리를 포용하는 음악으로 변모하게 되었다.

재즈 악기와 아시아의 소리

아시아 전통 악기 역시 재즈의 세계에 자연스럽게 녹아들었다. 시타르, 고토, 샤쿠하치, 타블라 같은 악기들은 그 자체로 재즈의 새로운 사운드를 만들어냈다. 이를테면 존 맥러플린의 밴드 '샥티Shakti'는 그 대표적인 예라고 할 수 있다. 맥러플린은 시타르의 음색을 모방한 전기 기타를 연주했고, 인도 음악가들은 타블라와 바이올린을 사용해 재즈의 리듬과 결합했다. 두 세계가 하나로 융합되어 새로운 소리가 태어난 것이다. 이들의 음악은 각각의 뿌리를 살리면서도 전혀 새로운 음악적 지평을 열었다.

인도의 또 다른 중요한 인물, 바이올리니스트 L.수브라마니암L. Subramaniam은 재즈와 인도 고전 음악을 매끄럽게 잇는 다리 같은 존재였다. 그는 서양 클래식과 인도의 *카르나틱Carnatic 음악 모두에서 깊이 있는 훈련을 받았고, 그 덕분에 서양과 동양의 음악적 전통을 완벽하게 이해하고 있었다. 수브라마니암은 허비 행콕, 존 맥러플린 같은 재즈 거장들과 함께 작업하며, 인도의 라가와 재즈 즉흥 연주를 조화롭게 결합했다. 그의 바이올린 연주는 마치 두 세계가 서로를 존중하며 조화를 이루는 순간을 포착하는 듯했다. 그 소리는

269

두 문화의 복잡함을 감싸 안고, 마치 이를 설명하지 않고도 이해시키는 힘이
있다.

* 카르나틱(Carnatic): 남인도 전통음악으로, 복잡한 리듬 구조(탈라)와 즉흥 연주 요소가 강조되는 고전 음악 양식이다.

서양 재즈 음악가들의 아시아 체험

서양의 재즈 음악가들이 아시아를 직접 경험한 후 그들의 음악에 반영한
예도 많다. 피아니스트 데이브 브루벡은 1960년대 일본을 순회하며 느낀 인
상을 앨범 「Jazz Impressions of Japan」에 담아냈다. 그가 일본에서 경험
한 소리와 민요의 질감은 그의 재즈에 신선한 바람을 불어넣었다. 일본의 전
통음악이 재즈의 화성과 만나면서, 그의 음악은 한층 더 풍부한 느낌을 자아
냈다.

2) 아시아 재즈의 탄생: 일본

재즈는 일본에서 오래전부터 사랑받았다. 재즈가 일본에 도착한 것은 어쩌
면 필연적인 일이었을지도 모른다. 제2차 세계대전 후 미군이 일본에 주둔하
게 되면서, 도쿄와 오사카 같은 대도시에는 재즈 클럽이 우후죽순처럼 생겨
났다. 밤거리는 자연스레 미국식 재즈의 선율로 채워졌다. 미국에서 건너온
그 묘한 리듬과 감각은 당시 일본의 젊은 음악가들에게 신선한 충격이었다.
시간이 지나면서 일본 재즈는 독자적인 색을 입기 시작했고, 그들만의 재즈
역사를 써 내려갔다.

일본 재즈의 선구자들: 사다오 와타나베(Sadao Watanabe)와 토시코 아키요시(Toshiko Akiyoshi)

1960년대와 1970년대에 이르러 일본 재즈는 세계 무대에 본격적으로 발을 들여놓기 시작했다. 색소폰 연주자 '사다오 와타나베'와 피아니스트 '아키요시 토시코'는 일본 재즈의 초석을 다진 인물들이다. 그들은 일본을 대표하면서도 전통적인 일본 음악 요소를 재즈에 접목해 동서양의 독특한 융합을 만들어냈다. 그들의 음악은 마치 한 발은 서양에, 한 발은 동양에 딛고 있는 듯, 두 세계의 아름다움을 모두 품었다.

① 사다오 와타나베 – 일본 재즈의 글로벌 앰배서더

사다오 와타나베는 그 시기의 중심에 서 있던 인물이다. 일본에서 태어난 와타나베의 색소폰에서 나온 소리는 곧 동서양을 잇는 다리가 되었다. 와타나베는 비밥에 브라질 음악의 리듬을 끌어오고, 거기에 일본 민속음악의 멜로디를 녹여냈다. 이렇게 여러 문화가 교차하는 그의 음악은 자연스럽게 동서양의 경계를 허물며, 그만의 재즈 언어를 만들어냈다.

사다오 와타나베(1933~현재)

와타나베의 음악을 듣고 있으면, 마치 다채로운 색채가 한데 섞여 화면을 그려나가는 듯한 느낌이 든다. 「Tokyo Dating」 같은 앨범은 그가 재즈의 요소들과 일본의 감성을 조화롭게 결합한 대표적인 앨범이다. 서양의 재즈를 바탕으로 일본 전통의 색을 입히면서도, 그 모든 것이 마치 처음부터 함께였던 것처럼 자연스럽게 느껴진다. 그의 색소폰 소리는 문화와 시간, 공간을 넘나드는 하나의 이야기다.

② 토시코 아키요시 – 재즈에 일본의 혼을 담다

토시코 아키요시는 일본 재즈에서 또 다른 중요한 인물이다. 그녀는 중국에서 태어났지만, 일본인 부모를 둔 덕분에 자연스럽게 일본의 정서를 간직하고 있었다. 그러다 미국으로 이주한 후, 그녀의 재즈 경력은 새로운 전환점을 맞이하게 된다. 아키요시는 자신이 몸담은 서양의 재즈 세계에 일본 전통 음악의 요소를 담아내는 데 심혈을 기울였다. 그녀의 음악은, 마치 바깥세상과 끊임없이 교류하면서도, 그 안에 여전히 자신의 뿌리를 단단히 지키려는 노력의 흔적이 담겨 있는 듯했다.

1952년, 피아니스트 오스카 피터슨Oscar Peterson은 일본 필하모닉 투어 중 도쿄의 한 나이트클럽에서 그녀의 연주를 들었고 그녀의 재능에 감탄했다. 오스카는 당대 유명한 재즈 프로듀서 노먼 그랜츠Norman Granz에게 그녀를 소개했고 그랜츠는 자신의 버브Verve 레이블에서 그녀를 녹음하게 했다. 이 만남은 토시코의 인생을 바꾸는 기회가 되었다. 1956년 보스턴의 버클리 음내에 입학해 학교 최초의 일본인 재즈 음악가가 되었다. 1959년 뉴욕으로 이주, 버드랜드와 빌리지 뱅가드 클럽에서 뛰어난 비밥 연주자로 명성을 쌓았다. 하지만 그녀의 길은 순탄하지 않았다. 여성이라는 이유로, 아시아인이라는 이유로 많은 차별을 경험했다.

1960년대 접어들어, 토시코는 빅 밴드 작곡가 겸 편곡자로서도 재능을 펼치며 1962년에는 찰스 밍거스Charles Mingus와 작업을 하기도 했다. 1970년대, 그녀는 '토시코 아키요시 재즈 오케스트라'라는 빅 밴드를 결성했다. 이 오케스트라에서 그녀는 전통 일본 악기와 양식을 재즈 편곡에 대담하게 녹여냈다.

토시코 아키요시(1946~현재), 1961

일본 재즈의 새로운 물결 - 준코 오니시(Junko Onishi), 히로미 우에하라(Hiromi Uehara)

일본 재즈가 국제 재즈 씬에 깊이 각인된 것은 1990년대였다. 오니시 준코와 우에하라 히로미 같은 아티스트들이 등장하면서 일본 재즈는 새로운 차원으로 나아갔다. 그들은 전통을 존중하면서도 새로운 시도를 두려워하지 않았고 일본 재즈 씬에 신선한 에너지와 혁신을 불러일으켰다. 그뿐만 아니라 그들은 전 세계적으로도 큰 찬사를 받았다. 그들의 음악은 일본과 세계를 잇는 다리 역할을 했다. 그들은 각각 다른 방식으로 재즈를 해석하고 표현했지만, 일본 재즈를 국제적으로 알리는 데 중요한 역할을 했다. 오니시는 전통과 현대의 경계를 허물며 대담한 실험을 이어갔고, 히로미는 장르를 초월하는 창의성으로 세계 무대에서의 자신의 자리를 확고히 했다. 일본 재즈는 계속해서 발전하고 있으며, 그들의 음악은 일본 재즈가 가진 무한한 가능성을 상징하는 중요한 증거가 되었다.

① 준코 오니시 – 일본 재즈의 대담한 개척자

1967년생 준코 오니시는 1990년대 일본 재즈 씬에서 강렬한 에너지를 가진 새로운 목소리로 주목받기 시작했다. 그녀의 앨범 「Crusin」과 「Piano Quintet Suite」는 그녀의 다이내믹한 피아노 연주와 고도로 세련된 작곡 기법을 보여준다. 특히 바로크 재즈와 클래식의 교차점을 탐구하며, 현대적이면서도 역사적으로 깊이 있는 음악을 만들었다. 그녀는 전통적인 비밥 스타일을 기반으로 하면서도, 현대적 감각을 더해 독특한 사운드를 만들었다. 델로니어스 몽크와 듀크 엘링턴 같은 전설적인 인물들에게서 받은 영향을 그녀만의 방식으로 풀어내며, 청중을 끌어당겼다.

특히, 오니시는 오케스트라와의 협업에서 그녀의 다재다능함을 증명했다. 그녀의 피아노 연주는 마치 오케스트라 전체를 조율하는 지휘자처럼, 각각의 악기들과 대화하는 듯한 느낌을 준다. 또한 영화 음악 작업에서도 그 창의성이 돋보였다. 그녀의 음악은 한 발 더 나가 장르의 경계를 넘나드는 작업을 계속해왔다. 그녀는 새로운 것을 두려워하지 않으며 그 과정에서 일본 재즈씬에 새로운 장을 열었다.

② 우에하라 히로미 – 경계를 허무는 피아니스트

1979년생 우에하라 히로미는 오니시와는 또 다른 방식으로 일본 재즈를 세계에 알린 인물이다. 그녀는 재즈 퓨전 스타일로 국제적인 명성을 얻었다. 그녀의 음악은 마치 다채로운 색채가 섞여 하나의 그림을 완성하는 것처럼, 재즈뿐만 아니라 클래식, 록, 전자 음악의 요소까지 모두 포함하고 있다. 버클리에서 아마드 자말Ahmad Jamal의 지도 아래, 2003년 데뷔 앨범 「Another Mind」로 국제적인 주목을 받았다.

2000년대 이후, 히로미는 세계적인 재즈 씬에서 활발히 활동하며, 여러 앨범과 투어를 통해 그녀의 이름을 국제무대에 알렸다. 특히, 「Another Mind」와 같은 앨범은 그녀의 창의성과 연주실력을 증명하며, 일본 재즈가 얼마나 세계적으로 성장했는지를 보여주는 중요한 이정표가 되었다. 앨범 「Time Control」과 「Move」에서는 재즈라는 장르의 한계를 끊임없이 넓혀갔다.

오늘날 일본의 재즈 문화

일본은 여전히 글로벌 재즈 씬에서 중요한 역할을 하고 있다. 블루 노트 도쿄 같은 재즈 클럽과 도쿄 재즈 페스티벌 같은 축제는 국제적인 재즈 뮤지션을 유치하는 동시에 국내 아티스트들을 소개하고 있다. 일본의 깊은 재즈 사랑은 음악뿐만 아니라 희귀한 재즈 바이닐이 크게 주목받는 활발한 레코드 수집 문화에서도 드러난다. 일본 재즈는 계속해서 전통과 현대적인 영향을 혼합하며 진화하고 있으며, 우에하라 히로미와 트럼펫 연주자 구로다 타쿠야 Kuroda Takuya 같은 아티스트들이 재즈 장르의 미래를 이끄는 새로운 물결을 대표하고 있다.

3) 재즈 르네상스의 시대: 한국

한국 재즈의 발전

재즈가 한국에 처음 들어온 것은 1950년대, 한국 전쟁 중이었다. 미군의 주둔과 함께 미국 문화가 자연스럽게 전해졌고, 그중에는 재즈도 포함되어 있었다. 당시 한국은 전쟁의 상처로 혼란스러운 시기였으나, 재즈는 묘하게 그 혼돈 속에서 생명력을 얻었다. 처음에는 재즈가 한국 사회에 깊이 뿌리내리지 못했지만, 시간이 흐르면서 천천히 자리 잡기 시작했다. 1960년대와 70년대에는 주로 언더그라운드 장르로 남아 있었지만, 1980년대에 접어들며 서울을 중심으로 재즈 클럽들이 문을 열었고, 한국 음악가들은 그곳에서 재즈라는 새로운 음악을 탐구하기 시작했다. 이제는 한국에서도 재즈가 어느덧 깊은 뿌리를 내리기 시작했다. 처음에는 외국에서 온 낯선 소리로 여겨졌지만, 이제는 한국의 정서와 함께 새로운 모습을 갖춰가고 있다. 서양에서 온 재즈가 이 땅에서 어떻게 받아들여지고, 어떤 방향으로 흘러갔을까?

대한민국 재즈 1세대 - 모험의 시작

한국에서 재즈는 제2차 세계대전 이후 미군의 주둔과 함께 본격적으로 도입되었다. 처음엔 단순히 미국 문화를 상징하는 이국적인 소리였을 뿐이지만, 이 새로운 음악을 받아들인 몇몇 한국 음악가들이 있었다. 그들은 재즈를 그들만의 방식으로 재해석하려 노력했다. 1세대 한국 재즈 음악가들은 한국의 전통음악과 재즈를 결합하는 실험을 시도하면서 서서히 자신들만의 독특한 재즈 세계를 구축해갔다.

이 시기의 대표적인 인물로는 재즈 연구가 이판근, 보컬 박성연, 김준, 트럼펫 연주자 최선배, 강대관, 클라리넷 연주자 이동기, 색소폰 연주자 김수열, 드러머 최세진, 조상국, 피아니스트 신관웅, 봉고 연주자 류복성 등을 들수 있다. 아쉽게도 이들 중 일부는 세상을 떠났고, 일부는 현재까지 활동 중이다. 이들은 당시 클럽이나 극장에서 라이브 연주를 하며 재즈를 한국 대중에게 알리기 시작했다.

후배 재즈 뮤지션들에게 1세대 선배들의 존재는 마치 등대와도 같다. 그들은 척박한 환경 속에서 아무도 가지 않은 길을 먼저 걸어가며, 한국 재즈의 초석을 다져 놓았다. 지금 우리가 자유롭게 재즈를 연주하고 즐길 수 있는 것은, 그들이 땀과 열정으로 쌓아 올린 길 위에 서 있기 때문이다. 선배 뮤지션들에 대한 존경과 감사는 단순히 과거를 기리는 것이 아니라, 앞으로 나아갈 길을 더 깊고 넓게 만들어가는 중요한 문화다. 그들의 음악과 정신을 이어받는 것은 곧 한국 재즈의 미래를 더욱 빛나게 할 것이다.

한국 재즈를 이끌어가다: 신관웅, 강태환, 나윤선, 조윤성

① 대한민국 1세대 재즈 피아니스트, 신관웅: 끝없는 실험과 열정의 여정

신관웅이라는 이름을 떠올리면 나는 자연스럽게 피아노 건반을 상상한다. 그는 대한민국 재즈 역사의 초석을 다진 1세대 피아니스트다. 어린 시절부터 피아노를 접하며 클래식 피아니스트를 꿈꿨지만, 인생의 변화 속에서 재즈라는 새로운 길을 발견하게 되었다. 그는 미군 부대에서 피아노를 연주하며 아르바이트를 하던 시절, 흑인 피아니스트의 재즈 연주를 우연히 들었다. 그 순간 그의 마음은 재즈에 완전히 사로잡혔다. 기존의 규칙에서 벗어나 자유롭게 흘러가는 멜로디와 리듬 안에는 새로운 가능성이 담겨 있었다. 이후 그는 재즈라는 세계에 발을 내디뎠고, 그 발걸음은 한국 재즈의 역사가 되었다.

1955년, 신관웅은 한국 최초의 빅 밴드를 결성했다. 당시의 음악계에서는 전례 없는 시도였다. 그는 거기서 멈추지 않고 더 나아갔다. 국악과 재즈를 결합한 〈블루스 아리랑〉을 발표하며 한국적 정서를 재즈에 녹여내기 시작했다. 아리랑의 멜로디가 블루스 스케일 속에서 자유롭게 변주되는 그 곡은 음악적 실험을 넘어, 서양과 동양의 경계를 허물었다. 그것은 한국 재즈가 독자적인 색깔을 가지게 되는 출발점이었다.

그의 연주는 늘 특별했다. 서정적인 아르페지오와 역동적인 즉흥 연주는 듣는 이를 압도했다. 그는 단순히 서양 재즈를 답습하는 데 그치지 않고, 자신만의 스타일을 개척했다. 전통 재즈의 기본을 지키면서도 끊임없이 실험하고, 새로운 시도를 해왔던 그의 연주는 늘 청중을 사로잡았다. 그는 재즈가 소수의 애호가만이 즐기던 음악에서 대중의 관심을 받는 장르로 성장하는 데 중요한 역할을 했다.

한때 그는 안정된 직장인 KBS 방송악단의 자리마저 포기했다. 안정 대신 도전을 택한 것이다. "재즈는 삶과 같아서 규칙이 없을수록 더 자유롭다."라고 그는 말했다. 그런 그의 열정은 당시 누구도 관심을 두지 않던 국악과 재즈의 접목이라는 시도로 이어졌다. 그렇게 발표된 〈블루스 아리랑〉은 그가 평생 걸어온 길의 상징과도 같은 곡이 되었다.

신관웅은 수십 년이 지난 지금도 무대 위에 선다. 그 열정은 식을 줄을 모른다. 재즈 클럽에서 연주하는 그의 모습은 여전히 빛난다. 무대 위에서 그와 함께 연주하다 보면, 자신의 열정을 쏟아내고 있음을 생생히 느낄 수 있다.

신관웅(1946년~현재)

그의 피아노 건반 위로 흐르는 선율은 그의 삶 그 자체를 담아내었다. 그 속에는 그가 걸어온 길, 재즈에 대한 사랑, 그리고 멈추지 않는 열정이 담겨 있다.

신관웅은 '재즈의 대부'라는 칭호와 함께 대한민국 재즈 씬의 상징적 존재로 자리 잡았다. 그의 재즈는 마치 끝없는 바람처럼, 어디로 흘러갈지 알 수 없는 물줄기처럼 자유로움이 담겨 있다. 그의 피아노 건반 위에서 펼쳐지는 선율은 한국 재즈의 과거와 현재, 그리고 미래를 잇는 다리와도 같다. 그 다리는 오늘도 건설 중이다. 그리고 나는 그의 음악이 계속해서 더 많은 사람에게 자유와 영감을 전해주기를 바란다.

② 프리 재즈 색소폰 연주자 강태환 – 자유로움의 절정

강태환은 한국 재즈계에서 결코 빼놓을 수 없는 인물이다. 그는 세계 3대 프리 재즈 색소폰 연주자로 불리는 프리 재즈의 거장이다. 프리 재즈라는 장르는 그것만으로도 이미 상당히 독특한 분야다. 하지만 그의 음악은 그 독특함에 한국적인 울림을 더했다. 한국의 전통적인 장단과 정서를 색소폰에 녹여낸다는 것은 상상만으로도 흥미롭다. 그는 그 상상을 현실로 만들었다. 그의 연주는 규칙과 틀을 무시하고, 순전히 감정과 본능에 따라 흘러갔다. 이는 서양 재즈의 관습적인 틀에서 벗어나, 완전히 새로운 세계를 구축한 작업이었다.

강태환의 음악을 듣고 있으면, 어떤 방향으로 흘러갈지 모르는 강을 떠올리게 된다. 물줄기는 때로 잔잔하게 흐르다가, 갑작스레 소용돌이를 일으키며 청중을 어딘가 낯선 곳으로 데려다 놓는다. 그의 색소폰 소리는 마치 인간의 내면 깊은 곳에 감춰져 있던 감정을 끌어내어, 소리로 표현해내는 듯했다. 분노, 슬픔, 기쁨, 고독, 그의 음악에는 그러한 감정들이 교차하며 자유롭게 춤을 춘다.

그는 독학으로 색소폰을 배웠고 기존의 음악적 규칙에 얽매이지 않았다. 음악은 그의 삶 자체였고, 그가 세상을 바라보는 방식이었다. 그런 이유로 그의 음악에는 어떤 가식도 없었다. 오롯이 그 자신만의 언어로 구성된 진솔한 이야기였다.

퍼커셔니스트 김대환, 트럼펫 연주자 최선배와 함께 1978년에 결성한 강태환 트리오는 한국 최초의 프리 재즈 그룹이었다. 당시 한국에서 프리 재즈는 생소한 장르였지만, 그는 이를 통해 자신의 음악적 비전을 펼쳤다. 이후 그는 독일, 프랑스 등지의 무대에서도 활발히 활동하며 국제적인 주목을 받았다. 그를 두고 "한국의 프리 재즈는 강태환으로 시작해 강태환으로 완성된다."는 말이 나올 정도로, 그는 프리 재즈 분야에서 독보적인 존재였다.

그의 걸작 「도깨비 ToKebi」는 특히 기억할 만하다. 호적과 장구 연주자를 함께 섭외하여 제작된 이 앨범은, 한국적인 색채를 짙게 드러낸 재즈 작품이다. 물론 그의 음악이 항상 대중적이었던 것은 아니다. 한국에서는 그의 음악이 "이해하기 어렵다."는 평을 받기도 했다. 그러나 해외에서는 그의 실험적이고 전위적인 스타일을 높이 평가했다. 그가 국제 재즈 페스티벌에 자주 초청되고, 많은 외국 아티스트와 협업했던 이유도 그 때문이다.

그의 음악을 들으면, 이 세상에서 가장 순수한 자유를 맛보는 듯하다. 그것은 어디에도 얽매이지 않고, 그저 본능에 따라 움직이는 자유다. 우리는 대개 어딘가에 소속되어 있고, 규칙 속에서 살아간다. 하지만 강태환의 음악을 듣는 순간만큼은, 그 모든 것에서 잠시 벗어날 수 있다.

이 글을 쓰는 지금도 그의 음악이 귓가에 울리는 듯하다. 어쩌면 그 소리는 나 자신 안에 있는, 아직 풀려나지 않은 감정들이 만들어내는 메아리일지도 모른다. 강태환은 음악으로 우리의 마음 깊은 곳을 열어준다. 그곳에서, 우리는 비로소 완전한 자유를 느낄 수 있다. 세월의 흔적이 무색할 만큼, 그의 음악은 여전히 생생하고 힘이 넘친다. 그런 그를 보며, 나는 생각한다. "자유는 나이를 먹지 않는다."라고. 그가 만들어낸 음악은 앞으로도 우리의 마음속에서 자유롭게 흐를 것이다. 흐르는 강물처럼.

③ 재즈 보컬 나윤선 - 한국의 목소리로 세계를 사로잡다

나윤선은 재즈 보컬리스트로서 한국뿐만 아니라 국제적으로도 인정받는 뮤지션이다. 그녀는 세계 곳곳에서 재즈를 노래하며 월드 디바로서의 자리를 굳건히 지켜왔다. 음악가 가정에서 태어난 나윤선은 아버지가 지휘자, 어머니가 성악가로 음악적 배경 속에서 성장했다. 그러나 그녀는 음악 이외의 경력을 처음에 추구하다가, 나중에 프랑스에서 유학하던 시절 재즈를 접하면서 음악적 여정을 시작했다. 그녀의 재즈에 대한 늦은 발견은 오히려 그녀가 독창적인 길을 걷게 하는 계기가 되었다. 클래식과 샹송을 배운 배경은 그녀의 재즈 스타일에 깊이 스며들었고, 나윤선은 이를 바탕으로 재즈, 포크, 팝, 아방가르드를 자유롭게 넘나드는 자신만의 독특한 음악 세계를 구축했다.

그녀의 목소리는 그 자체로 하나의 악기처럼, 한없이 섬세하다가도 강렬한 감정을 담아내며, 듣는 이의 마음을 사로잡는다. 한국적인 정서와 서양 재즈의 즉흥성을 결합한 그녀의 음악은 한국 재즈의 새로운 가능성을 보여줬다. 특히 그녀는 한국 민요를 재즈 스타일로 재해석한 노래를 발표하며, 한국 전통음악과 재즈의 경계를 허물었다. 그녀의 보컬은 마치 민요의 정서를 그대로 간

나윤선(1969년~현재)

직하면서도, 그 속에 재즈 특유의 자유로운 변화를 담아내는 듯하다. 나윤선의 음악을 듣고 있으면, 그녀가 서양 재즈와 한국적인 감정을 하나로 녹여내고 있음을 느낄 수 있다. 그녀의 음성은 듣는 사람을 깊은 사색으로 이끌며, 그 속에서 서양과 동양이 만나 새로운 감각을 창조해낸다.

2010년에 발표된 「Same Girl」은 전통적인 재즈 스탠다드와 현대적 해석이 한데 어우러져, 그녀만의 색깔이 빛을 발한다. 이 앨범을 듣고 있으면 그녀의 보컬이 마치 자유롭게 숨 쉬는 듯한 유연함을 느낄 수 있다. 2008년에 발표된 「Voyage」는 서양 재즈와 한국 음악의 전통을 결합한 앨범으로 그녀의 음악적 여정에서 중요한 전환점을 이룬 앨범이다. 이후 2017년에 발표된 「She Moves On」은 미국 재즈 뮤지션들과의 협업을 통해 더욱 확장된 사운드를 선보였다. 이 앨범에서는 그녀의 음악적 모험심과 대담함이 더욱 두드러지며, 그녀가 단순히 재즈 보컬리스트가 아닌, 혁신적인 예술가로서 자리매김하는 모습을 볼 수 있다.

서양 재즈와 한국 음악의 요소를 결합한 그녀의 작품들은 단순한 퓨전 이상의 깊이를 갖고 있으며, 그녀는 항상 새로운 해석을 통해 청중에게 다가간다. 몽트뢰 재즈 페스티벌, 노스 시 재즈 페스티벌과 같은 세계적인 무대에서 그녀의 목소리는 더욱 빛났고, 프랑스 예술 문화훈장인 슈발리에를 수상하며 그 재능을 인정받았다.

나윤선의 음악은 언제나 한곳에 머물지 않는다. 재즈라는 뿌리를 두고 있지만, 그 안에서 끊임없이 가지를 뻗으며 새로운 소리를 탐색한다. 앞으로도 그녀는 음악이라는 광대한 공간안에서 자유롭게 길을 만들어갈 것이다. 월드 뮤직, 전자음악, 포스트 재즈 등 기존의 틀을 벗어난 실험을 이어갈 것이다. 세계 무대에서 그녀만의 색깔을 담은 프로젝트를 선보이며 장르의 경계를 허물어갈 것이다. 이것은 사실, 그녀가 30년이라는 긴 시간 동안 걸어온 행보이기도 하다. 나윤선의 음악은 끝이 없다. 계속해서 변화하고 새로워지고 더욱 깊이 있는 울림을 만들어갈 것이다.

④ 재즈 피아니스트 조윤성 – 전통과 현대를 넘나드는 혁신적인 재즈 탐험가

조윤성, 그의 손끝에서 나오는 소리는 한국의 전통과 현대, 재즈와 클래식을 자유롭게 오간다. 장르라는 경계는 그에게 있어 아무런 의미가 없는 듯하다. 그는 그 경계를 넘어서 새로운 음악의 지평을 열어 보인다. 그의 연주는 복잡하고도 풍부하지만, 결코 과하거나 어렵지 않다. 그 속에는 누구나 공감할 수 있는 진심이 담겨 있다.

조윤성은 한국 재즈를 대표하는 피아니스트이자, 국내외에서 인정받는 독창적인 음악가다. 그의 조부는 한국 재즈 1세대 드럼연주자 조상국 선생님이다. 그는 어린 시절부터 피아노를 통해 세상과 소통했다. 음악은 그의 언어였고, 그가 발견한 소리의 세계는 단지 한국에 머물지 않았다. 아르헨티나에서 유년 시절을 보낸 그는 남미의 탱고와 보사노바, 그리고 클래식 음악을 배우며 피아노에 몰두했다. 피아노 건반 위에서 그는 한국에서 가져온 재즈 노트와 아버지의 재즈 음반들을 통해 새로운 세상을 탐험했고, 그 경험은 그의 음악 세계에 깊이 각인되었다.

아르헨티나 부에노스아이레스 국립음악대학 클래식피아노 학과 졸업 이후 미국 버클리 음대와 뉴잉글랜드 컨서버토리, 그리고 델로니어스 몽크 인스티튜트Thelonius Monk Institute에서 수학하며, 그는 재즈와 클래식을 자유롭게 넘나드는 뛰어난 테크닉과 감수성을 갖춘 연주자로 성장했다. 델로니어스 몽크 인스티튜트는 전 세계에서 단 7명만 선발하는 엘리트 코스로 아시아인 최초로 선발되었다. 그의 연주는 한국적인 서정성과 서양 재즈의 즉흥성이 결합한 독특한 사운드를 선보이며, 듣는 이들에게 두 문화가 하나로 융합되는 듯한 느낌을 준다. 재즈의 근원지 미국에서 유학하며 재즈의 깊은 뿌리를 탐구한 그는, 그 모든 경험을 한국적 감성으로 재해석하는 데 성공했다.

그는 영화 음악, 팝, 그리고 재즈 프로듀싱에 이르기까지 다채로운 음악적 활동을 펼치며, 한국의 대중음악과 재즈에 새로운 가능성을 열어가고 있다. 그가 발표한 음반 「재즈 코리아」, 「라틴 코리아」, 그리고 「바흐:리노베이션」은 그가 다양한 장르를 재즈의 언어로 풀어내는 능력을 보여주었다. 그의 음악은 클래식과 재즈, 남미의 리듬이 한데 어우러져, 재즈가 국경과 문화를 초월할 수 있음을 보여준다.

조윤성은 한국 재즈의 가능성을 넓힌 뮤지션이다. 그가 만들어내는 그 혁신적인 사운드는 단지 한국 재즈의 미래를 말하는 데 그치지 않는다. 그것은 한국 음악이 어떻게 세계와 소통할 수 있는지를 보여주는 하나의 길이다. 그의 음악은 국경과 장르의 경계를 초월해, 새로운 가능성을 끊임없이 탐구한다. 매번 새로운 시도를 두려워하지 않고, 자신만의 방향을 찾아 나아간다. 그의 음악은 앞으로도 더 많은 사람에게 영감을 줄 것이다.

한국 재즈의 현재와 미래, 새로운 길을 찾아 나서는 여정

한국 재즈는 오랜 시간 서구의 재즈를 따라 배우던 시절을 지나, 이제는 자신만의 목소리를 찾아가는 중요한 전환점에 서 있다. 한국의 전통음악과 서양 재즈가 교차하는 그 지점에서 완전히 새로운 형태의 음악이 피어났다. 그리고 그 만남은 한국 재즈가 지닌 독특한 색깔을 만들어가는 데 중요한 역할을 하고 있다. 마치 오랜 친구가 처음 만나듯, 두 문화는 서서히 서로를 이해하며 새로운 대화를 나누고 있다.

오늘날 한국 재즈는 단순한 복제가 아니라, 그 자체로 하나의 독창적인 세계를 구축해가고 있다. 전통과 현대가 서로 엮이고, 서양과 동양이 함께 어우러지며 만들어내는 이 복합적인 소리는 한국 재즈의 특징이자 감정이다. 그 소리는 때로는 익숙하지만 동시에 신비롭고 낯설다. 그것은 바로, 경계를 넘나드는 혁신에서 비롯된 것이다.

젊은 음악가들, 새로운 소리를 찾아 나서다

특히 주목할 만한 것은 젊은 세대의 재즈 음악가들이다. 그들은 전통적인 사운드를 넘어 새로운 소리와 감각을 찾아 탐험을 시작했다. 한국 전통음악과 서양 재즈, 그 외에도 다양한 장르의 음악이 이들의 손끝에서 자유롭게 섞여든다. 그 과정에서 탄생한 음악은 더 이상 기존의 재즈라는 틀에 얽매이지 않고 그들만의 독창적인 이야기를 펼쳐낸다.

한국의 젊은 음악가들은 마치 새로운 땅을 찾아 나서는 여행자들 같다. 그들은 끝없이 새로운 길을 탐색하고, 그 여정 속에서 자신들만의 독특한 사운드를 발견해낸다. 그리고 그 여정은 이제 시작에 불과하다. 그들이 걸어가는 길은 어디로 이어질지 아직 알 수 없지만, 그 발걸음 속에서 분명히 변화와 성장이 담겨 있다.

한국 재즈의 미래, 끊임없는 변화와 가능성

한국 재즈의 미래는 마치 펼쳐진 지도처럼 아직 그려지지 않은 수많은 가능성으로 가득 차 있다. 전통적인 음악적 경계를 허물고, 끝없이 새로운 소리를 찾아 나서는 그 여정은 앞으로도 계속될 것이다. 재즈가 본질적으로 그렇듯, 그곳에서 만들어지는 음악은 하나의 이야기이자 매 순간 변화하는 흐름이다.

결국, 재즈는 그 어디에서나 자신의 이야기를 만들어낼 수 있는 음악이나. 그리고 한국 재즈 역시 그 예외는 아닐 것이다. 한국 재즈의 이야기, 그것은 이미 시작되었고, 앞으로 더 많은 청중에게 다가가며 자신만의 길을 찾아 나아갈 것이다. 그리고 그 여정은 언제나 새롭고, 무한한 가능성으로 가득 찰 것이다

〈Spectrum〉 by Hiromi Uehara 「Spectrum」 Concord Music Group / Telarc, 2019

〈스펙트럼〉은 히로미 우에하라의 독창적인 음악 스타일과 테크닉을 가장 잘 보여주는 곡 중 하나이다. 그녀의 특징인 복잡한 리듬, 화려한 즉흥 연주, 클래식, 록, 퓨전 재즈를 넘나드는 장르적 융합을 잘 담아냈다. 곡의 다이내믹한 구성과 에너지 넘치는 연주는 히로미의 창의성과 기술적 역량을 완벽히 드러낸다.

〈Momento Magico〉 by 나윤선 「Lento」 ACT Music, 2013

나윤선의 독창적인 보컬 스타일과 감각적인 해석이 돋보이는 곡이다. 그녀의 자유로운 스캣과 섬세한 표현력은 재즈의 즉흥성을 극대화하며, 기타리스트 울프 바케니우스Ulf Wakenius와의 호흡 속에서 더욱 빛을 발한다. 바케니우스의 기타는 보컬과 대화를 나누듯 자연스럽게 흐르며, 절묘한 타이밍과 다채로운 색채로 음악적 긴장감을 더한다. 두 연주자의 유기적인 호흡과 즉흥적인 교감은 곡의 몽환적이고 신비로운 분위기를 극대화하며, 듣는 이를 마법 같은 순간으로 초대한다.

재즈 속 나를 만나다 7

감정의 결을 따라,
끝없는 스펙트럼 속으로

음악은 인간의 감정과 문화, 그리고 그들이 살아가는 사회의 반영이다. 이러한 음악 중 하나가 바로 재즈다. 재즈는 그 자체로 다양한 정서와 색채를 품고 있다. 그 깊은 감정은 한국인, 더 나아가 전 세계, 지구촌에 큰 공감을 끌어낸다. 〈Song 7 글로벌 재즈〉에서 라틴, 유럽, 아시아 재즈의 정서적 특성을 살펴보면, 각 나라의 문화가 재즈와 어우러지면서 서로 다른 정서가 아름답고 절묘한 조화를 이루는 모습을 볼 수 있다.

라틴 재즈는 격렬한 열정과 자유를 대표한다. 이는 라틴 아메리카의 문화적 배경과 기후, 역사에서 비롯된 것이다. 라틴 재즈는 강렬한 리듬과 빠른 템포, 그리고 생동감 넘치는 멜로디로 사람들을 매료시킨다. 한국인의 정서에서 라틴 재즈의 에너지는 강한 연결 고리를 형성한다. 한국인은 역동적인 변화와 도전에 익숙한 민족이다. 2002년 월드컵을 한 예로 보면 모든 나라가 붉은 물결로 가득했던 열정을 기억할 것이다. 이러한 역동성은 라틴 재즈의 정서와 조화를 이룬다. 라틴 재즈는 한국인들에게 자유와 해방감을 시사한다.

유럽 재즈는 상대적으로 지적이고 우아하다. 이는 유럽 문화의 철학적 깊이와 예술적 전통에서 비롯된 것이리라. 유럽 재즈는 섬세하고 고상한 멜로디, 그리고 복잡한 화성 구조를 통해 듣는 이에게 깊은 감동을 준다. 한국인의 정서와 비교했을 때, 유럽 재즈는 한국의 전통음악에서 발견되는 섬세함과 깊은 감정을 연상시킨다. 두 음악적 세계는 상호 보완적이며, 유럽 재즈의 지성적 접근은 한국인들에게 새로운 감정의 지평을 열어준다.

2009년 1년간 LA 라디오코리아의 음악 프로그램 〈Music and the City〉에서 재즈를 소개하는 〈김유경의 재즈 이야기〉를 Co-host로 진행한 적이 있다. 매주 청취자들이 좋아할 재즈곡을 선정하여 곡에 대한 배경, 재즈의 역사, 아티스트의 이야기를 주로 다루었다. 프로그램을 진행하며 한국인 청취자들은 재즈곡에서도 특유의 한과 정을 느낄 수 있는 곡을 선호한다는 것을 알게 되었다.

한국인의 정서는 단순하다. 복잡하고 다층적이다. 이는 오랜 역사와 문화, 그리고 사회적 변화 속에서 형성된 결과다. 이러한 정서는 K-pop에서도 두드러지게 나타난다. 슬픔과 기쁨이 수없이 교차하는 한국인의 정서는 재즈에도 고스란히 발견된다. 재즈의 즉흥성과 자유로운 형식은 한국인의 정서와 자연스럽게 연결된다. K-pop에서도 재즈의 요소가 자주 나타나며, 이는 한국인의 감수성과 잘 어울린다. 복잡한 화음과 리듬은 한국인의 깊은 감정을 표현하는 데 중요한 역할을 한다.

음악 창작의 과정은 때로는 도전적이고, 때로는 예기치 못한 길로 이끌리기도 한다. 나는 재즈 보컬로서 깊이 있는 감정과 자유로운 표현을 중시하는 음악을 좋아한다. 그런데 2011년 어느 날, 영국 음반 회사인 웨스트 원 뮤직 그룹(West One Music Group)에서 한류의 바람을 타고 새로운 유행으로 솟구치던 「K-pop Ballad」앨범 프로젝트를 진행하며 두 곡의 작사와 작곡을 맡아달라는 요청을 받았다.

의뢰를 받고 처음에는 망설임이 컸다. K-pop은 내게 익숙한 재즈와는 전혀 다른 장르였기 때문이다. 화려한 퍼포먼스와 칼군무, 강렬한 비트, 그리고 대중성을 중심으로 하는 K-pop은 재즈의 깊은 감성과는 다소 거리가 있어 보였다. 그러나 이 도전이 나에게 새로운 영감을 줄 수 있겠다는 생각이 들었다. 음악의 본질은 장르를 초월하며, 감정과 이야기를 전달하는 데 있다. 결국, 이 도전을 받아들이기로 했다. 나의 음악적 뿌리를 유지하면서도, K-pop의 에너지를 결합한 새로운 곡을 창작하기로 했다.

첫 곡은 〈KNOCK KNOCK KNOCK〉이라는 제목의 곡이다. 이 곡은 성경의 요한계시록에서 영감을 얻었다. 요한계시록 3장 20절에 등장하는 문을 두드리는 장면이 내가 표현하고 싶은 이야기와 맞닿아 있었다. 이 구절을 바탕으로, 사랑하는 남자가 자신의 마음을 두드려 열어주기를 바라며 간절히 기다리는 한 여인의 모습을 그려냈다. 이 노크 소리는 사랑하는 사람이 다가와 마음의 문을 열어주기를 인내하고 기다리는 과정을 상징한다. 이러한 주제를 K-POP의 감각적인 리듬과 멜로디에 담아, 현대적인 사랑 이야기로 풀어내고자 했다.

두 번째 곡, 〈Lovesick〉은 성서 아가서를 바탕으로 창작한 곡이다. 아가서는 성서 중에도 가장 아름답고 시적인 사랑 이야기를 담고 있는 책이다. 이 책에서 나는 사랑하는 연인 때문에 마음이 아파 병이 난 사람의 이야기를 발견했다. 'Lovesick'이라는 단어는 사랑의 고통과 기쁨을 동시에 함축하는 강력한 표현이다. 이 곡은 치명적인 사랑에 의해 마음의 병을 앓게 된 한 존재의 애절함과 그리움을 담고 있다. 사랑의 감정은 때로는 병처럼 깊고 강렬하며, 그로 인해 더욱 간절히 사랑하는 사람을 원하게 된다. 이러한 감정을 재즈의 섬세한 감성과 K-pop의 다이내믹한 표현 방식으로 결합했다.

노래가 궁금한 독자를 위해 QR을 첨부했다.

KNOCK KNOCK KNOCK   LOVESICK

위의 두 곡을 쓰면서 나는 음악이 어떻게 장르와 경계를 넘나들 수 있는지, 그리고 서로 다른 음악적 배경이 어떻게 조화를 이룰 수 있는지 새롭게 깨달았다. 종교 경전, 그중에도 성서의 고전적이고 깊이 있는 텍스트를 K-pop의 대중적인 음악 형식에 접목해 전혀 새로운 이야기를 창조해내는 과정은 나에게 큰 배움이 되었다. 또한, K-pop과 재즈의 만남이 만들어 낸 이 새로운 시도과정에서 나는 음악을 통해 전달할 수 있는 이야기가 얼마나 다양하고 풍부한지 다시 느낄 수 있었다.

아시아에서 재즈 역사가 깊고 오랜 나라는 단연 일본이다. 일본은 20세기 초부터 재즈가 소개되었고, 이후 여러 세대에 걸쳐 발전해 온 전통이 있다. 그러나 최근 들어 아시아에서 재즈가 급속도로 발전하고 있는 신흥국으로 중국이 눈에 띈다. 나는 중국의 매력을 깊이 좋아한다. 그들의 풍부한 문화와 독창적인 언어, 그리고 따뜻하고 친절한 사람들이 나를 매료했다. 2018년 중국 출장길에 올랐던 나는 그곳에서 예상치 못한 경험을 하게 되었다. 바로 블루 노트 베이징Blue Note, Beijing에서 재즈의 매력을 새롭게 발견한 것이다.

　블루 노트는 전 세계 재즈 애호가들과 음악가들이 모이는 재즈 클럽이다. 미국 뉴욕에서 시작된 이 클럽의 중국 지부는 중국 재즈의 중심지로 자리 잡고 있다. 클럽에 들어서자마자, 예상치 못한 광경에 놀라움을 금치 못했다. 클럽 내부는 젊은이들로 가득 차 있었고, 그들은 재즈의 리듬에 몸을 맡긴 채 음악을 즐기고 있었다. 놀랍게도 그날 공연한 뮤지션은 세계적으로 유명한 이들이 아니었다. 그런데도, 그들의 연주에 대한 열정과 관객들의 반응은 마치 그들이 전설적인 음악가인 것처럼 느껴지게 했다. 나는 그 순간, 이곳에서 나만의 음악을 연주하고픈 강한 열망을 느꼈다. 그날 이후로 재즈에 대한 열정을 다시 불태우기 시작했다. 그리고 꼭 블루 노트 베이징에 돌아와서 나만의 재즈 연주를 하리라 마음먹었다.

　코스메틱 비즈니스와 관련된 한류 열풍을 타고 중국을 방문했지만, 결국, 난 재즈를 향한 새로운 꿈을 안고 돌아왔다. 내게 중국은 단순한 여행지가 아니었다. 그곳은 내가 재즈 뮤지션으로서 다시 새로운 꿈을 발견한 곳이었다. 블루 노트 베이징에서의 경험은 나에게 재즈에 대한 새로운 시각을 열어주었고, 그 꿈을 안고 다시 재즈를 시작할 수 있었다. 언젠가 그 무대에 서게 될 때, 나는 그 순간을 위해 얼마나 많은 시간과 노력을 기울였는지, 그 모든 과정이 얼마나 귀했는지를 느끼게 될 것이다.

　재즈는 매우 다양한 정서를 포함하고 있다. 귀족적이고 고결한 재즈부터 마약에 취한 아티스트가 만들어낸 암울한 재즈까지, 그 스펙트럼은 넓고도 깊다. 나는 이러한 모든 정서를 존중한다. 아름다운 조화라고 생각한다. 재즈의 진정한 아름다움은 다양한 정서가 하나로 어우러질 때 나타난다. 각기 다른 감정과 분위기가 마치 하나의 하모니를 이루듯, 재즈는 그 모든 것이 결합할 때 총체적인 빛을 발한다.

재즈의 어떤 정서도 버릴 것은 없다. 귀족적이고 우아한 재즈든, 마약에 취해 만들어 낸 혼란스러운 재즈든, 그 모든 것이 전체를 이룬다. 그리고 그 전체는 단순한 부분의 합보다 훨씬 더 크고 아름답다. 재즈는 나에게 있어 감정의 집합체이며, 모든 정서가 하나로 결합할 때 비로소 진정한 매력을 발휘한다.

Song 8

다른 무드, 다른 재즈 라이브러리

다양한 순간을 채우는 특별한 선율

"Jazz is freedom. It's about individual expression."

"재즈는 자유입니다. 그것은 개인의 표현에 관한 것이죠."

Duke Ellington

듀크 엘링턴

"Making the simple complicated is commonplace;
making the complicated simple, awesomely simple, that's creativity."

"단순한 것을 복잡하게 만드는 일은 흔하다.
하지만 복잡한 것을 단순하게, 놀랍도록 단순하게 만드는 것이야말로 창의성이다."

Charles Mingus

찰스 밍거스

♩

사랑을 노래하는 멜로디

소통과 로맨스

감정을 이어주는 음악, 사랑을 말하다

"If I am going to sing like someone else, then I don't need to sing at all."

"남을 따라 부를 거라면, 아예 부를 필요가 없지."

Billie Holiday
빌리 홀리데이

이 말은 재즈와 소통의 본질에 가깝다. 재즈는 각자의 감정을 진솔하게 표현하는 것이 중요한 음악이다. 마찬가지로 소통도 나만의 진심을 전할 때 진정한 의미가 있다.

사람이 사랑에 빠지면 가장 하고 싶은 것은 무엇일까? 그건 바로 소통이다. 상대방의 마음을 알고 싶고, 자신의 마음을 전하고 싶다. 그런 순간에 재즈는 그 소통을 돕는 다리 역할을 한다. 재즈는 단순히 배경 음악이 아니다.

재즈는 상대방의 마음을 부드럽게 두드리고, 함께 공감할 수 있도록 우리의 마음을 열어준다.

음악이 사람의 감정에 미치는 영향은 이미 여러 연구에서 밝혀져 있다. 소리의 파동은 우리의 신경계를 자극해 감정에 변화를 일으킨다. 심지어 커피를 함께 마시거나 롤러코스터를 타면서 심박이 빨라지면 상대방에게 더 쉽게 끌린다는 연구 결과도 있다. 이는 심장이 두근거릴 때 우리가 더 쉽게 로맨틱한 감정을 느끼기 때문이다. 재즈도 마찬가지다. 재즈의 리듬과 선율은 우리의 심박을 미묘하게 조절하고, 마음의 문을 열어 소통을 더욱 쉽게 만든다. 느린 스윙 리듬은 긴장을 풀어주고, 즉흥적인 솔로는 대화 속 숨은 감정을 자연스럽게 끌어낸다.

재즈는 그러한 소통을 위한 최고의 동반자다. 연인들이 서로를 알아가는 순간, 재즈는 그들의 대화 뒤편에서 부드럽게 흐르며, 서로의 마음을 더 깊이 연결해준다. 재즈는 이처럼 우리 안의 감정을 해방하고, 마음이 자유롭게 소통하도록 돕는 음악이다.

마음을 열어 소통을 가능하게 하고, 로맨스에 빠지게 할 재즈 추천곡을 소개한다. 이 음악들이 당신의 대화를 더욱 풍부하게 그리고 감정의 깊이를 더해줄 것이다. 이 곡들을 들으며 오래된 연인들은 서로의 마음을 다시금 깊이 들여다보며 더 단단한 사랑을 나누길, 솔로인 사람들은 재즈의 선율 속에서 새로운 사랑의 문을 열게 되기를!

Chet Baker – 〈I Fall in Love Too Easily〉「Chet Baker Sings」Pacific Jazz, 1954

첫 베이커의 트럼펫 소리는 마치 한여름 저녁, 바람이 불어오는 창가에 앉아 있는 것 같은 기분을 준다. 사랑에 빠지는 일, 그건 언제나 너무 쉽게 찾아온다. 이 곡은 사랑이 어떻게 우리의 마음을 부드럽게 감싸고, 그 감정을 통해 소통의 문을 열어주는지 보여준다.

Gretchen Parlato – 〈Flor De Lis〉「Gretchen Parlato」, 2005

그라첸 팔라토의 목소리는 바람에 날리는 꽃잎처럼 가볍고 부드럽다. 〈Flor De Lis〉를 듣고 있으면 사랑이 어떻게 작고 사소한 순간들 속에서 자라나는지 느끼게 된다. 그 부드러운 리듬은 마음을 풀어주고, 자연스럽게 서로에게 다가가게 만든다.

Herbie Hancock – 〈Cantaloupe Island〉「Empyrean Isles」Blue Note Records, 1964

허비 행콕의 리듬은 언제나 경쾌하고 즉흥적이다. 〈Cantaloupe Island〉는 상대방과의 소통을 더 자유롭고 자연스럽게 만들어 준다. 사랑이란 때로는 즉흥적인 리듬을 타고 찾아온다. 이 곡은 그 자유로움 속에서 새로운 감정을 열어준다.

▌ Nat King Cole – 〈Unforgettable〉「Unforgettable」 Capitol, 1951

냇 킹 콜의 목소리는 마치 오래된 기억처럼 마음속에 남는다. 〈Unforgettable〉은 사랑이 어떻게 우리 기억 속에 오래도록 남는지, 그리고 그 기억들이 다시금 소통을 가능하게 만드는지 보여준다. 이 곡을 통해 우리는 서로의 마음을 다시금 들여다볼 수 있다.

▌ John Coltrane & Johnny Hartman – 〈My One and Only Love〉「John Coltrane and Johnny Hartman」 Impulse!, 1963

이 노래는 마치 늦은 밤 창문 너머로 들어오는 부드러운 바람 같다. 존 콜트레인의 색소폰은 섬세하고도 깊은 울림을 만들어내고, 조니 하트먼의 목소리는 따뜻하고도 묵직하다. 두 사람의 연주는 마치 대화를 나누듯 서로를 보듬으며 흘러간다. 이 곡을 듣고 있으면 사랑이란 결국 단어로 설명할 수 없는 무언가라는 걸 깨닫게 된다. 그것은 단지 감정이 아니라, 마음과 마음이 닿는 순간의 온도 같은 것이다. 이 곡은 그런 순간을 노래한다. 간결하지만 풍부하게, 그리고 아프도록 아름답게.

♪

길 위에서 만나는 순간
여행의 동반자

여행 속 자유와 리듬의 조우

"When you're creating your own stuff, even the sky ain't the limit."

"스스로 무언가를 창조할 때는, 하늘조차 한계가 아니야."

Miles Davis
마일스 데이비스

재즈의 자유로움은 어디까지나 무한하다. 마일스 데이비스의 이 말은 여행처럼, 음악 속에서 그 어디에도 한계가 없다는 것을 잘 표현한다. 재즈는 우리를 어느 곳이든 데려다줄 수 있다.

내가 미국에 있을 때 어느 날 문득, 미국의 다른 도시로 여행을 떠났다. 특별히 어디로 목적지가 정해진 건 아니었다. 그저 발길 닿는 대로, 마음이 이끄는 대로 그저 흘러가듯 움직였다. 하지만 한 가지 분명한 것이 있었다. 어딜 가든 재즈는 항상 그곳에 있었다는 것이다. 쇼핑몰에서, 작은 식당 구석에서, 카페에서도 심지어는 병원, 엘리베이터, 화장실에서도 재즈는 마치 공기처럼 그 도시의 모든 공간에 자연스럽게 녹아 있었다. 어느 도시에 가든 모든 곳에서 재즈는 사람들의 일상에 스며들어, 각자의 발걸음을 채우고 있었다.

문득 떠오른다. 진정한 여행은 그런 게 아닐까? 정해진 목적지 없이, 그냥 떠나는 것. 어디로 갈지 고민하지 않고, 그저 흐름에 몸을 맡기는 일. 하지만 현실은 그리 간단하지 않다. 우리는 언제든 우리가 원한다고 해서 여행을 떠날 수 있는 것이 아니다. 일상 속에서 해야 할 일들과 책임 있는 일들이 있다. 대부분은 책상 앞에서 컴퓨터 모니터를 응시하며 흘러간다. 그러다 보면 어느 순간, 어디론가 훌쩍 떠나고 싶어지는 때가 있다. 멀리 떠나고 싶지만, 현실이 허락하지 않을 때, 우리는 어떻게 해야 할까?

그때, 나는 재즈를 듣는다. 재즈는 마치 일상의 답답함을 잠시 잊게 해주는 일종의 청량한 마법과도 같다. 가만히 눈을 감고 음악에 몸을 맡기면, 마치 영화 〈미드나이트 인 파리 Midnight In Paris, 2011〉에서 남자 주인공 '길 오웬 윌슨'이 파리의 밤거리를 걷는 장면이 떠오른다. 그 어스름한 파리의 골목길, 오래된 가로등 불빛이 은은하게 비치는 거리. 주인공은 그저 발걸음이 닿는 대로 따라 걷는다. 아무 목적지도 없이 걷고 또 걷는다. 그

〈미드나잇 인 파리〉(2011)

순간을 온전히 즐기며. 재즈를 들을 때면, 나도 그와 함께 파리의 밤을 걷는

것 같은 기분이 든다. 모두가 잠든 도시에서, 오로지 나만 깨어 있는 듯한 그 고요함. 재즈는 그렇게 나를 낯선 도시의 한복판으로 데려가, 아무도 모르는 시간 속을 걷게 만든다.

〈미드나잇 인 파리〉의 한 장면

현대 사회에서 자유를 온전히 누리기는 쉽지 않다. 하루하루의 삶은 언제나 바쁘고, 우리는 늘 무언가에 쫓기며 살아간다. 그 바쁜 일상에서 우리는 점점 마음의 여유를 잃어간다. 스트레스는 점점 쌓이고, 머리는 무겁고, 어딘가에서 벗어나고 싶지만, 마땅한 방법을 찾기가 어렵다. 하지만, 탈출구가 항상 물리적인 여행일 필요는 없다. 음악, 특히 재즈는 그 속에서 작은 도피처가 되어준다.

재즈를 들으면 뇌는 자연스럽게 그 파동에 반응한다. 과학적으로도 재즈는 우리 신경계를 안정시키는 데 도움이 된다. 연구에 따르면, 음악의 특정 리듬과 음파가 뇌의 스트레스 수치를 낮추고 뇌 속에서 세로토닌 같은 안정제 역할을 하는 호르몬 분비를 촉진한다. 세로토닌은 우리의 기분을 안정시키고, 스트레스를 완화해 준다. 마치 여행을 떠나 새로운 곳에서 느끼는 자유로움처럼, 재즈는 우리의 뇌 속에서 똑같은 휴식을 제공한다.

나는 때로 재즈가 현대인의 신경안정제라고 생각한다. 우리가 바쁜 일상 속에서 쉬고 싶을 때, 굳이 멀리 떠나지 않아도 재즈 한 곡이면 충분하다. 그 안에서 우리는 일상의 피로를 잠시 내려놓고, 마음속 깊은 곳에서 여행을 떠난다. 재즈는 때로 한적한 해변을 걷게 하고, 때로는 낯선 도시의 밤거리를 헤매게 한다. 그 순간만큼은 현실의 스트레스를 잊고 잠시나마 자유로워진다.

우리가 진짜로 원하는 건 물리적인 장소가 아니라 마음속에서 휴식일지도 모른다. 여행이란 그렇게 마음의 공간을 넓히는 일이다. 나는 재즈가 그 일을 충실히 할 수 있다고 믿는다. 사라 본의 한 음 한 음의 목소리가 나의 마음에 작은 공간을 만들고, 그 안에서 잠시 숨을 고를 수 있다. 그렇게 우리는 비록 현실에서는 제자리에 있지만, 음악 속에서 어디로든 떠날 수 있다. 그리고 마치 즉흥적인 재즈 여행을 함께 떠난 듯한 기분이 들 것이다. 언제 끝날지 모를, 끝내지 않아도 좋을 그런 여행 말이다. 재즈는 그 자체로 하나의 여행이다.

▌ Bill Evans – 〈Walts for Debby〉 「Walts for Debby」 Riverside, 1962

빌 에반스의 피아노는 언제나 고요하면서도 따뜻하다. 〈Waltz for Debby〉는 마치 아침 햇살이 창가를 비출 때, 낯선 도시의 카페에서 커피를 한 잔을 마시는 기분을 떠올리게 한다. 여행은 그 순간의 여유를 느끼는 것이다.

▌ Ana Caram – 〈Desafinado〉 「Blue Bossa」 Chesky Records, 2001

아나 카람의 〈Desafinado〉는 브라질의 리듬이 담긴 곡으로, 마치 남미의 거리를 여유롭게 걷는 듯한 기분을 선사한다. 그녀의 목소리는 부드럽고 섬세하며, 보사노바 특유의 리듬이 기타 선율과 함께 자연스럽게 흘러가고, 그녀의 해석은 원곡의 정수를 잃지 않으면서도 새로운 감각을 더한다. 부드럽고 경쾌한 선율 속에서 일상의 반복에서 벗어나 먼 곳의 햇살과 여행 중의 해방감을 느낄 수 있다. 여행길에 딱 어울리는 음악이다.

▌ Tania Maria – 〈Come With Me〉 「Come With Me」 Concord, 1983

타니아 마리아의 이 곡은 마음을 단번에 푸른 바다로 데려다 놓는다. 마치 누군가가 우리 손을 잡고 낯선 해변으로 이끄는 듯하다. 따뜻한 바람과 자유로움. 그 속에서 여행의 설렘이 다시 피어난다.

| Charles Mingus – 〈Goodbye Pork Pie Hat〉「Mingus Ah Um」
Columbia, 1959

찰스 밍거스의 이 곡은 고요하고 묵직하다. 마치 해가 저물어 가는 도시에 홀로 서서 그 풍경을 바라보는 기분이 든다. 여행의 끝자락에서 느끼는 그 쓸쓸함과 동시에 찾아오는 차분함을 닮았다.

| Nina Simone – 〈Feeling Good〉「I Put a Spell on You」Philips, 1965

니나 시몬의 목소리는 강렬하고도 해방적이다. 이 곡을 듣고 있으면 새로운 도시에서 맞이하는 첫날의 상쾌함이 떠오른다. 모든 것이 새롭고, 모든 것이 가능해지는 순간, 그게 바로 여행의 시작이다.

♪

영혼을 쓰다듬는 선율
힐링 감성

지친 일상 속의 위로, 재즈의 치유력

"Music is the healing force of the universe. It's one of the ways that God speaks to us."

"음악은 우주의 치유하는 힘입니다. 이는 신이 우리에게 말씀하시는 방법 중 하나입니다."

John McLaughlin
존 맥러플린

존 맥러플린은 음악이 소리를 내는 것 그 이상으로, 영혼을 치유하는 놀랍고 강력한 힘을 가지고 있음을 이야기한다. 음악을 통해 우리는 보이지 않는 힘과 연결되고, 내면의 상처가 치유된다. 재즈의 깊은 울림은 마치 우주의 주파수가 우리의 마음속에 스며들어, 신이 우리에게 속삭이는 듯한 순간을 만들어 준다.

어떤 날은 이유 없이 눈물이 쏟아질 것 같은 날이 있다. 마음 한구석에 꽉 눌린 무언가가 느껴지고, 그 무게가 버거울 때, 결국 눈물이 터져 나오면 우리의 마음은 조금 가벼워진다. 슬픔이 우리를 무너뜨리는 게 아니라, 오히려 다시 일으켜 세워주는 힘이 있다는 걸 우리는 본능적으로 안다. 피하지 않고 감정과 마주하는 순간이야말로, 치유의 시작일지도 모른다.

재즈도 그런 음악이다. 재즈의 뿌리를 따라가 보면, 그 시작은 노예들의 노동요에서 출발한다. 노예들이 혹독한 노동 속에서 자신들의 고통과 애환을 노래로 풀어냈다. 비참한 현실을 견뎌내기 위한 방식이자 서로의 마음을 이어주는 소통이었다. 슬픔과 고통 속에서도 인간은 노래했고, 그 노래가 나중에 블루스와 재즈로 발전했다. 재즈는 처음부터 인간의 깊은 감정을 해방하는 역할을 해온 셈이다. 그들은 억압된 삶 속에서도 노래를 통해 자신의 마음을 풀어내고, 그 안에서 작은 자유와 위안을 찾았다.

감정의 해방이, 바로 재즈가 가진 가장 큰 힘이다. 픽사 영화 〈인사이드 아웃Inside Out〉에서 주인공 라일리의 머릿속 감정들이 엉망이 된 것도 조이가 슬픔이를 억누르려 했기 때문이다. 슬픔은 우리가 피할 수 없는 감정이다. 억누르면 억누를수록 더 큰 혼란을 부를 뿐이다. 결국 슬픔이 있어야 기쁨도 더 깊이 느낄 수 있는 법이다. 슬픔을 인정하고 받아들일 때 비로소 치유가 시작된다.

〈인사이드 아웃〉(2015)

〈인사이드 아웃〉, 조이와 슬픔이

재즈는 슬픔을 부드럽고 기꺼이 받아들이는 음악이다. 재즈를 들으면 우리의 감정은 자연스럽게 흘러간다. 빌리 홀리데이의 〈Strange Fruit〉 같은 곡을 들어보면 그녀의 목소리에는 깊은 슬픔과 고통이 담겨 있지만, 그 슬픔은 우리를 무겁게 짓누르지 않는다. 오히려 그 슬픔 속에서 우리도 함께 울고, 함께 치유된다. 감정은 고립된 것이 아니다. 음악을 통해 우리는 그 감정을 공감하고, 공유하면서 서로의 마음을 이어나간다.

뇌과학자들에 따르면, 인간이 무언가에 몰입할 때 뇌는 자연스러운 힐링을 경험한다고 한다. 몰입의 순간에 우리는 스트레스를 잊고, 오롯이 그 순간에 집중하게 된다. 음악은 특히 그러한 몰입을 쉽게 만들어 준다. 재즈는 그 즉흥적인 흐름 속에서 우리의 마음을 자유롭게 이끌며, 몰입 상태로 빠져들게 한다. 그 순간 우리는 슬픔과 기쁨, 그리고 감사의 감정을 자연스럽게 받아들이게 된다.

재즈를 듣는다는 건, 결국 스스로와 대면하는 시간이다. 깊이 있는 음악은 우리의 내면을 비추는 거울과 같다. 전설적인 재즈 음악가들이 만드는 음악을 듣고 있으면, 우리는 그 선율 속에서 스스로의 감정을 만나게 된다. 그 감정들이 때로는 고통스럽고 무거울지라도, 그걸 외면하지 않고 마주할 때 비로소 우리는 치유될 수 있다.

나를 사랑하는 법을 배우는 것도 결국 이와 같다. 재즈의 깊은 주파수와 공명은 우리 마음 깊은 곳을 두드리며, 우리의 내면에 다가가게 한다. 우리는 이 음악을 통해 자기 자신을 다시 돌아보고 받아들이게 된다. 재즈는 그렇게 스스로 사랑하는 방법을 가르쳐준다. 나를 사랑하는 법을 알면, 자연스레 마음의 치유도 시작된다. 그것은 나의 감정을 억누르지 않고, 그대로 흘려보내는 것 그리고 그 흐름 속에서 나 자신과 화해하는 것이다.

재즈의 시작은 고통의 노래였지만, 그 끝은 치유의 음악으로 남는다. 우리가 재즈를 들을 때마다 그곳에서 깊은 울림과 위안을 찾는 이유는 바로 그 뿌리 깊은 공감에 있다.

당신은 지금 재즈가 듣고 싶습니다

| Miles Davis — ⟨It Never Entered My Mind⟩ 「Workin' with the Miles Davis Quintet」 Prestige, 1956

고독과 회한의 감정을 담백하게 담은 그의 트럼펫 소리는 마음 깊은 곳에 숨어 있던 감정을 끌어낸다. 그 잔잔한 멜로디 속에서 우리는 잃어버렸던 자신을 다시 발견하게 된다.

| Carmen Mcrae — ⟨My Foolish Heart⟩ 「When You're Away」 Decca, 1959

카르멘 맥레이의 목소리는 마치 오래된 상처를 천천히 치유하듯, 따뜻한 울림을 준다. 그녀의 노래를 듣고 있으면, 어리석은 사랑도 결국 우리를 성장시키는 것임을 깨닫게 된다.

| Oscar Peterson — ⟨Hymn to Freedom⟩ 「Night Train」 Verve, 1963

오스카 피터슨의 연주는 자유에 대한 찬가다. 그 멜로디 속에서 우리는 마음의 속박에서 벗어나, 스스로를 해방할 수 있는 힘을 얻는다.

Billie Holiday – ⟨I'll Be Seeing You⟩ 「I'll Be Seeing You」 Commodore, 1944

빌리 홀리데이의 목소리는 그리움의 감정을 담담하게 풀어낸다. 과거의 기억 속에서 위로를 얻고, 그 기억이 우리에게 계속 살아 있음을 느끼게 해준다. 1938년 Sammy Fain 작곡과 Irving Kahal 작사이 만든 곡으로, 빌리 홀리데이의 버전은 이 노래를 재즈 스탠다드로 자리 잡게 한 대표적인 해석 중 하나이다. 전쟁과 이별의 시기에 사람들에게 위로와 공감을 주었던 곡으로, 지금까지도 많은 이들에게 사랑받고 있다.

Keith Jarrett – ⟨The Köln Concert: Part I⟩ 「The Köln Concert」 ECM, 1975

키스 자렛의 즉흥 연주는 마치 끝없는 여행을 떠나는 듯하다. 그 깊이 있는 피아노 선율 속에서 우리는 자신과 마주하게 되고, 그 과정에서 치유를 경험한다.

♬

파티에서 공식 행사까지
와인과 하모니

우아한 순간을 완성하는 재즈의 매력

"Jazz washes away the dust of everyday life."

"재즈는 일상 속의 먼지를 씻어내 준다."

Art Blakey

아트 블레이키

"Wine is bottle poetry."

"와인은 병에 담긴 시다."

Robert Louis Stevenson

로버트 스티븐슨

재즈가 일상의 피로를 씻어내듯, 시적인 감성을 가진 와인과 재즈가 함께 하는 순간은 특별한 감각의 경험을 만들어낸다.

최근 한국에 와인바가 부쩍 많아졌다. 예전에는 특별한 자리에서만 찾던 와인이 이제는 고급스럽기만 한 음료가 아닌, 일상의 일부로 자리 잡았다. 저녁이 되면 와인바에 사람들이 모여들고, 그곳에선 자연스럽게 재즈가 흘러나온다. 와인을 한 모금 마시고, 잔을 부딪치며, 재즈의 부드러운 선율에 몸을 맡기는 사람들의 모습. 나는 종종 그런 장면을 직접 연주 중에 보곤 했다. 사람들은 재즈의 리듬과 멜로디가 내는 행복한 바이브에 맞춰 잔을 기울이고, 그 순간에 완전히 몰입한다. 그 풍경 속에서 재즈와 와인은 오래된 친구처럼 자연스럽게 어우러진다.

와인은 오래전부터 파티와 공식 행사에서 중요한 역할을 해왔다. 사람들은 결혼식이나 비즈니스 모임에서 와인을 따르고, 그 순간에 묵직한 의미를 부여하곤 했다. 그런데 그 와인 곁에는 언제나 재즈가 있었다. 재즈는 그 자리를 부드럽게 채워주며, 분위기를 한층 더 풍부하게 만든다. 와인이 사람들을 조금 더 자유롭게 하고, 재즈가 그 자유로움을 리듬으로 풀어낼 때, 파티는 한층 깊이 있는 순간으로 변한다.

하지만, 재즈는 단지 파티의 배경 음악으로만 머무르지 않는다. 재즈는 공식적인 자리에서도 중요한 역할을 한다. 한 번은 유튜브에서 오바마 전 대통령과 빌 클린턴 전 대통령이 백악관에서 재즈 연주를 감상하는 장면을 본 적이 있다. 그곳에는 고위 인사들과 외국 귀빈들이 모여 있었고, 재즈는 그 모든 순간에 자연스럽게 녹아들었다. 재즈는 그저 듣기 좋은 배경 음악이 아니라, 그 자리의 무게감을 더해주는, 그리고 동시에 그 무게를 조금씩 덜어주는 역할을 한다. 공식적인 외교 행사에서조차, 재즈는 그 순간을 더 특별하게 만드는 힘을 가지고 있다.

재즈는 즉흥적이면서도 감정과 서사가 깊이 스며든 음악이다. 그래서 파티 같은 캐주얼한 자리에서도 쉽게 어우러지지만, 그 안에 담긴 감정의 깊이 덕분에 공식적인 자리에서도 충분히 그 가치를 발휘한다. 마치 와인이 그렇듯, 재즈도 순간의 감정을 깊이 있게 이끄는 힘이 있다. 와인 한 잔을 마시며 재즈를 듣는 것은 단순히 두 가지를 즐기는 것이 아니다. 그 둘이 함께 만들어내는 특별한 분위기를 경험하는 것이다. 한 모금의 와인이 목을 타고 넘고, 그 순간 색소폰 선율이 조용히 스며들면, 몸도 마음도 자연스럽게 풀어진다. 잔을 기울일 때마다 음악은 조금 더 깊이 와닿고, 와인은 더 부드러워진다. 결국 어느 순간, 내가 음악을 듣는 건지, 음악이 나를 감싸는 건지 모호해진다. 바로 그때, 와인과 재즈가 만들어내는 특별한 마법이 시작된다.

와인과 재즈는 마치 오래된 연인처럼 서로를 잘 안다. 그들은 시간이 지나도 변하지 않는다. 사람들의 마음을 편안하게 만들고, 어떤 공간이든 낭만적인 분위기로 변화시킨다. 재즈의 리듬에 몸을 맡기고 와인의 향에 취하며, 우리는 일상에서 잠시 벗어난다. 그 순간은 파티에서나 혹은 중요한 공식 행사에서나 모두 기억에 남는 특별한 시간이 된다. 결국, 와인과 재즈는 서로를 돋보이게 하는 최고의 합이다.

와인과 재즈는 단순히 감각적 즐거움에서 끝나지 않는다. 와인은 적당히 즐기면 건강에도 긍정적인 영향을 미치는 음료로 잘 알려져 있다. 특히 레드 와인에는 항산화 물질인 폴리페놀과 레스베라트롤이 풍부하게 함유되어 있다. 이 성분들은 심혈관 건강에 도움을 주고, 염증을 억제하며, 노화 방지 효과를 가져다준다고 연구 결과들이 말한다. 하버드대와 보르도대학의 연구에 따르면 적당한 와인 섭취는 심장질환의 위험을 낮추는 데 도움을 준다고 한다. 하루 한 잔의 와인은 단순히 기분을 좋게 할 뿐 아니라, 몸에도 이로운 선물을 주는 셈이다.

그리고 여기에 재즈가 더해진다면 어떨까? 음악 심리학자들의 연구에 따르면 재즈는 스트레스 감소와 심리적 안정감을 높이는 데 탁월한 효과를 가진다. 재즈의 즉흥적이고 유연한 리듬은 우리의 뇌를 자극해 도파민 분비를 촉진하며, 긴장을 풀어주는 역할을 한다. 와인을 한 모금 마시며 재즈의 선율에 귀를 기울이는 순간, 우리는 마음과 몸 모두에서 편안함과 행복을 느끼게 된다. 건강에 좋은 와인과 마음에 안식을 주는 재즈가 만날 때, 그 조화는 단순한 즐거움을 넘어 우리의 삶을 더 풍요롭게 만들어 준다. 이 두 가지가 어우러진 순간은 우리에게 단지 특별한 경험일 뿐 아니라, 건강과 행복을 동시에 선물하는 시간이 된다.

재즈와 와인

와인과 재즈가 어우러지는 소리

> Art Blakey & The Jazz Messengers − 〈Moanin'〉「Art Blakey and the Jazz Messengers」Blue Note, 1958

블루스와 재즈의 깊이를 느낄 수 있는 곡으로, 진하고 묵직한 와인과 잘 어울린다. 블레이키의 파워풀한 드러밍과 서정적인 멜로디가 어우러져, 공식적인 자리에서 고급스러운 분위기를 연출한다.

> George Benson − 〈Breezin'〉「Breezin'」Warner Bros, 1976

부드러운 기타 선율과 경쾌한 리듬이 특징인 이 곡은 와인의 가벼운 바디감이나 상쾌한 맛과 잘 맞는다. 편안한 파티나 캐주얼한 모임에서 와인의 청량감을 강조하며, 여유롭고 감각적인 분위기를 만들어 준다.

> Kenny Burrell − 〈Midnight Blue〉「Midnight Blue」Blue Note, 1963

케니 버렐의 블루스 적인 기타 연주는 깊고 진한 와인과 잘 어울린다. 이 곡은 분위기를 차분하게 만들어 주면서도, 고급스러운 행사나 파티에서 와인의 성숙한 맛을 더욱 돋보이게 한다.

> Elis & Tom − 〈Águas De Março〉「Elis & Tom」MGM, 1974

브라질의 보사노바 리듬과 따뜻한 멜로디는 가볍고 청량한 와인과 완벽한 궁합을 이룬다. 여유롭고 이국적인 분위기를 연출하며, 캐주얼한 와인 파티에서 신선한 와인과 함께 즐기기 좋은 곡이다.

다이앤 리브스의 강렬한 보컬과 윈튼 마살리스의 트럼펫이 만들어내는 풍성한 재즈 사운드는 와인의 복합적인 향과 맛을 완벽하게 보완해 준다. 특히 깊이 있는 와인과 함께 듣기 좋은 곡으로, 공식적인 자리에서 우아함과 감각적인 분위기를 더해준다.

재즈, 영혼의 안식처

빌리 홀리데이의 노래와 나의 길

재즈는 마치 공기처럼 우리의 삶 곳곳에 스며들어 있다. 그것은 사랑을 속삭이는 연인의 대화 속에서, 여행길에 동행하는 차창 밖 풍경 속에서, 고단한 하루 끝에 영혼을 어루만지는 순간 속에서, 그리고 와인의 잔이 채워지는 파티장의 한구석에서도 그 빛을 발한다. 〈Song 8 다른 무드, 다른 재즈 라이브 러리〉는 이처럼 다양한 순간 속에서 재즈가 어떻게 우리의 일상을 특별하게 채우는지를 탐구한다. 사랑과 소통, 여정의 동반자, 치유의 선율, 그리고 와인과 조우하여 격식 있는 자리까지, 재즈는 그 모든 곳에 존재하며 우리를 자신과 조우한다. 재즈는 결국 어디에나 있다.

음악 이론가들은 종종 소리가 우리 신경계에 미치는 영향을 설명하는데, 재즈가 그 대표적인 예다. 음의 높낮이, 속도, 그리고 리듬이 우리의 감정을 변화시키고, 심지어는 신체적인 반응마저 유도한다. 예를 들어, 느리고 부드러운 비브라토는 우리를 안정시키고, 빠르고 강렬한 리듬은 심장을 뛰게 한다. 재즈는 상황에 맞게 우리의 기분을 조율하는 탁월한 역할을 한다. 기쁘면, 그 기쁨을 한껏 확장하고, 우울할 때는 그 우울함을 녹여낸다. 재즈의 매력은 여기에 있다. 그것은 우리의 감정에 맞춰 춤추는 바람결 같은 것이다.

빌리 홀리데이, 그녀의 이름만 들어도 가슴 깊이 울리는 목소리가 떠오른다. 그녀의 목소리는 마치 재즈가 가진 힘 그 자체처럼, 듣는 이를 깊은 감정의 거울 앞에 세우고, 우리가 애써 외면했던 내면의 진실을 선명하게 비춰낸다. 그녀는 재즈의 아이콘이자, 그 시대의 고통과 슬픔을 그대로 담아낸 예술가였다. 그러나 그녀의 음악은 단순히 아름답기만 하지 않았다. 그녀의 노래엔 마약과 술로 얼룩진 삶의 비극이 녹아 있었는데, 그 비극이야말로 그녀의 진실한 감정을 나타냈다. 사랑, 상처, 희망 그리고 그 모든 것을 관통하는 쓸쓸함. 나는 종종 생각한다. '나 역시 내 감정을 이렇게 진실하게 소리에 담아낼 수 있을까?', '깊은 슬픔과 고통을 온몸으로 지나온 그녀처럼, 과연 진정한 소울을 담아낼 수 있을까?'

빌리 홀리데이는 마약의 힘을 빌려 그녀의 감정을 쏟아냈다. 그녀의 삶은 힘겹고 고통스러웠으며, 그 고통을 잊기 위해 마약에 의존했지만, 결국 그것이 그녀의 음악적 깊이를 더해주었다는 역설과 맞닿았다. 그녀의 목소리에는 상처 입은 영혼의 울림이 있었다. 그 울림은 단순한 멜로디나 가사로는 표현할 수 없는, 그녀만의 독특한 슬픔이었다. 그러나, 우리는 이 슬픔이 단지 마약의 힘에서 비롯된 것이 아니라, 그녀의 삶 그 자체에서 온 것임을 잊어선 안 된다.

현대 사회에도 많은 사람이 빌리 홀리데이처럼 상처 입은 영혼을 안고 살아간다. 그들은 삶의 무게에 짓눌리고, 때로는 그 무게를 견디지 못해 약물이나 술에 의존하기도 한다. 이토록 허물어진 영혼을 어떻게 추스르고 치유할 수 있을까? 재즈가 그 대안이 될 수 있다고 조심스럽게 믿고 바란다. 재즈는 그렇다. 영혼의 언어이며, 삶의 진실을 담아내는 통로이다. 마약이 아닌 삶에서 얻어가는 진실을 통해, 우리는 더 깊이 있는 감정을 표현해낸다.

나 역시 빌리 홀리데이처럼 마약에 의존하지 않고도, 재즈에 감정을 담아낼 수 있을까? 솔직히 자신이 없다. 하지만 그녀의 목소리가 담아냈던 깊은 슬픔과 고통을, 나는 나의 방식대로 표현할 수 있을 것 같다. 내가 겪어온 작은 경험, 삶의 고비, 그 속에서 배운 진실이 나의 목소리에 스며들었다. 그것은 빌리 홀리데이의 슬픔과는 다를지 모르지만, 여전히 진실한 소울을 담을 것이다.

재즈는 고통을 잊게 해주는 마약이 아니라, 고통을 있는 그대로 받아들이고, 그 속에서 진실한 감정을 찾는 충만한 과정이다. 이 과정에서 우리는 비로소 자신의 영혼을 치유하는 힘을 얻는다. 빌리 홀리데이의 음악은 마약에 의존한 결과일 수도 있지만, 그것은 또한 그녀가 겪어온 삶의 진실이기도 했다. 빌리 홀리데이의 길과는 다르게, 나는 나만의 방식으로 재즈를 통해 영혼을 표현하고 상처받은 마음을 위로하며 다시 일어설 수 있는 힘을 전하고 싶다. 마약이 아닌 삶에서 길어 올리는 진실로, 나 자신과 우리 사회의 허물어진 영혼에게 다가가고자 한다. 재즈는 그들에게 위로를 줄 수 있는 언어이며, 그 언어를 통해 우리는 서로의 고통을 이해하고 공감하며 힐링할 수 있을 것이다.

빌리 홀리데이의 노래는 여전히 많은 사람의 가슴속에 살아 있다. 그녀의 슬픔과 고통은 우리에게 깊은 감동을 주었고, 그것은 그녀의 목소리로 영원히 남았다. 하지만 우리는 이제 삶의 진실에서 얻은 영혼의 깊이로 우리의 이야기를 써 내려가야 한다. 재즈는 그 길을 열어줄 것이며, 우리는 그 길 위에서 자신의 목소리를 찾을 수 있을 것이다. 그리고 그 목소리는, 허물어진 영혼들을 다시 일으켜 세워주는 힘이 될 것이다.

재즈는 늘 그 자리에 묵묵히 흐른다. 그 어떤 강렬한 감정도, 비어 있는 공허함도, 재즈 앞에서는 적당한 거리감을 유지하며 우리의 마음을 감싼다. 마약과 같은 강렬한 해방감이 아닌, 삶 속에서 천천히 스며드는 진실로, 재즈는 우리에게 다가온다. 우리는 그 진실을 통해 고통을 잊는 게 아니라, 고통을 이해하고 끌어안는 법을 배운다.

재즈는 영혼의 안식처다. 그것은 우리 마음의 가장 깊은 곳을 울리며, 우리가 조금 더 나아질 수 있도록, 또 조금 더 자유로워질 수 있도록 돕는다. 이것이야말로 상처받은 영혼을 위한 진정한 힐링이다.

꽃을 피운 재즈 그리고 미래로의 여정

재즈는 참으로 신비로운 음악이다. 과거의 뿌리가 깊고 현재를 살아 숨 쉬며 미래로 향하는 무수한 가능성을 품었다. 나는 재즈가 단순히 과거의 유산에 머무는 음악이 아니라고 확신한다. 오히려 재즈는 그 특유의 개방성과 다양성으로 인해 미래를 이끌어 갈 음악이다. 과거로부터 얻은 깊은 뿌리를 기반으로, 재즈는 지금, 이 순간에도 새로운 변화를 만들며, 그 변주는 앞으로도 멈추지 않을 것이다. 재즈를 들여다보면 그 과거가 얼마나 깊고 넓은지 알 수 있다. 아프리카의 리듬, 유럽의 하모니, 라틴 아메리카의 열정, 블루스의 소울이 한데 어우러져 만들어진 이 음악은 절대 퇴색하지 않고, 시대를 넘어 계속해서 진화해 왔다.

한때 재즈는 로큰롤의 물결에 밀려 위기를 맞기도 했다. 하지만 살아남았다. 아니 살아남는 데 그치지 않고 다양한 형태로 다시 태어나며 그 자리를 지켜냈다. 현재 재즈는 팝, 국악, 힙합 등 다른 장르와 결합해 새로운 소리를 만든다. *크로스오버Crossover라는 말이 그 어느 때보다도 자연스럽게 느껴지는 지금, 재즈는 그 가능성을 무한히 확장하며 다시금 우리 곁으로 다가온다. 이는 재즈가 가진 근본적인 특성 때문이다. 재즈는 기본적으로 열려 있는 음악이다. 누군가의 목소리나 연주를 온전히 받아들이면서도 자기만의 색깔로 변주할 수 있다.

* 크로스오버(Crossover): 서로 다른 장르나 스타일이 결합하여 새로운 음악적 형태를 창조하는 과정을 말하며, 재즈는 이러한 융합에 특히 열려 있는 장르로 평가받는다.

재즈는 시대와 공간을 초월해 존재한다. 재즈는 세계적인 음악이다. 세계 각국의 고유한 문화와 만나는 데 망설임이 없다. 일본의 전통 악기와 결합한 재즈, 한국의 국악과 크로스오버한 재즈, 아프리카의 전통 리듬을 새롭게 해석한 재즈까지 이 음악은 어디서든 자신의 색을 잃지 않으면서도 타 문화와 어우러지는 법을 안다. 이 과정에서 재즈는 점점 더 많은 사람에게 다가간다. 국경을 넘고, 언어를 넘어, 음악이라는 공통된 언어로 전 세계를 연결한다.

그렇다고 재즈가 대중화의 길에서 걸림돌이 없는 것은 아니다. 재즈는 여전히 대중에게 '어려운 음악'으로 인식되는 경우가 많다. 진입장벽이 높다. 많은 사람이 처음 재즈를 접하고는 어렵다는 느낌에 곧 포기하곤 한다. 하지만 이마저도 재즈의 매력일지 모른다. 조금씩 시간을 들이고 마음을 열고 귀를 기울이면 어느 순간 재즈가 가진 독특한 아름다움이 보이기 때문이다.

한국의 경우 최근 드라마나 영화에서 재즈를 사용하는 경우가 많아지면서 사람들이 점점 재즈에 익숙해진다. 최근 드라마 〈오징어 게임〉에서 사용된 〈Fly Me To the Moon〉이 주목받았던 것도 그 한 예다. 이는 한국의 대중문화가 재즈의 대중화에 새로운 문을 열어주고 있음을 보여준다. 할리우드에서는 재즈를 오래전부터 영화나 드라마의 배경 음악으로 활용해왔다. 〈위플래쉬Whiplash, 2014〉나 〈라라랜드La La Land, 2016〉처럼 재즈를 주제로 한 영화들이 큰 사랑을 받았다. 위플래쉬는 재즈 드러머의 열정과 고뇌를 그렸고, 라라랜드는 재즈와 사랑을 엮어내며 현대 대중에게 다가섰다. 하지만 아이러니하게도, 재즈의 본고장인 미국에서도 재즈는 오랫동안 대중의 중심에서 벗어나 있었다.

우리나라에서는 오랫동안 영화나 드라마의 배경 음악으로 가요와 클래식이 주로 사용되었다. 배우 한석규와 전도연이 주연한 영화 〈접속, 1997〉에서 사라 본이 부른 〈A Lover's Concerto〉가 OST로 사용되어 큰 인기를 얻은 적도 있지만, 대체로 재즈는 한국 미디어에서 좀처럼 자리 잡지 못했다. 늘 주변부를 맴돌며 그저 한두 장면을 장식하는 정도에 그쳤다. 그러다 2010년대에 들어서면서 드라마나 영화에서 재즈가 배경 음악으로 등장하기 시작했다. 넷플릭스, 디즈니 채널 같은 OTT 플랫폼이 대중화되면서 재즈 음악의 등장은 더욱 활기를 띠었다. 디지털 환경 속에서 재즈는 새로운 청중을 만나며 조금씩 그 자리를 넓혀갔다. 〈오징어 게임〉에서 재즈가 등장한 것은 단순한 선택이 아니다. 한국에서도 재즈가 대중에게 더 가까이 다가갈 수 있다는 가능성을 보여주는 희망의 신호처럼 느껴진다.

재즈는 그 자체로 이야기를 품은 음악이다. 그것은 자유와 즉흥성, 그리고 깊은 감정을 담고 있다. 할리우드에서는 〈라운드 미드나잇Round Midnight, 1986〉이나 〈버드Bird, 1988〉 같은 영화들이 재즈를 소재로 제작되었다. 이런 영화들은 재즈가 단순한 배경 음악이 아니라, 하나의 주제로도 충분히 사람들을 사로잡을 수 있음을 보여준다. 한국에서도 재즈를 주제로 한 영화가 나온다면 어떨까? 물론 쉽지 않을 것이다. 하지만 언젠가 한국적인 정서와 재즈가 만나는 이야기가 만들어질 수 있다면, 그것만으로도 한국의 재즈가 한 발 더 대중에게 다가가는 계기가 될 것이다. 드라마나 영화 속 한 장면에서 흘러나오는 재즈는 그 시작점이 될지도 모른다. 〈오징어 게임〉의 한 장면처럼, 한국에서도 재즈가 더 많은 사람에게 다가가 마음을 울리는 날이 오기를 바라본다.

이제는 융합의 시대다. 융합은 시대적인 현상이다. 다양한 문화와 기술이 경계를 넘어 서로를 만나고 있다. 재즈는 이런 시대와 잘 맞아떨어지는 음악이다. 그 다양성과 즉흥성은 현대의 융합적 특성과 어울리며 더 많은 사람에게 다가갈 가능성을 품고 있다. 한때 마이크와 라디오가 개발되면서 음악은 과학의 수혜를 입고 더 빠르게 더 넓게 세상에 퍼져나갔다. 기술과 예술이 만나 새로운 가능성을 만들어냈다. 이런 과정을 지켜보면 융합이라는 시대적 흐름이 재즈에 어떤 영향을 미칠지 자연스레 기대한다. 재즈는 항상 자신을 변화시키며 시대와 대화한다. 그리고 지금, 융합의 시대라는 새로운 무대 위에서 재즈는 그 가능성을 더욱 확장해왔다. 음악의 경계를 넘고 더 많은 사람의 마음으로 깊숙이 들어갈 준비를 하는 것이다.

뿌리가 깊은 나무는 쉽게 쓰러지지 않는다. 재즈도 그렇다. 어려운 역사를 뚫고 태어나 끊임없이 변화하며 오늘날까지 이어져 온 재즈는 앞으로도 새로운 길을 열어갈 것이다. 이 책이 여러분에게 재즈의 무한한 가능성을 조금이라도 보여주었다면, 그걸로 충분하다. 재즈는 시대와 공간을 넘어 끝없이 변주하는 음악이다. 그리고 그 변주 속에서 우리는 또 다른 나 자신을, 그리고 또 다른 세상을 만날 수 있다. 재즈를 통해 여러분 모두의 마음이 따뜻해지고 행복해지길 바란다.

더 깊은 마음속으로

"이제 제법 니 한을 소리에 실을 수 있게 되었구나. 이제부터는 니 속에 응어리진 한에 파묻히지 말고 그 한을 넘어서는 소리를 혀라. 동편제는 무겁고 맺음새가 분명하다면 서편제는 애절하고 정한이 많다고들 하지. 하지만 한을 넘어서게 되면 동편제도 서편제도 없고, 득음의 경지만 있을 뿐이다."

– 영화 〈서편제〉 중

　며칠 전, 우연히 임권택 감독의 영화 〈서편제〉를 보게 되었다. 1993년에 만들어진 이 영화는 한국 전통 판소리의 깊이와 그 안에 담긴 인생의 애환을 강렬하게 그려낸 작품이다. 예술이란 무엇이며, 그 예술을 통해 인간이 어떻게 자신의 삶을 살아내는지를 담아낸 이 작품은 나에게 깊은 울림을 주었다. 판소리의 절절한 소리, 그 안에 흐르는 한과 정서를 들으며 문득 생각했다. 이것은 어쩌면 재즈 보컬리스트가 무대 위에서 느끼는 감정의 깊이와 맞닿아 있지 않을까?

자연스레 내 삶과 서편제 속 주인공의 여정을 교차시키게 되었다. 두 예술 형식이 어떻게 삶의 고통과 아름다움을 동시에 담아내는지, 예술과 삶의 경계가 어디에 있는지 생각에 잠겼다. 서편제의 소리꾼은 인생의 모든 고난과 상처를 소리에 담아낸다. 소리는 그녀의 삶이고, 그 속에는 슬픔과 고통, 그리고 억누를 수 없는 한이 서려 있다. 그 소리는 외부에서 온 것이 아닌, 그녀 자신이 살아온 경험들에서 자연스레 우러난 것이다.

나는 재즈 보컬리스트로서 나의 삶도 이와 크게 다르지 않다고 느낀다. 재즈는 그저 노래하는 것이 아니다. 그것은 내 안에 깊이 자리한 감정들을 조심스레 꺼내어 세상에 전하는 과정이다. 내가 경험한 기쁨과 슬픔, 실패와 상처들이 모두 그 소리 속에 녹아들어야만 비로소 진정한 노래가 된다. 그것은 억지로 만들어낼 수 있는 것이 아니다. 서편제 속 주인공이 그랬듯, 나도 삶 안에서 길어 올린 감정들을 내 노래에 담아내리라.

영화 속 그녀의 소리는 마치 재즈의 즉흥 연주와 닮았다. 삶에서 겪는 모든 순간이 곧 나의 음표가 되고, 그 음표들이 하나하나 모여 나만의 선율을 만든다. 때로는 무겁고 때로는 가볍게 흐르는 그 선율 속에서 나는 내가 누구인지, 또 무엇을 노래해야 하는지 조금씩 깨닫게 된다.

처음 재즈 보컬을 시작했을 때, 그 음악이 품고 있는 감정의 무게를 온전히 헤아리지 못했다. 나의 목소리에는 어딘가 메마른 부분이 있었고, 인생의 결이 충분히 깃들지 않았다. 무대 위에서 소리를 내는 순간들, 마치 얇은 표면을 가볍게 스치고 지나가는 느낌만 들었다. 깊이 있는 감정의 흐름을 만나지 못한 채, 그저 흉내 내는 듯한 나 자신을 바라보는 기분이었다.

생각해 보면, 서편제 속 소리꾼이 자신의 한계를 마주했을 때의 그 아득한 고통이 떠오른다. 주인공 역시 소리를 통해 세상과 자신을 연결하려 했지만, 벽에 부딪혀야만 했다. 그런 주인공의 모습 속에서 나의 모습이 비쳐졌다. 내 안에서 울려 퍼지길 바랐던 음악은 너무나 얕았다. 인생을 살아가며 경험해야 할 수많은 감정이 아직 내 목소리에 깃들지 않았다는 것을 알았다. 내가 마주한 그 한계는, 나 자신을 더 깊이 들여다보게 했다. 감정을 흘려보내는 연습, 내가 진짜로 느낄 수 있는 것들에 귀 기울이는 연습이 필요했다.

서편제의 주인공은 자신의 소리에 진정성을 불어넣기 위해 끝없는 고난과 역경을 견뎌내야 했다. 그녀의 소리가 그렇게 깊고도 울림이 있었던 것은, 그 소리 안에 담긴 고통의 무게 때문이었을 것이다. 마치 슬픔이 고요하게 스며들어 영혼을 흔드는 듯한 그 소리. 그 소리에는 삶 자체가 녹아 있었다.

재즈 보컬리스트도 마찬가지다. 진정한 재즈의 소울을 품기 위해서는 인생의 다양한 층위를 경험해야만 한다. 기쁨과 슬픔, 사랑과 상실, 그 모든 것이 조금씩 쌓이고, 시간이 지나면서 목소리 깊숙이 스며들어야 한다. 그런데 그 과정은 더디고, 때로는 고통스럽다. 내가 부르는 노래가 단순한 음표의 나열이 아닌, 나의 삶 그 자체가 되기 위해서는 오랜 시간이 걸린다.

마치 계절이 흐르듯, 아주 느리게, 그러나 확실하게 그 감정들이 목소리 속에 깃들어간다. 어느 순간, 그 소리는 나와 분리된 것이 아니라 나의 일부가 된다. 재즈는 그 순간, 비로소 살아 숨쉬기 시작한다. 서편제 속 주인공이 자신의 인생을 소리에 담아내듯, 나도 내가 살아온 순간들을 고스란히 노래에 실어야만 한다. 때로는 깊은 어둠 속에서 길을 잃은 듯한 기분이 들기도 하지만, 그조차도 결국에는 나의 소리로, 내 음악으로 돌아온다.

나는 한때 재즈를 포기하려던 적이 있었다. 무대 위에서 깊은 소울을 끌어내지 못하는 나 자신에게 실망했고, 그로 인한 무력감은 종종 나를 짓눌렀다. '이 길이 과연 내 길인가?'라는 의문이 머릿속을 떠나지 않았다. 하지만 서편제를 다시 보고 나서 깨달은 것이 있었다. 예술이란 본래 쉬운 길이 아니라는 것. 그것은 끊임없는 자기 성찰과 고뇌 속에서 서서히 만들어지는 것이었다. 소리꾼이 자신의 아픔과 상처를 소리에 담아내듯, 나 역시 나의 삶을 그대로 노래 속에 녹여내는 법을 배워야만 했다. 이제야 예술과 삶이 별개가 아님을, 그 둘이 서로 얽히고설켜 진정한 음악을 만들어낸다는 것을 이해하게 되었다.

오랜 시간의 터널을 지나 재즈를 통해 나 자신을 발견하는 여정에 있다. 마치 서편제 속 소리꾼이 자신의 한과 고통을 소리로 풀어내듯, 나 또한 나의 인생을 노래로 풀어내는 과정을 거친다. 그 과정은 결코 쉽지 않다. 때로는 자신을 마주하는 일이 두렵기도 하다. 나는 알고 있다. 진정한 예술은 그 깊은 마음속에서 나온다는 것을. 삶의 고난과 아픔을 마주하고 그 속에서 자신을 성찰하는 것이야말로 진정한 소리, 진정한 음악을 만들어낸다는 것을. 그래서 나는 더 깊은 마음속으로, 나를 향한 여정을 계속 걸어갈 것이다. 재즈는 그 여정의 동반자이며, 나는 그 속에서 내 목소리를 찾아갈 것이다. 나는 이제 재즈 보컬리스트로서 인생의 깊이를 담아내는 소리를 내고자 한다. 나의 재즈 여정은 다시 시작되었다.

이제 나는 무대 위에서 자유롭다. 한때 나를 짓누르던 타인의 평가, 완벽해야 한다는 강박에서 조금씩 벗어나 이제는 그 순간을 즐길 수 있는 여유가 생

331

겨났다. 무대 위에서 긴장과 두려움 속에 서 있던 내가 이제는 소리를 온전히 즐긴다. 재즈는 더 이상 내게 어려운 숙제가 아니라, 나와 하나 되어 흐르는 자연스러운 선율이 되었다. 물론 여전히 끊임없는 연습과 성장이 필요하지만, 이제는 그 과정마저도 기쁘다. '소리와 내가 하나가 되는 혼연일체의 여정' 속에서 나는 더욱 깊어지고, 더욱 성숙해질 것이다. 그리고 언젠가, '그 소리가 진정한 나 자신이 되는 순간'을 맞이할 것이다. 그 여정이 나에게 기대되듯, 이 글을 읽는 독자들도 함께 기대해 주었으면 좋겠다. 앞으로 내가 만들어갈 음악, 그리고 무대 위에서 펼쳐질 소리들이 더 깊고 자유로운 울림이 되기를 바라며.

책을 쓰는 동안, 언제나 따뜻한 사랑으로 보듬어 주고, 나를 감싸준 믿음의 지체들과 가족들에게 무엇보다 깊은 감사의 마음을 전하고 싶다. 내가 흔들릴 때마다 그들의 존재는 나에게 든든한 버팀목이 되어주었다. 그들이 없었다면, 이 긴 여정을 끝마칠 수 없었을 것이다.

또한, 여정 속에서 내게 영감을 주었던 재즈 뮤지션들에게도 감사하다. 그들의 음악은 때로는 위로가 되었고, 때로는 새로운 에너지를 불어넣어 주었다. 그들의 열정이 나의 글에 스며들어 쉼 없는 영감의 원천이 되어주었다. 이 책이 완성된 것은 나 혼자만의 힘이 아니다. 그들의 사랑, 그 숨결 없이는 결코 이 책을 완성할 수 없었을 것이다. 이 글을 빌려 그들에게 깊이 감사하고 싶다.

여기에 실린 QR 보사노바 곡들의 보컬 녹음과 믹싱, 마스터링을 맡아준 재즈 베이시스트 이원술 님께도 깊은 감사의 마음을 전한다. 녹음 일정이 늦어지고 여름 더위 속에서 지칠 때도 묵묵히 자리를 지켜준 깊은 마음에 감사를 표한다. 2023년 8월, 개포동의 지하 녹음실에서, 그 더운 여름날 재즈의 리듬과 함께 공명했던 그 소중한 순간들을 기억하며.

2024년 9월 20일

보사노바, 시간의 바람이 불다
과거에서 현재로 흘러 새로운 시작이 되다

13년 전, 캘리포니아의 어느 녹음 스튜디오에서 나는 음반 작업을 시작했다. 그때 나는 재즈에 깊이 빠져 있었고, 그 열정과 사랑을 보사노바 멜로디에 담아내고 싶었다. 그러나 시간은 내가 의도한 대로 흘러주지 않았다. 음반 작업은 결국 미완성으로 남았고, 그 흔적은 내 음악 파일 속 어딘가에 갇힌 채 멈추어 있었다. 언젠가 다시 손길이 닿기를 기다리며 조용히 나를 바라보는 것 같았다.

최근, 나는 다시 재즈의 길을 걷기로 결심했다. 예전과는 다른 마음가짐이었다. 과거의 나와 다시 마주하며, 그때 끝내지 못한 음반을 완성해보겠다고 결심했다. 물론 세월의 흐름은 어쩔 수 없었다. 그 당시 녹음된 악기 사운드는 지금의 기준으로 보면 다소 거칠고 투박할지도 모른다. 노래를 너무 오랫동안 쉬었기에, 나의 보컬 사운드는 최근 트렌디한 깨끗하고 완벽한 사운드에 비할 때 조금은 삐걱대는, 덜 다듬어진 '날 것'의 느낌이 났다.

녹음 작업을 마치고 난 후, 그때와는 다른 기분이 들었다. 시간이 흐르면서 내 목소리에는 그간 내가 겪어온 여러 시간의 풍상이 녹아들었다. 오래된 악기 사운드도 마치 그 시간을 함께 버텨준 동반자처럼 든든하게 느껴졌다. 이 음악을 들을 때, 여러분도 아마 느낄 수 있을 것이다. 내 숨결 속에 깃든 마음, 그리고 그 안에 스며든 수많은 추억을 말이다. 기쁘게, 무엇보다 편안하게 들어주었으면 하는 마음을 담아본다.

이번에 녹음한 노래들은 나의 새로운 재즈 여정의 시작점이다. 이 노래들을 QR코드에 포함하는 방식으로 여러분과 나누기로 했다. 오래된 보사노바 곡에는 그 시절, 작고 여린, 하지만 찬란하게 타오르던 불꽃 같은 열정이 담겨 있다. 그 열정이 이 책을 읽는 누군가에겐 시원한 바람이, 삶의 피곤함을 잠시 잊게 해주는 쉼이 되기를 바란다. 듣는 동안, 행복해지길 바란다.

예술에 완벽이란 없다. 그런 모습이 우리네 삶과 닮아 있는 것일지도 모른다. 나의 새로운 여정에 여러분의 마음이 함께해주기를, 그리고 더불어 따뜻한 응원의 박수를 설레는 마음으로 기다린다.

책 속의 CD

Songs of Bossa Nova

1. Meditação
(Meditation)

작곡: Antônio Carlos Jobim
작사: Newton Mendonça

Meditação는 포르투갈어로 '명상 또는 묵상'이라는 뜻이다. 이 단어는 내면의 평화를 찾거나 깊이 있는 생각에 잠길 때 사용하는 용어로, 조용한 성찰이나 마음의 평온을 상징한다. Meditation이라는 영어 제목으로도 알려진 이 곡은 명상의 순간과 그로 인한 마음의 고요함을 아름답게 그려내고 있다.

2. A Felicidade
(Happiness)

작곡: Antônio Carlos Jobim
작사: Vinícius de Moraes

A Felicidade는 포르투갈어로 '행복 또는 기쁨'이라는 뜻이다. 이 표현은 인생에서의 행복이나 만족감을 나타내는 단어. 영화 〈흑인 오르페〉의 사운드트랙으로 잘 알려져 있으며, 행복의 덧없음을 주제로 브라질 음악의 깊이 있는 감성을 표현한다.

Ela é Carioca는 포르투갈어로 '그녀는 카리오카이다' 라는 뜻이다. 여기서 Carioca는 브라질 리우데자네이루 출신 사람들을 가리키는 용어이다. 이 표현은 종종 리우데자네이루 출신 여성의 매력이나 특징을 강조하는 문맥에서 사용된다. 이 곡은 리우데자네이루의 독특한 분위기와 문화를 담고 있다. 보사노바 특유의 부드럽고 우아한 멜로디와 섬세한 화성이 돋보인다. 가사와 멜로디는 단순히 한 도시의 특징을 넘어서, 리우데자네이루의 자유롭고 따뜻한 삶의 방식을 음악적으로 표현한 걸작이다.

Eu Sei Que Vou Te Amar는 포르투갈어로 '나는 너를 사랑할 것을 알고 있어 또는 내가 너를 사랑할 것을 확신해'라는 뜻이다. 이 표현은 강한 사랑의 감정을 담고 있으며, 미래에 대한 확신과 영속적인 사랑을 표현한다. 이 노래는 사랑의 깊이와 그 사랑이 얼마나 계속할 것인지에 대한 확신을 표현한 아름다운 멜로디로 채워져 있다.

이 노래는 1960년대에 처음 인기를 끌었으며, 세르지오 멘데스 & 브라질 '66, 사라 본 등 여러 아티스트에 의해 커버되었다. So Many Stars의 가사는 시적이고 사색적이며, 종종 우주의 광대함과 인생의 수많은 가능성에 관한 경이로움과 성찰을 표현하는 것으로 해석된다.

Garota de Ipanema는 포르투갈어로 '이파네마의 소녀'라는 뜻이다. 이파네마Ipanema는 브라질 리우데자네이루에 있는 유명한 해변 지역의 이름이며, Garota de Ipanema는 그곳을 걷는 아름다운 소녀를 묘사한 노래다. 이 노래는 이파네마 해변을 걷는 한 소녀의 아름다움과 그 소녀를 보며 느끼는 감정을 서정적으로 표현하고 있다.

Triste는 포르투갈어로 '슬픈 또는 우울한'이라는 뜻이다. 슬픔을 주제로 하면서도 보사노바 특유의 부드러운 리듬과 멜로디를 담아 듣는 이로 하여금 서정적이면서도 감성적인 분위기를 전달한다. 사랑의 상실이나 그리움에서 비롯된 슬픔을 표현하는 노래로 유명하다.

8. Retrato em Branco e Preto
(Portrait in Black and White)

작곡: Antônio Carlos Jobim
작사: Chico Buarque

Retrato em Branco e Preto는 포르투갈어로 '흑백 초상화'라는 뜻이다. 이 제목은 감정이나 상황을 단순화하고, 흑백의 명암으로 표현된 이미지를 연상케 한다. 종종 복잡한 감정을 간결하게 표현하거나, 과거의 추억을 담담하게 회상하는 느낌을 전달한다. 사랑의 아픔과 그리움을 서정적으로 표현하며, 흑백의 단순한 이미지처럼 감정을 절제된 방식으로 담아내고 있다. 노래 가사는 상실과 회한, 그리고 사랑의 복잡한 감정을 표현하고 있다.

9. Tristeza
(Goodbye Sadness)

작곡: Haroldo Lobo
작사: Niltinho

Tristeza는 유명한 브라질의 삼바 곡이다. Tristeza는 포르투갈어로 '슬픔'을 뜻하지만, 이 곡의 메시지는 단순한 슬픔을 넘어서는 긍정적 전환을 담고 있다. 가사에서는 마음속에 담긴 슬픔을 밀어내고, 기쁨과 행복으로 채우기를 바라는 내용을 담고 있다. 예를 들어, 가사 중 'Adeus, tristeza' 안녕, 슬픔이란 구절은 슬픔과의 작별을 의미하며, 새로운 희망과 긍정적인 감정을 받아들이겠다는 결심을 상징한다.

- **Vocal:** Jackie Kim
- **Guitar:** Marcel Camargo
- **Piano:** Special Guest
- **Flugelhorn:** Ron King (on Track 1)
- **Vocal Audio Recording & Mixing, Mastering:** Wonsool Lee @Wonderstand Music

참고 사이트

45p   The Delayed Parade – New Orleans 1934, Harley Flowers, CC BY–SA 2.0, Wikimedia Commons.

71p   Giuseppe Tornatore. (Director). (1998). The Legend of 1900 [Film]. Sciarlò · Medusa Film.

122p   Miles Davis–140916–0016–103WPA, JPRoche, CC BY–SA 4.0, Wikimedia Commons.

127p   Ornette–Coleman–2008–Heidelberg–schindelbeck, Frank Schindelbeck, CC BY–SA 3.0 de, Wikimedia Commons.

129p   Sun ra arkestra, Andy Newcombe, CC BY 2.0, Wikimedia Commons.

138p   Weather Report2 1980, Chris Hakkens, CC BY 2.0, Wikimedia Commons.

157p   Eddie Jefferson, Brianmcmillen, CC BY–SA 3.0, Wikimedia Commons.

157p   Jon Hendricks 0157, Atael Weissman, CC BY 2.0, Wikimedia Commons.

164p   Sidney J. Furie (Director). (1972). Lady Sings the Blues [Film]. Motown Productions.

164p   Lee Daniels (Director). (2021). The United States vs. Billie Holiday [Film]. Lee Daniels Entertainment, New Slate Ventures, Roth/Kirschenbaum Films

170p   Ella Fitzgerald, Brianmcmillen, CC BY–SA 4.0, Wikimedia Commons.

176p   Sarah Vaughan and Billy Eckstine, Brianmcmillen, CC BY–SA 4.0, Wikimedia Commons.

221p   George Duke, Chris Hakkens, CC BY–SA 2.0, Wikimedia Commons.

221p   Roy Ayers 2019 Glastonbury Festival 09, Edwardx, CC BY–SA 4.0, Wikimedia Commons.

229p   Herbie Hancock, pixgremlin, CC BY–SA 2.0, Wikimedia Commons.

236p   Pulitzer2018–portraits–kendrick–lamar, Fuzheado, CC BY–SA 4.0, Wikimedia Commons.

253p   Trio Corrente Paquito D'Rivera Horizonte 2015 4578, Rs–foto, CC BY–SA 3.0, Wikimedia Commons.

253p   Arturo Sandoval photo, ataelw, CC BY–SA 2.0, Wikimedia Commons.

253p   Chucho Valdés & The Afro–Cuban Messengers – 11, Carlos Delgado, CC BY–SA 3.0, Wikimedia Commons.

258p   Ronnie scott's club, Yvesdebxl, CC BY–SA 4.0, Wikimedia Commons.

268p   Ravi Shankar's sitar British Museum 2024–10–05, Matt Brown, CC BY–SA 2.0, Wikimedia Commons.

268p   Musicians Ravi Shankar and George Harrison in Los Angeles, Calif., 1967, John Malmin, Los Angeles Times, CC BY–SA 4.0, Wikimedia Commons.

271p   Sadao Watanabe jazz musician, sergis blog, CC BY–SA 2.0, Wikimedia Commons.

302~303p   Woody Allen (Director). (2011). Midnight in Paris [Film]. Mediapro, Versátil Cinema, Gravier Productions.

308~309p   Pete Docter, Ronnie Del Carmen (Director). (2015). Inside Out [Film]. Pixar Animation Studios, Walt Disney Pictures